Heinrich Zimmer

A CONQUISTA PSICOLÓGICA DO MAL

Compilado por
JOSEPH CAMPBELL

Tradução
MARINA DA SILVA TELLES AMERICANO

Palas Athena

Título original: *The King and the Corpse – Tales of the Soul's Conquest of Evil*
Copyright © 1957 Bollingen Foundation

Grafia segundo o Acordo Ortográfico da Língua Portuguesa de 1990,
em vigor no Brasil desde 2009.

Projeto editorial: Lia Diskin
Revisão: Neusa Santos Martins
Revisão ortográfica: Neusa Maria Valério
Revisão de provas: Rejane Moura
Capa: Primo Augusto Gerbelli
Produção digital: Renato Carbone

**Dados de Catalogação na Publicação (CIP) Internacional
(Câmara Brasileira do Livro, SP, Brasil)**

Z66c
Zimmer, Heinrich Robert, 1890-1943
A conquista psicológica do mal / Heinrich Zimmer ; compilado por Joseph Campbell ; tradução Marina da Silva Telles Americano – São Paulo: Palas Athena, 1988.
230 págs : 16x23cm

Título original: The King and the Corpse – Tales of the Soul's Conquest of Evil

1. Literatura folclórica   2. Literatura folclórica – História e crítica
3. Mitologia   I. Campbell, Joseph, 1904 – II. Título
ISBN 85-7242-053-3

88.1145

CDD398.2
-291.13

Índices para catálogo sistemático:
1. Contos folclóricos   398.2
2. Literatura folclórica: Análise e interpretação   398.2
3. Literatura folclórica: Interpretação e análise   398.2
4. Mitos e religiões   291.13
5. Símbolos: Interpretação: Literatura folclórica   398.2

6ª edição, maio de 2025

Todos os direitos reservados e protegidos pela Lei 9610 de 19 de fevereiro de 1998.
É proibida a reprodução total ou parcial, por quaisquer meios,
sem a autorização prévia, por escrito, da Editora.

Direitos adquiridos para a língua portuguesa por
PALAS ATHENA EDITORA

Fone (11) 3050-6188
www.palasathena.org.br   editora@palasathena.org.br

PREFÁCIO DO COMPILADOR

Por ocasião de seu súbito falecimento, na primavera de 1943, o Dr. Zimmer ainda trabalhava no material que constitui o presente volume. Havia mais de uma versão dos contos aqui apresentados, alguns estavam em inglês, outros em alemão. Às margens do manuscrito viam-se inúmeras anotações; três capítulos haviam sido publicados em redações anteriores, na Europa e na Índia e apontamentos mostravam que o Dr. Zimmer planejava acréscimos posteriores. Nenhuma história recebera forma final. Entretanto, no momento em que o editor pôs a mão sobre elas – coordenando as narrativas a partir das fontes originais e procedendo à revisão tomando como base as inúmeras conversas havidas com o próprio Dr. Zimmer durante os meses imediatamente precedentes à sua morte – o livro ganhou vida, organizou-se a si mesmo e se desenvolveu da maneira que, olhando-se-o agora, parecia inevitável.

Pela assessoria e assistência nessa tarefa agradeço às Sras. P. Geiger e Margaret Wing. O falecido Dr. Ananda K. Coomaraswamy generosamente leu as provas, ofereceu valiosas sugestões e forneceu algumas notas suplementares para completar as referências. Essas notas aparecem entre colchetes e com suas iniciais.

Para conhecer as versões mais antigas o leitor deverá consultar as seguintes publicações: *Die kulturelle Bedeutung der komplexen Psychologie*, publicado pelo Psychological Club de Zurique, Verlag Julius Springer, Berlim, 1935, "Die Geschichte vom indischen König mit dem Leichnam"; Heinrich Zimmer, *Weisheit Indiens*, L. C. Wittich Verlag, Darmstadt, 1938, "Abu Kasems Pantoffeln", "Die Geschichte vom indischen König mit dem Leichnam"; *Prabuddha Bharata*, Mayavati, Almora, Himalaias, set-dez 1938, "The Story of the Indian King and the Corpse"; Corona, Zweimonatsschrift, publicado por Martin H. Bodmer, Verlag der Corona, Zurique, 1936, "Abu Kasems Pantoffeln", 1939, "Merlin".

Nova York, 9 de setembro de 1947.

Joseph Campbell

ÍNDICE GERAL

Prefácio do Compilador — 5
O Diletante entre os Símbolos — 9

Parte I

AS BABUCHAS DE ABU KASEM — 15
UM HERÓI PAGÃO E UM SANTO CRISTÃO — 26
QUATRO ROMANCES DO CICLO DO REI ARTUR — 51
    I. Sir Gawain e o Cavaleiro Verde — 51
    II. O Cavaleiro do Leão — 68
    III. Lancelote — 88
    IV. Merlin — 120
O REI E O CADÁVER — 139

Parte II

QUATRO EPISÓDIOS DO ROMANCE DA DEUSA — 163
    I. A Criação Involuntária — 163
    II. O Casamento Involuntário — 177
    III. A Morte Voluntária — 190
    IV. A Loucura de Shiva — 196
ÀS MARGENS DO SIPRA — 205

ÍNDICE REMISSIVO — 215

O DILETANTE ENTRE OS SÍMBOLOS

Contar histórias tem sido, ao longo das eras, um assunto sério e também um ameno entretenimento. Ano após ano, histórias são inventadas, escritas, devoradas e esquecidas. Que acontece com elas? As poucas que sobrevivem e que, como sementes dispersas, o vento esparge durante gerações, engendram novos contos e proporcionam alimento espiritual a inúmeros povos. Foi assim que recebemos a maior parte de nossa própria herança literária; chegou-nos de épocas remotas, de distantes e estranhos rincões do mundo. Cada poeta acrescenta algo da substância de sua própria imaginação e as sementes, nutridas, revivem. Seu poder germinativo é perene: elas esperam apenas por um toque. Apesar de julgar-se, periodicamente, que algumas variedades morreram, elas reaparecem um dia, e seus brotos característicos renascem verdes e frescos como antes.

O conto tradicional e os temas ligados a ele têm sido exaustivamente examinados sob o ponto de vista do antropólogo, do historiador, do literato e do poeta, mas o psicólogo tem tido surpreendentemente pouco a dizer, embora possa reivindicar, com fundamento, que sua voz seja ouvida nesse simpósio. A psicologia aplica um raio-X às imagens simbólicas da tradição folclórica, trazendo à luz elementos estruturais vitais antes mergulhados em trevas. A única dificuldade consiste na impossibilidade de reduzir-se a um sistema confiável a interpretação das formas desveladas. Porque os verdadeiros símbolos contêm algo cuja delimitação é impossível. Sua capacidade de sugerir e transmitir conhecimento é inexaurível. Isso faz com que o cientista, o psicólogo cientista, sinta estar em terreno muito perigoso, inseguro e ambíguo ao aventurar-se no campo da interpretação do folclore. Os conteúdos passíveis de explicitação das imagens fartamente distribuídas modificam-se sem cessar sob seus olhos, em permutações incessantes, à medida que os contextos culturais vão se modificando em todo o mundo, no curso da história. É necessária a releitura constante dos significados, que têm que ser compreendidos desde seu princípio. Pode ser qualquer coisa, menos um trabalho sistemático, essa interpretação das metamorfoses sempre imprevisíveis e espantosas. Nenhum sistematizador que valorize muito a própria reputação, atirar-se-á voluntariamente nessa aventura arriscada. Quem termina por entregar-se a ela, portanto, é o ousado diletante. Esta é a razão deste livro.

O diletante – do italiano *dilettante* (particípio presente do verbo *dillettare*: deleitar-se com) é aquele que se deleita (*diletto*) com alguma coisa. Os ensaios que se seguem destinam-se àqueles que se deleitam com símbolos como se conversassem com eles, àqueles a quem alegra viver tendo-os sempre presentes na mente.

No momento em que abandonamos essa atitude diletante para com as imagens do folclore e do mito e começamos a nos sentir seguros sobre a exatidão de sua interpretação (como compreendedores profissionais, manejando o instrumento de um método infalível), privamo-nos do contato revitalizante, da investida diabólica e inspiradora que é o efeito de sua virtude intrínseca. Perdemos o direito à nossa própria humildade e receptividade ante o desconhecido, recusando-nos a que nos ensinem – recusamo-nos a que nos mostrem o que jamais disseram, a nós ou a qualquer pessoa. Em vez disso, tentamos classificar o conteúdo da mensagem obscura sob títulos e categorias já conhecidos. Isso impede que aflore qualquer novo significado ou compreensão original. O conto de fadas, a lenda infantil (ou seja, o portador da mensagem), são sistematicamente considerados humildes demais para merecer nossa submissão; tanto o conto em si como as áreas de nossa natureza que reagem a ele são comparativamente infantis. No entanto, através da interação dessa inocência exterior e interior, poderia ser ativado o poder fecundante do símbolo e ser desvelado o conteúdo oculto.

O método, ou melhor, o hábito de reduzir o que não é familiar ao que se conhece bem é um modo antigo, bem antigo, de frustração intelectual. O resultado é um dogmatismo esterilizante, fortemente envolvido por uma autocomplacência mental, uma segura convicção de superioridade. Sempre que recusamos que uma nova e reveladora concepção, emergida das profundezas de nossa imaginação pelo impacto de um símbolo atemporal, faça vacilar o chão sob nossos pés, estaremos logrando a nós mesmos, recusando o fruto do encontro com a sabedoria de milênios. Se nossa atitude receptiva fracassa, não recebemos; é-nos negada a dádiva da conversação com os deuses. Não seremos inundados, como o solo do Egito, pelas águas divinas e fecundantes do Nilo.

É porque estão vivas, potentes para revitalizar a si mesmas e capazes de uma efetividade – sempre renovada, imprevisível, embora autocoerente – no âmbito do destino humano, que as imagens do folclore e do mito desafiam qualquer tentativa de sistematização. Não são como os cadáveres; são como duendes. Com uma risada repentina, uma súbita mudança de lugar, zombam do especialista que imaginava tê-las cravado com um alfinete em seu gráfico. O que querem de nós não é um monólogo, o relatório do médico legista, mas o diálogo de uma conversação vivente. Tal como o herói da história-chave deste livro (um rei nobre e bravo que se descobre conversando com um duende, habitante do que ele tomava por um mero cadáver suspenso a uma árvore), que é levado a uma consciência mais intensa de si próprio mediante esse humilhante intercâmbio de palavras, sendo salvo de uma morte desonrosa e do opróbio total – que assim também seja possível sermos instruídos, salvos talvez, ou até transformados espiritualmente, bastando que sejamos humildes o suficiente para conversar em termos de igualdade com as divindades aparentemente moribundas e com as figuras folclóricas que pendem, inumeráveis, da prodigiosa árvore do passado.

A abordagem psicológica do enigma do símbolo, o desígnio de extrair dele o segredo de suas profundezas não pode senão fracassar se a inteligência inquiridora se recusar a aceitar a possibilidade de que algo lhe seja ensinado pela aparência vivente do objeto a que dedica sua atenção. Não temos nada contra a dissecação, sistematização e classificação, porém não fazem com que o espécime lhes fale. O investigador psicológico precisa estar pronto a deixar de lado seu método e sentar-se para uma conversa demorada. Então, quem sabe, descobrirá que seu método não lhe oferece mais prazer nem utilidade. Esse é o estilo do diletante, nisso se distingue da técnica desse cavalheiro mais solene que é o decoro científico.

O que caracteriza o diletante é o seu deleite com a natureza sempre preliminar de uma compreensão que jamais se completa. Afinal, é a única atitude adequada diante das figuras que nos chegam de um passado remoto, seja nas épicas monumentais de Homero e Vyasa ou nas encantadoras histórias fantásticas da tradição folclórica. São os perenes oráculos da vida. Precisam ser interrogados e consultados de novo, nas diferentes épocas, pois cada uma se aproxima deles com sua própria mescla de ignorância e compreensão, sua própria gama de problemas, e suas próprias, inevitáveis perguntas. Pois os modelos de vida que tecemos hoje não são os mesmos de qualquer outro dia; os fios a serem manejados, os nós a serem desfeitos, são muito diferentes daqueles do passado. As respostas que já foram dadas, portanto, não servem para nós. Os poderes precisam ser consultados diretamente outra vez – e mais outra, e outra, e outra mais. Nossa tarefa principal é aprender, não tanto o que se diz que eles disseram, mas como abordá-los, despertar neles uma fala renovada e compreendê-la.

Frente a tal propósito, devemos todos continuar sendo diletantes, queiramos ou não. Alguns de nós – especialistas com formação erudita – inclinamo-nos a privilegiar certos métodos de interpretação bem definidos – e, portanto, limitados, admitindo apenas aqueles circunscritos por nossa influência autorizada. Outros intérpretes se colocam como zelosos campeões dessa ou daquela linha esotérica tradicional, considerando-a a única chave verdadeira e seu agrupamento especial de símbolos o único oráculo que, por sua autossuficiência, pode abarcar a totalidade do ser. Tal rigidez pode apenas limitar-nos ao que já sabemos e somos, encadeando-nos a um único aspecto da simbolização. Com essas convicções inflexíveis e constantes excluímo-nos da infinidade de inspirações que vivem no interior das formas simbólicas. Assim, mesmo os intérpretes metódicos não são mais que *amateurs*, afinal. Embora, como cientistas, confiem em métodos estritamente filológicos, históricos e comparativos, ou sigam piedosamente, como iniciados, os secretos ensinamentos oraculares de alguma tradição autodenominada esotérica, eles têm que continuar sendo, em última análise, meros principiantes que mal ultrapassaram o ponto de partida, na tarefa infinita de sondar o escuro lago do significado.

Por outro lado, o deleite libera em nós a intuição criativa, permitindo que esta se movimente para a vida pelo contato com o fascinante texto dos velhos contos e suas figuras simbólicas. Não nos deixando intimidar pela crítica dos metodologistas (cuja censura é largamente inspirada pelo equivalente a uma agorafobia crônica – o mórbido temor ante a virtual infinidade que se abre continuamente nos traços crípticos da expressiva escritura pictórica que, por profissão, devem respeitar), poderemos permitir a nós mesmos dar vazão a qualquer sucessão de reações criativas que se apresente à nossa compreensão imaginativa. Com certeza, jamais poderemos exaurir-lhes as profundidades – ninguém poderá. E um gole da água fresca da vida, sorvido na palma da mão, é mais doce que um reservatório inteiro de dogmas encanados e garantidos.

"A abundância é escavada da abundância, e ainda assim a abundância subsiste." Assim reza um antigo e belo provérbio das *Upanishads* da Índia. A referência original era a ideia de que a plenitude de nosso universo – tão vasto em espaço, suas miríades de esferas rodopiantes e luminosas fervilhando de hostes de seres vivos – procede de uma fonte superabundante de substância transcendente e energia potencial. A abundância desse mundo é retirada da abundância do ser eterno; no entanto, como essa potência sobrenatural não pode ser diminuída, não importa quão grande seja a doação vertida, a abundância subsiste. Todos os símbolos verdadeiros, todas as imagens míticas referem-se a essa ideia, de uma forma ou de outra, e têm como miraculosa propriedade serem inexauríveis. A cada gole nela bebido por nossa compreensão imaginativa, um universo de significados é desvelado à mente, o que é, por certo, uma plenitude – subsistindo, no entanto, ainda mais plenitude. Não importa qual seja a leitura acessível à nossa visão atual, ela não pode ser final. Pode ser apenas um vislumbre preliminar. Devemos considerá-la como inspiração e estímulo, não como uma conclusão definitiva que impeça uma nova compreensão e diferentes formas de abordagem.

Portanto, os ensaios que se seguem não pretendem ser mais do que exemplos de como conversar com as fascinantes figuras do folclore e do mito. Este livro é uma cartilha de conversação elementar, uma leitura para principiantes, uma introdução à gramática de um texto pictórico enigmático, mas que agrada de imediato. E, como na ciência da interpretação dos símbolos mesmo o leitor experimentado descobrirá, inevitável e repetidamente, não ser mais que um principiante, os ensaios também são dirigidos a ele. O *diletto*, o deleite que pode experimentar ao reler os bem conhecidos símbolos de vida (correspondendo a proporção de seu deleite, à sua combativa integridade), representará o grau em que seu contato de toda uma existência com esses símbolos impregnou-o das abundâncias da natureza e do espírito que lhes são próprios. O verdadeiro *dilettante* estará sempre pronto para recomeçar. Será nele que as fantásticas sementes do passado deitarão raízes e crescerão maravilhosamente.

PARTE I

AS BABUCHAS DE ABU KASEM

Quem conhece a história de Abu Kasem e de suas babuchas? Elas eram tão famosas – tão proverbiais, na verdade – na Bagdá de seu tempo quanto o próprio grande avarento. Para todos, davam forma concreta à insuportável avidez dele. Pois Abu Kasem era rico, mas tentava ocultá-lo. Até o mais andrajoso mendigo da cidade se envergonharia se fosse encontrado morto calçando babuchas como aquelas, engrossadas por remendos e mais remendos. Espinho cravado na carne e história já antiga de cada um dos remendões de Bagdá, converteram-se finalmente num refrão na boca do populacho. Qualquer um que precisasse de uma palavra para designar uma coisa ridícula recorria às babuchas.

Adornado com esses objetos miseráveis – que eram inseparáveis de seu caráter público – o famoso mercador ia arrastando os pés pelo bazar afora. Um dia realizou um negócio especialmente vantajoso: comprou por uma bagatela uma enorme remessa de frascos de cristal. Alguns dias mais tarde arrematou o negócio comprando uma grande quantidade de essência de rosas de um mercador de perfumes falido. Essa combinação foi um golpe comercial verdadeiramente bom e discutiu-se muito a respeito no bazar. Qualquer outro que seguisse os usos correntes teria comemorado o fato oferecendo um pequeno banquete a algumas poucas relações comerciais. Abu Kasem, no entanto, sentiu-se inclinado a fazer algo para si próprio. Decidiu visitar os banhos públicos, lugar onde não era visto havia algum tempo.

Na antessala onde se deixavam as roupas e os sapatos, encontrou um conhecido que o chamou à parte e pregou-lhe um sermão sobre o estado das babuchas. Abu Kasem acabara de descalçá-las e todos podiam ver como estavam horrendas. Seu amigo lhe disse, muito preocupado, que ele estava se tornando o bufão da cidade; afinal, um negociante tão atilado deveria poder comprar um par de babuchas decentes. Abu Kasem estudou as monstruosidades de que gostava cada vez mais e falou: "Há anos venho pensando no assunto, mas não estão tão gastas que não dê mais para usá-las". A seguir, despidos como estavam, ambos entraram no banho.

A CONQUISTA PSICOLÓGICA DO MAL

Enquanto o avarento desfrutava desse prazer, para ele raro, o cádi de Bagdá chegou também para banhar-se. Abu Kasem terminou antes do augusto personagem e retornou ao vestiário. Mas, onde estavam suas babuchas? Haviam desaparecido. No lugar delas – ou quase – estavam duas babuchas diferentes – belas, luzentes, parecendo novas em folha. Seriam um presente, uma surpresa daquele amigo que, já não suportando ver um conhecido mais rico do que ele arrastando uns farrapos gastos, quisera agradar o homem próspero com a delicadeza dessa atenção? Qualquer que fosse a explicação, Abu Kasem calçou-as. Poupar-lhe-iam o trabalho de comprar babuchas novas e de regatear-lhes o preço. Pensando nisso, com a consciência tranquila, deixou a casa de banhos.

Quando o juiz voltou, foi uma cena! Seus escravos vasculharam de cima a baixo mas não conseguiram encontrar-lhe as babuchas. Em seu lugar havia um par de repugnantes objetos remendados em que todos imediatamente reconheceram os famosos calçados de Abu Kasem. O juiz resfolegava fogo e enxofre; mandou que trouxessem o culpado e prendeu-o – o meirinho, na verdade, encontrou a propriedade perdida nos pés do avarento. Muito custou a este livrar-se das garras da lei; o tribunal sabia, tão bem como todos, quão rico era. Por fim, o mercador recebeu de volta suas queridas babuchas velhas.

Tristonho, pesaroso, Abu Kasem voltou para casa e, num ímpeto de raiva, atirou seus tesouros pela janela. Caíram chapinhando no Tigre, que corria barrento atrás da casa. Poucos dias depois, um grupo de pescadores do rio acreditou ter fisgado um peixe especialmente grande mas, quando puxaram a rede, que mais haveriam de ver senão as famosas babuchas do avarento? As tachinhas (uma das ideias de Abu Kasem para economizar) haviam feito vários rasgões na rede, e os homens, é claro, ficaram furiosos. Arremessaram aqueles objetos enlameados e ensopados por uma janela aberta. Por acaso, era a casa de Abu Kasem. Sulcando os ares, suas possessões restituídas aterraram com estrondo sobre a mesa onde ele enfileirara os preciosos frasquinhos de cristal comprados tão barato – agora ainda mais preciosos porque os enchera com a valiosa essência de rosas, preparando-os para vendê-los. A deslumbrante e perfumada magnificência esparramou-se pelo chão e ali se transformou numa gotejante massa de cacos de vidro, misturando-se à lama.

O narrador que nos contou a história não conseguiu descrever a dimensão do desespero do avarento. "Malditas babuchas!", vociferou Abu Kasem (isso foi tudo que nos contaram). "Não me dareis mais prejuízos!", disse. Apanhando uma pá, rumou, rápido e silencioso, para seu jardim, onde abriu uma cova para enterrar os trastes. Acontece que seu vizinho estava espiando – muito interessado, é claro, em tudo o que ocorria na casa do milionário e, como é tão frequente em se tratando de vizinhos, sem ter nenhuma razão especial para querer-lhe bem. "O velho miserável tem bastante empregados e apesar disso vem cá fora cavar um buraco com suas próprias mãos", pensou consigo mesmo. "Ele deve ter um tesouro enterrado ali. Claro que é isso! É tão óbvio!" O vizinho disparou a correr até o palácio do governador e denunciou Abu

AS BABUCHAS DE ABU KASEM

Kasem, pois qualquer coisa que um caçador de tesouros descubra pertence por lei ao califa, já que a terra e tudo o que oculta é de propriedade do soberano dos crentes. Portanto, Abu Kasem foi chamado à presença do governador e a história de que cavara a terra apenas para enterrar um velho par de babuchas provocou gargalhadas gerais. Que outro culpado jamais se acusara tão claramente? Quanto mais o notório sovina a repetia, mais incrível sua história se tornava e mais culpado ele parecia. Ao pronunciar a sentença o governador levou em conta o tesouro enterrado e, atônito, Abu Kasem escutou o montante de sua multa.

Estava desesperado. Amaldiçoou as abomináveis babuchas de todas as maneiras. Mas como livrar-se delas? O único jeito seria levá-las para fora da cidade. Fazendo uma longa viagem até o campo, atirou-as em um tanque distante. Quando desapareceram nas águas espelhadas, Abu Kasem respirou profundamente: livrara-se delas, por fim! Mas certamente o diabo andava por ali; o lago era o reservatório de água da cidade e as babuchas foram arrastadas pelo redemoinho que se formava na boca do cano, obstruindo-o. Quando os guardas vieram fazer o reparo, encontraram as babuchas, reconheceram-nas – e quem não? – e denunciaram Abu Kasem ao governador por poluir o reservatório. E lá foi ele de novo para trás das grades. Puniram-no com uma multa bem maior que a última. Que é que ele poderia fazer? Pagou. Recebendo de volta suas queridas babuchas velhas, pois o coletor de impostos não queria ficar com nada que não lhe pertencesse.

Já haviam causado dano bastante. Desta vez ele lhes pagaria na mesma moeda, para que não lhe pregassem mais peças. Decidiu queimá-las. Como ainda estivessem úmidas, colocou-as na varanda para secar. Do balcão da casa vizinha um cachorro viu aquelas coisas de aspecto engraçado e se interessou. Pulou, agarrou uma babucha e, ao brincar com ela, deixou-a cair na rua. O malfadado traste rodopiou no ar a uma altura considerável e aterrissou na cabeça de uma mulher que passava. Ela estava grávida. O choque repentino e a força do golpe provocaram-lhe um aborto. Seu marido correu ao juiz e exigiu do rico e velho avarento uma indenização por perdas e danos. Abu Kasem, quase fora de si, foi obrigado a pagar.

Antes que, alquebrado, deixasse a corte para cambalear de volta à sua casa, levantou solenemente as infelizes babuchas e protestou, com tal gravidade que fez o juiz rir-se descontroladamente: "Senhor, estas babuchas são a causa fatal de todos os meus sofrimentos. Estas coisas amaldiçoadas fizeram de mim um mendigo. Dignai-vos ordenar que eu jamais volte a ser responsabilizado pelos males que certamente continuarão a fazer cair sobre minha cabeça". O narrador oriental termina com a seguinte lição moral: o cádi não pôde rejeitar o apelo e Abu Kasem aprendeu, pagando enorme preço por isso, o mal que pode ocorrer a alguém que não troque suas babuchas com a frequência devida.[1]

Será essa, na verdade, a única reflexão provocada por esse conto famoso? Certamente, é trivial o conselho de não se converter em escravo da avareza. Porém, algo não deveria ser dito sobre os misteriosos caprichos do destino que sempre devolviam as babuchas a seu verdadeiro dono? Parece haver uma intencionalidade nessa maliciosa repetição do mesmo acontecimento e no crescendo com que os diabólicos objetos afetam toda a vida de seu enfeitiçado possuidor. Não há também nesse conto algo digno de nota no singular entrelaçamento de coisas e pessoas manipuladas pelo acaso, quando vizinhos, cachorro, funcionários e leis de toda a espécie, banhos públicos e sistemas de abastecimento de água fazem com que esse mesmo acaso possa cumprir sua obra e apertam com mais força o nó do destino? O moralista levou em consideração apenas o avarento que recebeu o que merecia, e o vício, que se transformou no destino de quem o praticava. Tratou a história como um exemplo da maneira pela qual alguém pode punir a si mesmo através de sua propensão favorita. Mas para chegar a essa conclusão o conto não precisaria ser tão engenhoso, tão profundo; não há nada misterioso acerca da moralidade. A relação de Abu Kasem com suas babuchas e suas experiências com elas são realmente bastante misteriosas – tão obscuras, fatídicas e significativas quanto o anel de Polícrates.[2]

É uma cadeia de maliciosos acidentes que, tomados em conjunto, combinam-se numa estranha configuração, como convém à estruturação de uma história, e o resultado é um conto difícil de ser esquecido. O aborrecimento causado pelas indestrutíveis babuchas que custaram ao seu dono muitas vezes o seu valor e, em si mesmas nada valendo, vão-lhe esgotando a fortuna, é um tema que, com suas variações, atinge as proporções de um enorme hieróglifo ou símbolo, para o qual há múltiplas interpretações.

Um destino é tecido a partir de uma série de casualidades. Cada esforço feito pela vítima para pôr termo às suas dificuldades apenas contribui para aumentar a bola de neve que acaba por precipitar-se numa avalanche, enterrando-o sob seu peso. Um brincalhão embaralha as babuchas, sem outra intenção, provavelmente, que a de se deleitar perversamente com as aflições do avarento. O acaso as traz de volta à casa da qual haviam sido atiradas ao rio. O acaso arremessa-as para o meio dos preciosos frascos. O acaso chama a atenção do vizinho para a atividade do avarento em seu jardim. O acaso faz com que um redemoinho arraste as babuchas até o cano de água. O acaso faz o cachorro subir à varanda vizinha e derrubar uma das babuchas na cabeça da mulher grávida que passava. Mas o que é que torna esses acidentes tão fatídicos? Mulheres grávidas estão sempre andando pelas ruas, os cães de outras pessoas costumam gostar de agarrar coisas alheias, a água corre continuamente através dos canos e, vez por outra, encanamentos são obstruídos. Galochas ou guarda-chuvas trocados são coisas que acontecem todos os dias sem que haja qualquer história significativa se desenrolando por trás desses inofensivos acontecimentos. O ar está carregado dessas minúsculas partículas de poeira do fado; elas constituem a atmosfera da vida e de todos os seus eventos. Os que se associaram para a calamidade do mercador avarento foram apenas um punhado entre milhares.

Com as babuchas de Abu Kasem, caminhamos em direção a uma das questões de maior abrangência relacionada à vida e ao destino humano. Questão que a Índia encarou frontalmente, ao formular conceitos como *karma* e *maya*. Tudo que o ser humano coloca em contato direto consigo mesmo, extraindo-o da massa de átomos rodopiantes das possibilidades, funde-se, num mesmo padrão, com seu próprio ser. À medida que alguém admite que alguma coisa lhe diz respeito, esta de fato lhe diz; se estiver relacionada com seus mais profundos anseios, desejos, temores e com a nebulosa estrutura de seus sonhos, poderá transformar-se em uma parte importante de seu destino. Finalmente, se alguém sente que isso lhe atinge as raízes da vida, esse será seu ponto vulnerável. Por outro lado, justamente por isso, à medida que alguém consegue libertar-se de suas paixões e ideias, libertando-se, portanto, de si mesmo, liberar-se-á de todas as coisas que parecem ser acidentais. Algumas vezes elas são excessivamente significativas e em outras apresentam um traço de inteligente pertinência, vivo demais para merecer o gasto nome de "acidente". São a matéria do destino. Constituiria uma sublime, serena liberdade, vermo-nos desobrigados da compulsão natural de escolher entre elas – escolher, entre os rodopiantes átomos da mera possibilidade, algo que pudesse ligar-se a alguém como um possível destino, atingindo mesmo, talvez, a raiz do próprio ser. Existem dois mundos especulares – o mundo externo e o interno – e o ser humano está entre eles. São como dois hemisférios de Magdeburgo entre os quais o ar foi aspirado e cujas bordas se juntam por sucção, de forma tal que todos os cavalos do rei não conseguem separá-las. O que as une externamente – inclinação, repulsão, interesse intelectual – é o reflexo de uma tensão interior da qual não nos apercebemos facilmente porque estamos dentro de nós mesmos, queiramos ou não.

    Abu Kasem agia com suas babuchas de modo tão inflexível e obstinado como com seus negócios e sua fortuna. É tão apegado à sua pobreza quanto à sua riqueza. As babuchas são uma máscara que lhe oculta a prosperidade, ou seja, sua outra face. Mais significativo é o fato de ele próprio ter que dar todos os passos necessários para livrar-se delas; não pode deixar nada a cargo de seus empregados. Significa que não pode separar-se das babuchas; são um fetiche, estão empapadas de sua possessão demoníaca. Absorveram toda a paixão de sua vida, paixão que é o objeto secreto do qual Abu Kasem não pode livrar-se. Mesmo quando está inclinado a destruí-las continua apaixonadamente ligado a elas. Há algo de *crime passionnel* no prazer feroz que extrai do fato de estar a sós com as babuchas, quando lhes dá morte.

    É uma paixão correspondida; esse é o ponto mais importante da história. Essas babuchas brincalhonas são como dois cães que, deixados em liberdade depois de uma vida inteira de convivência com o dono, voltam sempre e sempre para ele. Este enxota-os para longe, mas os cães só se tornaram independentes para descobrir o caminho de volta ao amo. Sua própria fidelidade se torna uma espécie de malícia inocente. Essa devoção rejeitada se vinga da traiçoeira tentativa de Abu Kasem de divorciar-se das babuchas, fiéis guardiãs de sua paixão soberana. De qualquer ângulo que se os veja, esses objetos inanimados têm um papel vivente a desempenhar. Gradualmente, sem que o saibamos, vão se carregando com nossas tensões, tornando-se finalmente magnéticos e demarcando campos de influência que nos atraem e retêm.

    A realização da vida de um homem, sua personalidade social, a máscara bem ajustada que lhe protege o caráter interno: são estas as babuchas de Abu Kasem. São a estrutura da personalidade consciente de seu possuidor. Mais que isso, constituem os impulsos tangíveis de seu inconsciente, a soma total desses desejos e realizações com os quais ele se exibe, a si mesmo e ao mundo, e em virtude dos quais tornou-se uma personagem social. São a soma vital daquilo pelo que lutou. Se não possuírem esse significado secreto, por que é que são tão sarapintadas, tão especialmente reconhecíveis? Por que se tornaram tão proverbiais e se converteram em amigas tão antigas e confiáveis? Assim como representam para o mundo a personalidade de Abu Kasem e sua sovinice, inconscientemente também representam para ele sua maior virtude, a mais conscientemente cultivada: sua avareza de mercador. Se tudo isso o fez avançar muito em seu caminho, detém sobre ele um poder que é maior do que supõe. Não se trata tanto de que Abu Kasem possua a virtude (ou vício), mas de que o vício (ou a virtude) o possuam. Converteu-se numa razão soberana de ser, mantendo-o sob seu encantamento. Repentinamente, as babuchas principiam a pregar-lhe peças – maldosamente, acredita ele. Mas não é ele que prega as peças a si mesmo?

A mortificação de Abu Kasem é consequência natural do fato de ver-se obrigado a arrastar consigo algo que se recusou a abandonar no momento oportuno – uma máscara, uma ideia sobre si mesmo, de que teria podido desfazer-se. Ele é uma dessas pessoas que não se deixam fluir com o tempo: aferrando-se a seu interior, amealham o ego que construíram. Estremecem ao pensar nas mortes consecutivas e periódicas que vão se abrindo, como limiares sucessivos, à medida que atravessam os aposentos da vida, e que são dela o segredo. Aferram-se avidamente ao que são, ao que foram. Finalmente, a desgastada personalidade que poderia ter sido renovada anualmente, como a plumagem de um pássaro, cola-se a elas de tal forma que não conseguem mais desprendê-la, mesmo quando essa personalidade se converte numa exasperação. Quando a hora soou, seus ouvidos estavam surdos – e isso foi há muito tempo.

Em algumas culturas existem fórmulas sacramentais com as quais é afastado o velho Adão: são iniciações que exigem e provocam a total desintegração do molde em cujo interior está o homem que o porta, enfeitiçado e preso. Vestem-no com uma roupagem inteiramente nova, que o põe sob o encanto de uma nova magia e lhe abre novos caminhos.

A Índia, por exemplo, dispõe, ao menos como fórmula ideal, das quatro idades sagradas, ou etapas da vida: a do aprendiz ou neófito; a do pai de família; a do eremita; a do peregrino. A cada uma corresponde uma indumentária característica, com seu meio de vida e um sistema de direitos e deveres. O neófito, quando menino ou rapaz, vive em castidade, segue submisso a orientação do mestre e mendiga seu pão. A seguir, ingressando sacramentalmente em seu próprio lar, o homem toma esposa e devota-se ao dever de trazer filhos ao mundo; trabalha, ganha dinheiro, governa a casa e provê, àqueles que dele dependem, alimento e abrigo. Depois retira-se para as florestas, vive de alimentos silvestres, deixa de trabalhar, sem mais laços ou deveres domésticos e volta toda a atenção para seu próprio interior – até então fora seu dever devotar-se ao bem da família, da aldeia, de sua guilda. Finalmente, como peregrino, deixa a ermida da floresta e, libertando-se de qualquer habitação ou lar, mendiga o pão como nos dias de juventude – partilhando, agora, a sabedoria que outrora recebia. Nada do que possuía, desde a companhia dos homens até os bens mundanos, lhe pertence mais. Tudo lhe escapou das mãos, como se lhe tivesse sido apenas emprestado por algum tempo.

Civilizações como a da Índia, fundadas sobre a pedra angular da magia, auxiliam seus filhos quando ocorrem essas transformações necessárias cujo cumprimento é, interiormente, tão árduo para os homens. Realizam-nas através de sacramentos inquestionáveis. A outorga de vestimentas especiais, objetos, anéis de sinete e coroas recria efetivamente o indivíduo. Mudanças de alimentação e a reorganização do cerimonial externo da vida tornam possíveis determinados fatos novos, certas ações e sentimentos, e impedem outros. São muito semelhantes a ordens dadas a um hipnotizado. O inconsciente não encontra mais no mundo exterior aquilo a partir de que vinha reagindo há tanto tempo, e sim algo diferente, que lhe suscita novas respostas interiores, as quais fazem com que se liberte dos padrões enrijecidos do passado.

Nisso reside o grande valor das áreas mágicas da vida como guias da alma. Sendo os poderes espirituais simbolizados por deuses e demônios, ou por imagens e lugares sagrados, o indivíduo é posto em relação com eles por meio dos procedimentos da investidura, e tal contato é mantido por novas práticas rituais. Um sistema sacramental assim perfeito e sem mácula é um mundo especular que capta todos os raios emanados das profundezas do inconsciente, apresentando-os como uma realidade externa suscetível de manipulação. Os dois hemisférios, interno e externo, encaixam-se então perfeitamente. Qualquer mudança de cenário pertinente à esfera especular sacramental e tangível provoca, quase automaticamente, uma alteração correspondente no campo e no ponto de vista interiores.

A vantagem que a rejeição dessa condição mágica trouxe ao homem moderno – exorcizamos, expulsamos todos os demônios e deuses do mundo; em consequência, incrementou-se nosso poder, dirigido pela razão, sobre as forças materiais da terra – nós pagamos com a perda do controle especular sobre as forças da alma. O homem de hoje está impotente ante a magia da sua própria psique invisível. Ela o conduz como bem entende. Dentre as inúmeras possibilidades factuais, conjura perversamente para ele a miragem de uma diabólica realidade externa, sem lhe oferecer nenhuma magia defensiva ou qualquer compreensão real do feitiço com que o atingiu. Estamos tolhidos de todos os lados por soluções insuficientes para as grandes questões da vida. O resultado é uma terra de ninguém, de sofrimento físico e espiritual que, causado pelo insolúvel sob suas diversas formas, torna-se excruciante pela falta de saída. Para olhos pouco compassivos, isso pode parecer divertido e, no âmbito da arte, dá origem à comédia – à semelhança, por exemplo, da comédia de Abu Kasem.

Os contos de fadas e os mitos têm geralmente um final feliz: o herói mata o dragão, liberta a donzela, doma o cavalo alado, conquista a espada mágica. Mas na vida tais heróis são raros. As conversas diárias no bazar, os mexericos do mercado e dos tribunais contam-nos uma história diferente: em vez do raro milagre do sucesso, vemos a trivial comédia do fracasso; em vez de Perseu vencendo a Medusa e salvando

Andrômeda do monstro marinho, encontramos Abu Kasem a caminhar com suas miseráveis babuchas. Abu Kasem é, por certo, o tipo mais frequente no mundo cotidiano. Temos aqui muito mais de tragicomédia que de ópera mitológica. A bisbilhotice que rodeou o mercador durante toda a sua vida, imortalizando-o como personagem cômico, é a mitologia do cotidiano. A anedota, como produto final do mexerico, corresponde ao mito, embora nunca atinja alturas tão excelsas. Ela encena a comédia do nó górdio que somente a espada mágica do herói mitológico pode partir.

Portanto, troquemos nossos sapatos. Se fosse tão simples assim!... Infelizmente, nossos queridos sapatos velhos, amorosamente remendados durante toda uma vida, sempre voltam para nós. É o que ensina a história. Retornam, obstinados e persistentes, mesmo depois que decidimos, finalmente, nos livrar deles. Ainda que voemos, com as asas da manhã, até os confins dos mares, estarão conosco. Os elementos não os aceitam – o mar os cospe de volta, a terra se recusa a recebê-los e, antes que o fogo os destrua, tombam através do ar, completando nossa ruína. Nem o coletor de impostos os quer! Por que qualquer coisa neste mundo haveria de sobrecarregar-se com os demônios sarapintados de nosso ego, apenas porque a nós, por fim, a presença deles se torna incômoda?

Quem libertará Abu Kasem de si mesmo? O caminho pelo qual buscou libertar-se foi obviamente fútil: ninguém consegue livrar-se de seu ego bem-amado simplesmente atirando-o pela janela quando ele se põe a pregar peças. No final, Abu Kasem conjurou o juiz a, pelo menos, não responsabilizá-lo por futuras diabruras que as babuchas viessem a perpetrar. O juiz apenas riu dele. Não irá também rir-se de nós o nosso juiz? Somos, unicamente nós, os responsáveis por esse inocente processo que dura toda uma vida: o da construção de nosso próprio ego. Involuntária e amorosamente, remendamos os sapatos que nos conduzem ao longo da vida; em última instância, continuaremos submetidos à sua incontrolável compulsão.

Aprendemos um pouco a respeito observando como atua nos outros essa compulsão incontrolável – por exemplo, quando lemos gestos não intencionais. É uma força que se manifesta à nossa volta, em todos os tipos de expressões espontâneas: na caligrafia e nos atos falhos das pessoas, nos sonhos e nas imagens inconscientes. Essa força tem mais controle sobre um homem do que ele próprio percebe ou gostaria que se soubesse – é infinitamente maior que sua vontade consciente. Ingovernáveis, seus instintos são cavalos endemoninhados atrelados à carruagem da vida, da qual o ego consciente é apenas o cocheiro. Não há nada a fazer a não ser resignar-se, como o Egmont de Goethe, a "segurar as rédeas com força e dirigir as rodas com precisão, ora para a esquerda, ora para a direita, desviando-se aqui de uma pedra, ali de um precipício".

Nosso destino se decanta durante a vida através de nossos inumeráveis e pequenos movimentos, das ações e omissões não muito conscientes do cotidiano; por meio de nossas opções e recusas, adensa-se, até que a solução atinge o ponto de saturação, pronta para cristalizar-se. Um pequeno frasco, por fim, é suficiente, e o que vinha se formando há longo tempo como um líquido nebuloso, meio indefinido, que apenas se mantinha disponível, precipita-se como destino, com a transparência consistente de um cristal. No caso de Abu Kassem, a alegria que se seguiu à sua transação bem-sucedida, a vertigem do maravilhoso duplo golpe graças ao qual comprou os frasquinhos de cristal e a essência de rosas, foi o que elevou a opinião que fazia de si próprio, colocando em movimento a roda do destino. Sentiu que as coisas deviam continuar caminhando assim, com pequenos presentes da fortuna, pequenos e agradáveis lucros dos quais sua vida poupada e laboriosa o fazia merecedor. "Vê, mais outra! Vê, Abu Kasem, seu cão felizardo, essas babuchas luxuosas, praticamente novas, em vez das outras velhas! Talvez as tenha mandado aquele amigo que te critica, que não suportava mais ver-te andando por aí com teus velhos farrapos."

A avareza de Abu Kasem, inflada por sua sorte momentânea, excedeu-se um pouco. Ultrajar-lhe-ia o sentimento de triunfo e dissipar-lhe-ia a altivez, conformar-se com a ideia de colocar realmente a mão no bolso e comprar um par de babuchas novas. Ele teria sido capaz de encontrar as velhas babuchas no vestiário, da mesma forma que os empregados do juiz logo as encontraram, se ao menos se desse ao trabalho de procurá-las um momento. Se lhe ocorresse a desconfiança – sensata mas desagradável – de que alguém poderia estar tentando caçoar dele. Em vez disso, agradou a si mesmo apossando-se das babuchas novas, meio entontecido, cego pela beleza delas, que vinham satisfazer-lhe os ignorados impulsos inconscientes. Foi um ato infantil de doce alheamento de si próprio, um colapso momentâneo do autocontrole. Mas alguma coisa há muito desconsiderada expressou-se através desse ato. Era algo que vinha, silenciosamente, ganhando um poder avassalador e que pôde, por fim, desempenhar seu papel; a partícula que desencadeia a avalanche fora posta em movimento.

A mesma rede com a qual Abu Kasem pescara seus duvidosos ganhos no bazar agora o apanhava, tecida com os fios de sua avareza. Em bela situação estava, aprisionado em sua própria armadilha! O que vinha há longo tempo sendo gerado em seu interior, uma tensão ameaçadora que crescia lentamente, derramou-se, sem que nada o fizesse prever, no mundo exterior. Atirou-o nas garras da lei, onde ficou a debater-se, impotente, num emaranhado de humilhação pública, chantagem de vizinhos e problemas com autoridades. O próprio comportamento de Abu Kasem, sua gananciosa prosperidade e o ávido amealhar de si mesmo vinham há muito azeitando os dentes desse maquinismo, colocando-os no lugar onde deveriam estar.

Segundo a fórmula hindu, o homem planta sua semente e não se preocupa com o desenvolvimento dela. Depois da germinação e do amadurecimento, cada um deve comer o fruto de seu próprio campo. Não só nossas ações, também as omissões convertem-se em nosso destino. Mesmo as coisas que omitimos querer são levadas em conta entre nossas intenções e realizações, e podem evoluir até se tornarem acontecimentos muito importantes. Assim é a lei do *karma*. Cada pessoa se torna seu próprio carrasco ou vítima e, no caso específico de Abu Kasem, seu próprio bufão. A gargalhada do juiz é gargalhada dos demônios no inferno, ante os condenados que, tendo sentenciado a si mesmos, ardem nas próprias chamas.

A história de Abu Kasem mostra quão sutil é a urdidura da rede do *karma* e como são inflexíveis seus delicados fios. O ego do mercador, cujos demônios o apertam entre as garras, poderá libertá-lo? Ou poderá, esse mesmo ego, condenar-se à morte? Em seu desespero, o mercador não estará prestes a reconhecer que ninguém conseguirá livrá-lo de suas babuchas, nenhum poder na terra conseguirá destruí-las, mas que deve continuar tentando livrar-se delas, apesar de tudo? Se ao menos pudessem deixar de lhe ser essenciais, se cada um de seus fragmentos fosse perdendo importância gradativamente, assim como haviam se tornado mais preciosas para ele a cada remendo! Se conseguisse ao menos libertar-se daqueles farrapos coloridos, pedaço a pedaço, até não serem mais que um par de indiferentes andrajos![3]

    O conto relata que o juiz não pôde recusar a súplica de Abu Kasem, o que significa que o mercador deixaria de ser obsedado pelas terríveis babuchas. Em outras palavras, começara a raiar a luz do seu novo dia. Afinal, essa luz não poderia brotar a não ser da profunda cratera de seu próprio interior, que até então lhe empanava a visão com turvas distilações. *Nemo contra diabolyn nisi deus ipse.* (Ninguém contra o diabo a não ser o próprio Deus.) O ego misterioso que Abu Kasem tecera tão penosamente a seu redor, ao construir seu mundo – o juiz, os vizinhos, os pescadores, os elementos (pois mesmo estes têm um papel a desempenhar neste ego secreto e bem-amado) –, as imundas babuchas e toda sua riqueza vinham lhe dirigindo sinais incessantes. Que mais poderia ele pedir à sua esfera especular externa? Ela já lhe falara à sua própria maneira, golpe após golpe. A libertação final, agora, teria que originar-se dele mesmo, de seu interior. Mas como?

    É nesses momentos que a sugestão de um sonho pode auxiliar ou trazer um vislumbre de compreensão em resposta ao oráculo de algum conto atemporal. Pois o mago oculto, que projeta tanto o ego como o mundo especular deste, pode fazer mais do que qualquer força exterior, desemaranhando à noite a teia urdida durante o dia. Ele pode sussurrar: "Mude seus sapatos". Só é preciso que olhemos e vejamos de que foram feitas nossas babuchas.

NOTAS

1. Do *Thamarat ul-Awrak* (Frutos das Folhas) de Ibn Hijjat al-Hamawi. Outra versão inglesa pode ser encontrada em H. I. Katibah, *Other Arabian Nights*, Charles Scribner's Sons, New York, 1928, "The Shoes of Abu Kasim". Richard F. Burton nos dá uma variante resumida e bem diferente em *Supplemental Nights to the Book of the Thousand Nights and a Night*, vol. IV, Benares, 1887, p. 209-217, "How Drummer Abu Kasim became a Kazi" e "The Story of the Kazi and his Slipper". Nela se vê que, tendo se libertado de suas babuchas, Abu Kasem partiu para terras distantes e tornou-se cádi.

2. Quando o rei Polícrates, soberano de Samos, hospedava o rei do Egito, fatos sucessivos demonstraram sua extraordinária boa sorte. Alarmado, o rei do Egito suplicou a Polícrates que sacrificasse voluntariamente algo precioso para evitar a inveja dos deuses. Polícrates atirou seu anel ao mar. No dia seguinte o cozinheiro, ao preparar um peixe para o banquete real, encontrou o anel em seu ventre. Aterrorizado, o rei do Egito zarpou para seu país.

3. Strindberg concebeu esse caminho de retorno em seu período de "inferno". Descobriu em Swedenborg o conceito do castigo que o homem carrega ao pescoço, extraindo-o de seu próprio inconsciente, e sabia, por experiência própria, de que maneira sinistra as coisas inanimadas podem pregar peças fatais: objetos estranhos, casas e ruas indiferentes, instituições e todos os resíduos da vida cotidiana.

Já idoso, muito cansado, Strindberg escreveu um conto de fadas baseado na velha história das babuchas de Abu Kasem ("Abu Casems Toffler", *Samlade Skrifter*, Del. 51, Stockholm, 1919). Mas sua versão não cumpre o que o título promete. Muitos pontos essenciais foram modificados e muita coisa não essencial foi inserida. As babuchas esfarrapadas de Abu Kasem não são a obra de sua vida, mas lhe foram dadas pelo califa para pôr à prova sua avareza. Por outro lado, em alguns escritos anteriores, ele abordou com melhor resultado a questão do destino autogerado – o teatro que a própria existência constrói, que adquire vida e se põe a brincar conosco porque seus bastidores e adereços são expressões de nosso ser interior.

Apresentara-o em *To Damascus* (1898) como uma fase de sua própria viagem ao inferno, mostrando como nosso mundo é gerado por nossas próprias compulsões involuntárias, sejam elas demoníacas ou silenciosamente solidárias.

UM HERÓI PAGÃO E UM SANTO CRISTÃO

1

Há muitos e muitos anos viveram um rei mítico e sua rainha – o rei Conn, da Irlanda, e a rainha Eda, da Bretanha; seu matrimônio era tão perfeito como a união do Céu e da Terra, arquétipo macrocósmico de todos os casamentos. Os historiadores narram que a perfeição de caráter e conduta do par refletia-se nas bênçãos que cumulavam o reino: "a terra produzia safras exuberantes e as árvores davam nove vezes mais frutos; os rios, os lagos e o mar fervilhavam de peixes excelentes; manadas e rebanhos eram desusadamente prolíficos".

Tais descrições de abundância natural não são raras nas lendas dos reinos benéficos, pois quando dois governantes sem mácula se guiam pela lei divina do Universo e governam o povo segundo o modelo de sua própria conduta, colocam em atividade o poder vivificante da perfeição. O rei e a rainha consumados, ao unir-se, tornam manifesto o que os chineses chamam de *Tao*, a virtude da ordem universal. Fazem com que o *Tao* se manifeste como *Teh*: a virtude de sua própria natureza. Virtude que refulge por si mesma, e cuja influência penetra, como magia, os centros vitais de tudo que rodeia o casal real, de tal forma que até o espírito da terra parece ser tocado. Dela emanam a harmonia e a beatitude. Os campos produzem, os rebanhos se multiplicam e as cidades prosperam, como na Idade do Ouro.

O rei Conn e a rainha Eda tiveram um filho e, como os druidas prognosticaram, em seu nascimento, que ele herdaria as boas qualidades dos dois progenitores, recebeu o nome de Conn-eda. Na verdade, era uma criança extraordinária. Quando cresceu, tornou-se o ídolo dos pais e o orgulho do povo, sendo muito honrado e amado.

É triste lembrar que, na juventude, a grande promessa da existência de Conn-eda foi de repente obscurecida. Sua mãe faleceu e o pai, seguindo os conselhos dos druidas, tomou outra esposa. Esta, filha do arquidruida real, já tinha filhos; prevendo que Conn-eda sucederia ao pai no trono, movida pelo ciúme e pelo ódio, começou a tramar-lhe a ruína. Desejava-lhe a morte, ou, pelo menos, que fosse exilado do reino; para realizar seu propósito maligno, principiou a espalhar calúnias a respeito dele. Como o jovem permanecia acima de qualquer suspeita, ela recorreu a meios sobrenaturais, procurando uma bruxa célebre.

A perversa rainha, depois de satisfazer um grande número de exigências estranhas e dispendiosas, recebeu um tabuleiro de xadrez miraculoso, cujo encantamento faria com que seu possuidor sempre ganhasse o primeiro jogo. Deveria desafiar o príncipe, que de nada suspeitava, sugerindo-lhe que o vencedor impusesse o *geis* (condição) que desejasse. Ao vencê-lo, ela o obrigaria, sob pena de exilá-lo, a trazer-lhe dentro de um ano certos troféus míticos: três maçãs de ouro do reino das fadas, além do corcel negro e do cão de poderes sobrenaturais pertencentes ao soberano daquele reino. Eram tão preciosos e bem guardados que se o príncipe tentasse apoderar-se deles encontraria a morte, com certeza.

O jogo foi marcado. O príncipe não desconfiava nem de leve do mal que o aguardava, e a rainha venceu. Mas, tão entusiasmada estava para tê-lo completamente sob seu poder que o desafiou para uma segunda partida; para seu espanto e mortificação, perdeu e não quis jogar outra vez. Anunciou seu *geis*. Ao ouvi-lo, Conn-eda percebeu que havia sido traído. Como o segundo *geis* lhe cabia, ele decidiu manter a rainha imóvel durante sua ausência. Ordenou que ela se sentasse no pináculo da torre do castelo e ali permanecesse, exposta ao sol e às tormentas, mal se nutrindo dos mais magros alimentos, até seu retorno ou até expirar a data estipulada de um ano mais um dia.

Conn-eda estava precisando desesperadamente de conselho. Recorreu a um poderoso druida. Porém, quando o sábio consultou a divindade particular de sua devoção, viu-se que nem ele nem seu deus poderiam ajudar o príncipe. Existia, no entanto, sugeriu o druida, certo Pássaro de Cabeça Humana, uma ave muito especial, famosa por seu conhecimento do passado, presente e futuro, que vivia oculta em um perigoso ermo e que, mesmo se fosse encontrada, dificilmente seria persuadida. Acreditava o druida que, se induzido a falar, o pássaro poderia ser um auxílio precioso. "Toma esse cavalinho peludo", disse ele, "e monta-o imediatamente. Dentro de três dias o pássaro tornar-se-á visível e o cavalo hirsuto vai conduzir-te à sua morada. Se a ave recusar-se a responder às tuas perguntas, toma esta pedra preciosa e oferece-a a ela. Não temas nem duvides, que logo depois dar-te-á a resposta".

Conn-eda montou o insignificante corcel, deixando-lhe as rédeas soltas ao pescoço para que ele pudesse tomar o caminho que quisesse. Era um cavalo mágico; possuía o dom da palavra e conduziu seu cavaleiro a salvo através de uma série de aventuras. No devido tempo, o príncipe alcançou o esconderijo do estranho pássaro, ofereceu-lhe a pedra e fez-lhe a pergunta referente à busca. Em resposta, a criatura voou até um rochedo inacessível, a certa distância, e de lá ordenou, em voz meio humana, forte e grasnante: "Conn-eda, filho do rei de Cruachan, levanta a pedra que está exatamente sob teu pé direito; toma a bola de ferro e a taça que encontrarás sob ela; depois, monta teu cavalo, arremessa a bola diante de ti. Quando o fizeres, o cavalinho dir-te-á tudo que precisas saber".

Levantando a pedra, Conn-eda apanhou a bola de ferro e a taça. Montando o animal peludo, lançou a bola diante de si. Ela rolou numa velocidade regular e o cavalinho hirsuto se pôs a segui-la. Assim chegaram à margem do Loch Erne. Mas a esfera não se deteve; rolou água adentro e desapareceu.

Nessa altura o cavalo deu o primeiro conselho: "Desmonta, agora", disse, "e introduz a mão em minha orelha; tira de dentro dela o frasquinho de 'cura-tudo' e uma cestinha. Monta de novo bem depressa, porque agora começarão teus grandes perigos e dificuldades".

Ambos entraram na água, seguindo o caminho tomado pela bola de ferro, e era como se o lago fosse apenas uma atmosfera sobre suas cabeças. Encontraram a esfera, que rolava tranquilamente até chegar a um largo rio, cruzado por um vau defendido por três terríveis serpentes. Silvando, ameaçavam, escancarando as horrendas bocas de presas formidáveis.

"Abre agora a cesta", disse o cavalo peludo, "apanha uns pedaços de carne, atira um naco dentro da boca de cada uma das serpentes. Quando o tiveres feito, agarra-te à sela, para que possamos agir como é preciso para abrir caminho. Se atirares a carne acertando a boca das serpentes, passaremos a salvo; senão, estaremos perdidos".

Conn-eda atirou os bocados sem errar. "Recebe uma bênção e um augúrio de vitória", exclamou o cavalinho, "pois tu, jovem, vencerás e prosperarás". E, num único e poderoso salto, atravessou o rio e o vau. "Ainda estás montado, príncipe Conn-eda?"

"Só precisei de metade de minhas forças para suster-me", respondeu Conn-eda.

Continuaram seguindo a bola até que avistaram uma grande montanha flamejante. "Prepara-te para outro salto perigoso", preveniu o cavalo, que deixou a terra e voou, como uma flecha, sobre a montanha em fogo. "Ainda estás vivo, Conn-eda, filho do rei?"

"Apenas vivo, e mais nada, porque me chamusquei bastante", replicou o príncipe.

"Desde que estás vivo", disse o cavalinho, "com certeza és um mancebo predestinado a sucesso e bênçãos sobrenaturais. Nossos maiores perigos já passaram e há esperanças de superarmos o próximo e último deles".

Aconselhado pelo cavalo do druida, Conneda aplicou o elixir "cura-tudo" em suas queimaduras, o que o deixou intacto e são como nunca. Retomaram o caminho mostrado pela bola de ferro, chegando finalmente à fortaleza das fadas, uma enorme cidade cercada de altas muralhas e defendida, não por armas, mas por duas torres de chamas.

"Desmonta nesta planície", pediu o cavalinho, "apanha uma faquinha em minha outra orelha. Com ela, mata-me e esfola-me. Cobre-te então com minha pele e atravessarás a porta ileso, sem que te molestem. Quando entrares, poderás despir a pele sem problema; uma vez dentro, terá passado o perigo. Entrarás e sairás quando quiseres. Deixa-me dizer-te: em troca, tudo o que peço é que, ao transpores a porta, retornes e expulses as aves de rapina que estejam voando por perto para devorar-me a carcaça e que derrames, também, as gotas restantes do poderoso 'cura-tudo' sobre minha carne, para preservá-la da corrupção".

UM HERÓI PAGÃO E UM SANTO CRISTÃO

O príncipe falou, profundamente chocado: "Ó mais nobre dos corcéis, porque tão fiel me tens sido até agora e porque mais ainda terias servido a mim, considero tal proposta insultante para sentimentos varonis e totalmente oposta a um espírito capaz de experimentar o valor da gratidão, sem falar nos meus sentimentos de príncipe. E é como príncipe que posso dizer: aconteça o que acontecer, mesmo que venha a própria morte, sob a mais odienta das formas e acompanhada de seus terrores, jamais sacrificarei a amizade aos interesses pessoais. De agora em diante estou preparado – juro-o pelas armas de meu valor – para enfrentar o pior – até a morte – antes de violar os princípios de humanidade, honra e amizade!".

O animal insistiu em seu pedido. "Jamais, jamais!", repetiu o gentil príncipe.

"Pois bem, ó filho do grande monarca do Ocidente", disse o cavalo em tom de tristeza, "se te recusas a seguir meu conselho, agora, afirmo-te que ambos pereceremos e nunca nos encontraremos de novo; mas, se agires como te instruí, as coisas tomarão um rumo mais feliz e agradável do que podes imaginar. Se até agora não te enganei, por que duvidas da parte mais importante do meu conselho? Age exatamente como mandei ou farás com que recaia sobre mim um destino pior que a morte. Mais que isso, digo-te que, se te obstinares nessa resolução, romperei contigo para sempre".

Relutante, o príncipe empunhou, afinal, a faca retirada da orelha do cavalo e, com mão trêmula, apontou-a, experimentando, para a garganta do animal. De imediato, como se impelida por um poder mágico, a lâmina enterrou-se profundamente no pescoço e fez-se o trabalho da morte. Desesperado, o jovem atirou-se ao chão ao lado do corpo inerte e gritou, chorando, até perder a consciência.

Voltando a si, certificou-se de que o fiel companheiro estava morto e então, apesar da apreensão e das lágrimas abundantes, deu início à esfoladura. Completando-a, envolveu-se na pele e, em estado de semidemência, atravessou as portas. Não o molestaram nem lhe opuseram resistência. Não encontrou encanto no esplendor da cidade das fadas; caminhava aturdido, inteiramente absorto em sua dor.

Quando o último pedido do cavalo lhe veio à mente, retornou à carcaça, afugentou as aves de rapina, e embalsamou os restos mutilados com o precioso unguento. Para sua surpresa, a carne inanimada principiou a sofrer uma estranha transformação; em poucos minutos, para sua inexprimível alegria, assumiu a forma do mancebo mais formoso e nobre que se possa imaginar, retornando à vida. Ambos se abraçaram, num êxtase de felicidade.

"Mais nobre e poderoso dos príncipes", declarou o jovem recém-surgido, "sois a melhor visão que meus olhos já contemplaram e eu o mais afortunado dos seres por vos ter conhecido! Vede em minha pessoa, devolvida à forma natural, o vosso cavalinho peludo! Sou irmão do rei da cidade das fadas, há longo tempo aprisionado pelo perverso druida, que teve que renunciar a mim quando o consultastes, pois então quebrou-se a condição, o *geis* de meu cativeiro. No entanto, eu não poderia recobrar minha forma e aparência anteriores a menos que agísseis com a bondade com que agistes. Foi minha própria irmã que exortou a rainha, vossa madrasta, a enviar-vos em busca das maçãs, do corcel e do forte e pequeno sabujo que meu irmão conserva em seu poder. Minha irmã, tranquilizai-vos, não pretendia causar-vos dano, e sim fazer--vos um grande bem, como descobrireis agora. Se estivesse mal disposta contra vós, poderia atingir seus fins sem dificuldade. Resumindo, apenas desejava livrar-vos de todo e qualquer desastre ou perigo futuro, libertando-me também, com vossa ajuda, de meus incansáveis inimigos. Vinde comigo, amigo e libertador. O corcel, o sabujo de extraordinários poderes e as maçãs de ouro serão vossos. Uma calorosa recepção vos aguarda, na mansão de meu irmão".

O final feliz pode ser narrado em poucas linhas. Conn-eda conseguiu os três troféus. Persuadiram-no a passar o resto de seu período de provação no reino das fadas como hóspede do soberano. Quando chegou a hora da partida, rogaram-lhe que prometesse retornar pelo menos uma vez por ano. Na viagem de volta não houve dificuldades, e no devido tempo ele avistou a perversa rainha. Estava ainda pousada em seu pináculo pouco confortável, mas cheia de esperança, pois raiara o último dia da prova. Achava que o príncipe, com certeza, não conseguiria chegar, e perderia todos os direitos ao reino.

Mas, eis, vede! Parecia-lhe divisá-lo. Estava chegando, montado num corcel negro, trazendo um sabujo numa correia de prata. A rainha, num rasgo de desespero, atirou-se da torre, despedaçando-se. Quando o rei inteirou-se de sua conduta mesquinha, ordenou que seus restos fossem queimados.

O príncipe plantou as três maçãs de ouro no jardim. No mesmo instante brotou uma árvore magnífica. Dava frutos de ouro, e fez com que todo o reino produzisse colheitas exuberantes. Se os anos em que reinara o pai de Conn-eda haviam sido grandes, os seus foram ainda maiores e seu longo reinado ficou famoso até hoje por sua abundância. O reino que Conn-eda governou ainda leva seu nome: é Connacht, uma província da Irlanda ocidental.[1]

Assim conta o antigo mito pagão, que chegou a nós na linguagem simples falada nas cabanas camponesas do século XIX; apesar de ter sobrevivido a vários séculos de alterações, as imagens ainda contêm a força de seu primitivo conhecimento pré-cristão da alma. Obedecem a padrões já bem conhecidos através de vários outros mitos e contos maravilhosos, modelos adaptados do rico tesouro mundial de formas simbólicas, as quais, como o cavalinho peludo, ao serem dissecadas e observadas com simpatia, sofrem uma notável transformação.

O jovem príncipe Conn-eda é o herdeiro sem mácula do homem e da mulher ideais e míticos, encarnando as virtudes de ambos, como se vê por seu nome dual. É aclamado como o perfeito sucessor do pai por ser a incorporação virtual e humana do *Tao*. Sob sua influência as energias vitais do homem e da natureza devem exercer-se em harmonia e produzir abundância; uma conjunção ideal dos processos cósmicos e humanos há de manifestar-se em todas as condições de seu reino. Haverá de ser o governante perfeito, a um só tempo benéfico e enérgico, vigiando, equilibrando e coordenando todos os elementos mutuamente antagônicos que constituem a vida – criativos e destrutivos, bons e maus.

No entanto, apesar de ninguém estar consciente do fato (Conn-eda menos que todos), ele ainda não está realmente pronto. Apesar de suas irrepreensíveis virtudes juvenis, ignora as possibilidades do mal, presentes por toda a parte de seu reino e do mundo – na natureza humana, e nas forças elementares e sub-humanas do cosmos. A pureza e o esplendor da índole do príncipe haviam conseguido preservar-lhe o coração de todos os aspectos mais negros da existência. Ele ignora a outra sinistra metade, os implacáveis poderes destrutivos que se contrapõem à virtude – as violências egoístas, dissolventes e diabólicas da ambição e da agressão. Estas, sob seu reinado benigno, teriam emergido, arruinando a harmonia do reino. De fato, ele é tão inocente que nem se apercebe da malícia da madrasta, que vive sob seu próprio teto.

Em outras palavras, Conn-eda tem tudo a aprender. Antes que possa tratar com a multiplicidade das forças da vida, tem que conhecer a lei universal dos opostos coexistentes. Precisa compreender que a integralidade consiste na cooperação dos opostos através do conflito, e que a harmonia é, essencialmente, uma resolução de tensões irredutíveis. Ainda não compreende que o padrão da existência é tecido com a cooperação antagônica das alternâncias de declínio e ascensão, e que é construído por luz *e* escuridão, dia *e* noite – *Yang* e *Yin*, segundo a formulação chinesa. Para tornar-se o soberano perfeito deve tornar-se completo e, para tanto, é preciso que confronte e integre a realidade mais oposta e antagônica ao seu próprio caráter. Tem que bater-se com as forças do mal, daí a necessidade de seguir a estrada oculta da busca dolorosa. Seu mito, seu conto maravilhoso, é uma alegoria da agonia do autocompletamento através do domínio e da assimilação dos opostos conflitantes. O processo é descrito nos típicos termos simbólicos de confrontos, perigos, proezas e privações.

Conn-eda enfrenta inicialmente o princípio contraditório sob a forma da obstinação e da ânsia de poder da impiedosa madrasta, que o alija do reino – do reino dos viventes. Suas intrigas e calúnias anteriores deveriam tê-lo alertado, mas, em sua juvenil boa-fé, cai na armadilha da partida amistosa.[2] Manifestada sua incapacidade de reconhecer e enfrentar o mal no plano da vida humana, é forçado a encará-lo sob a forma mais crua, sem disfarce, sub-humana, dos elementos destrutivos da natureza. Esse é o sentido de sua descida ao fundo do lago milagroso. Ali sofre a fúria cega dos poderes da vida em seu aspecto não apaziguado, puramente destrutivo, aspecto exatamente oposto aquele em que se encontram no reino terrestre de seu pai, isto é, de cooperação harmoniosa, temperados pela magia da influência da virtude humana. A interação dos opostos conflitantes, sob o controle magistral do rei perfeito não era de maneira alguma desastrosa, mas completamente criativa, manifestando-se nela as oposições *Yang* e *Yin*, integradas na plenitude da ordem do *Tao*.

Os poderes de nível infra-humano são representados pelos elementos água e fogo. Indispensáveis e úteis quando subordinados à necessidade humana e submetidos a um controle inteligente, são, porém, cegos e furiosamente indiferentes em si e por si mesmos. A água e o fogo, energias da natureza mutuamente antagônicas, são conspícuos em seus efeitos ambivalentes. Ao mesmo tempo sustentadores da vida e destrutivos (de modo muito mais óbvio que os dois outros elementos, ar e terra), figuram a totalidade do domínio e da força do mundo extra-humano e seu caráter de criação e dissolução, a um só tempo propiciatório e desastroso. Representam, *in totum*, a energia vital e o processo da vida, a constante ação e interação dos opostos em conflito.

      Conn-eda, portanto, tem que abrir caminho através da fúria e do pavor da água e do fogo como se se tratasse de uma iniciação ao caótico e inumano aspecto da vida. Também nos antigos mistérios de Ísis e Osíris exigia-se do iniciado que atravessasse a água – que atravessasse, em outras palavras, a ameaça e a experiência da morte, da qual emergiria renascido, como "Conhecedor", "Compreendedor", transcendendo o medo e libertando-se de todos os liames da perecível personalidade do ego. Essa é a via tradicional de iniciação – caminho muito citado nas mitologias e literaturas folclóricas mundiais.[3]

      Conn-eda escapa à destruição graças a seu próprio valor e virtude e também ao auxílio e conselho de seus miraculosos auxiliares. Os poderes mortais da água são adequadamente representados nesta história (o que é muito comum em mitologia) por gigantescas serpentes. Ele as aplaca executando – sem medo, correta e cuidadosamente – um ritual de oferendas; como substitutos sacrificiais de sua própria carne e vida, lança-lhes nacos de carne às mandíbulas. Isso equivale ao reconhecimento da realidade dos poderes caóticos, à aceitação de seu caráter *divino*, como presenças diabólicas merecedoras de veneração. Em vez de resistir, lutar ou fugir, o herói afirma. Confronta e trata com sua tremenda realidade, transformando-se em um Conhecedor. Não se retrai diante de seu aspecto demoníaco, mas presta tributo à sua natureza ambivalente. São poderes implacáveis, ainda que possam ser propiciados – embora diabólicos, é preciso que sejam compreendidos e tratados como divinos.

      Assim, a inocência de Conn-eda é superada por seu crescimento. Tal estado de graça infantil tem que ser ultrapassado pela experiência: experiência do caráter intrinsecamente dual e ambivalente de tudo que constitui a trama e a urdidura da vida. Esse despertar inclui o risco da total perda de fé na virtude e nos valores benéficos – o perigo da indiferença e do endurecimento quanto à distinção entre bem e mal em sua luta interminável. Pode também provocar o desastre espiritual oposto – desespero impotente, absoluta descrença na capacidade humana de realizar os grandes ideais eternos. Conn-eda, no entanto, é superior a esses dois perigos; por nascimento e natureza, é o herói eleito, predestinado à busca revivificante da vida. É um "jovem a quem estão destinados êxito e bênçãos sobrenaturais".

      Entretanto, escapa das chamas da montanha flamejante, sua segunda provação, "apenas vivo" e "bastante chamuscado". Desta vez é ele mesmo que, de maneira simbólica, é oferecido aos poderes; ao transpô-los, emerge para ser untado com o bálsamo mágico. O "cura-tudo" é afim ao elixir dos gregos, a ambrosia, ou ainda à *amrita* védica. É o licor da vida, bebida e alimento da eternidade que os deuses desfrutam em sua morada, que os nutre em sua imortalidade; concedem-no aos heróis eleitos, aos quais conforta e restaura. Reservou-o para Conn-eda a força milagrosa que o conduz e sustém; ao ser ungido com ele, renasce, simbolicamente, "da água e do espírito". Ocorrem a morte do velho Adão e a ressurreição do novo, e o eleito converte-se em "nascido duas vezes". Com seus olhos lavados pela morte, torna-se apto a ver a cidade das fadas – isto é, o reino de Deus, que está dentro de todos os homens e de todas as coisas.

Durante as provações, Conn-eda é assistido por seres miraculosos que, sob forma animal, o salvam e guiam. É uma simplificação do motivo dos "auxiliares animais", sempre recorrente nos contos folclóricos e nos mitos. Essas figuras simbólicas encarnam e representam as forças instintivas de nossa natureza, distinguindo-as das qualidades humanas superiores do intelecto, da razão, da força de vontade e da boa vontade. Já é um sinal de que o herói está apto para a conquista, o aparecimento desses estranhos e inverossímeis auxiliares, a cujos conselhos ele se submete. As qualidades humanas superiores teriam sido inadequadas para conduzir e sustentá-lo através de suas provações; o caráter destas é essencialmente incompatível tanto com a incredulidade quanto com a capacidade de discernimento do intelecto humano consciente. Ele tem, no entanto, humildade e fé; é precisamente por essa disposição de seu coração que as "outras forças", encarnadas nos "auxiliares animais", estão a seu dispor. O jovem príncipe deposita confiança intrínseca nas sugestões crípticas e não muito encorajadoras do velho druida, e tem uma fé humilde naquele cavalinho peludo, tão pouco extraordinário. Com esses insólitos e extravagantes talismãs e cavalgando o animalzinho hirsuto, triunfa onde os de melhor figura e racionalmente equipados falhariam. O seu não era um corcel de aventuras cavalheirescas, um impressionante garanhão a que o valor principesco de Conn-eda faria jus; não obstante, o herói confia implicitamente em sua sagacidade e força.

Na linguagem pictórica do folclore e do mito a figura simbólica de cavalo e cavaleiro representa nosso caráter centáureo, fatalmente composto de instinto animal e de virtude humana. O cavalo é o aspecto "inferior", puramente instintivo e intuitivo do ser humano; o cavaleiro que o monta é a parte "superior": valor consciente, senso moral, força de vontade e razão. Geralmente o cavaleiro é visto como o guia, o que estabelece as metas, e o discriminador, entre ambos; vê-se o corcel apenas como veículo servil, embora dotado de dignidade.

No entanto, neste mito pagão irlandês, é o cavaleiro quem se submete, humilde, confiante, deixando as rédeas soltas no pescoço de seu animal.[4] Conn-eda, um herói dos heróis, numa passagem repleta de provas através do reino imprevisível das forças caóticas da natureza (passagem referente à sua iniciação nos sombrios segredos do fundamento do mundo das formas cósmicas e humano-sociais), segue sem hesitar a direção de sua sabedoria "inferior", do aspecto inferior e menosprezado da natureza centáurea, os impulsos irracionais e instintivos de seu ser híbrido. Tal orientação lhe vem não apenas através de sua montaria, mas também do Pássaro de Cabeça Humana e da bola de ferro rolante.

O druida a quem Conn-eda se dirigiu em primeiro lugar era um sábio, cuja sabedoria ultrapassava o próprio conhecimento, pois sabia com precisão o que *não* sabia. Usa, na verdade, de saber, quem define os limites da própria informação; é sábio conhecer onde e de quem obter o conhecimento que nos falta, e também, que rituais, que exigências de aproximação devem ser cumpridos antes que a inteligência almejada possa ser considerada nossa. Essa era a sabedoria do druida, o Velho Sábio, mestre arque típico, guru e amigo de Conn-eda.

O Pássaro de Cabeça Humana deve ser entendido como o aspecto animal do conhecimento do druida inteiramente humano – tal como, no símbolo do cavalo e cavaleiro, o animal é o aspecto "inferior" do ginete. A *avis rara* oracular é mais sapiente que o Velho Sábio por ser, diretamente, uma parte da natureza, a voz do ermo intocado pela cultura humana, a senhora do segredo da floresta que habita.[5] Uma cabeça humana colocada sobre um corpo nascido para o ar; com a qual é problemático tratar-se; ardilosa, de difícil localização; que pode ser propiciada com dádivas, mas é rápida em seu retraimento... Essa estranha voz semi-humana encarnada, grasnando conselhos medidos e peremptórios, exige submissão – cega e absoluta – às forças silenciosas: nomeia Conn-eda guardião da bola de ferro rolante.[6]

A bola obedece à gravidade e rola, por isso, para o centro de todas as coisas, para o reino feérico das forças universais, para o seio de Deus. Ela segue, tornando visível, ao segui-la, a mais geral de todas as leis, aquela que controla os movimentos dos corpos celestes, que dirige a órbita de cada esfera, em harmonia exata do peso com a massa, de tal maneira que a Terra infalivelmente gira em torno do sol e a lua em torno da Terra. A bola abre caminho diretamente, pela gravidade, para o Motor Imóvel – o Primeiro Princípio, de que trata Giordano Bruno no seu *De la Causa Principio et Uno* –, esse centro do qual tudo procede, à volta do qual tudo gira e para o qual, no fim, tudo deve retornar.

Poder abandonar-se, como o herói Conn-eda, entregando-se confiantemente à lei fundamental que é o sentido secreto de seu próprio peso, e que canta por toda a parte – na harmonia das esferas, na prístina melodia do Todo, no "canto concertado dos planetas-irmãos", "na passagem ressoante" do sol, no hino perene da mais íntima batida do coração e da circulação do organismo do mundo – significa resolver absolutamente tudo de um só golpe. É harmonizar-se com o vasto ritmo do Universo e mover-se com ele. E seguir o mais cego e mudo impulso – a pura gravidade – e, no entanto, perscrutar assim o centro de todas as coisas: o ponto onde a maior quietude habita, em torno do qual tudo deve circular – simplesmente porque ele se mantém em paz.[7]

Conn-eda concorda, a cada momento, com os ditames da sabedoria da natureza. Reconhece e aceita a orientação instintiva, qualquer que seja a máscara ou a indumentária sob que apareça: cavalo ou pássaro falantes, bola de ferro a rolar. Por essa abertura ao não racional, lhe é possível seguir o difícil caminho. Sendo irlandês – e, além disso, de uma época arcaica – está isento da falha característica do homem moderno, isto é, da exclusiva confiança no intelecto, na razão e no poder da vontade conscientemente dirigida. Quanto a Conn-eda, essa que é a base do problema moderno não existe: ele não oferece nenhuma espécie de resistência à orientação do inconsciente. Com espontaneidade, de todo o coração, submete-se a todas as ordens inescrutáveis e aos agentes estranhos que o dirigem.

UM HERÓI PAGÃO E UM SANTO CRISTÃO

Mas o príncipe recua diante de uma ação ingrata e cruel. Entre suas virtudes há um traço de gentileza humana que precisa ser neutralizado para que não o destrua e a seu reino; qualquer impulso para a violência é tão alheio à sua natureza, qualquer causa de injustiça tão distante de sua compreensão, que não tem defesa diante deles. Encontram-no já totalmente despreparado. Sua derradeira prova, portanto – suprema, e a mais necessária – exige que mate, com fria e desumana ingratidão, o pequeno cavalo peludo, guia fiel graças ao qual obteve o que seus poderes humanos de ação e compreensão jamais conquistariam. As provas vinham num crescendo de dificuldade, até esse clímax. Na primeira, as serpentes foram aplacadas por um oferecimento substitutivo; na segunda, o próprio herói converteu-se em vítima simbólica e foi perigosamente chamuscado. Mas, nessa última, a morte não poderia ser burlada; além disso, o próprio Conn-eda deve tornar-se seu agente. Dele se exige que seja ingrato, inclemente e desumano; que viole a virtude cavalheiresca – virtude humana pela qual, durante uma infância e juventude exemplares, fora tão louvado. Exige-se, em outras palavras, que seja não apenas o sacrificador, mas também a vítima, pois o que deve aniquilar é seu próprio caráter, que tem em alta conta. E não há conquista mais árdua para o verdadeiro virtuoso do que recriar-se, na conquista de uma natureza superior, sacrificando o ideal, negando o papel modelar que sempre se esforçou por representar.

Conn-eda precisa harmonizar-se com a necessidade de ser cruel. Pois, como poderia o príncipe tornar-se o rei perfeito, sem compreender, intimamente, o crime e a inumanidade? Como poderia o rei ser o supremo juiz, a menos que fosse capaz de superar seus sentimentos pessoais mais caros, sua propensão à misericórdia e compaixão indiscriminadas? O jovem inocente precisa consumar a iniciação na sabedoria do mal cometendo um crime; esse ato simbólico e sacramental vai torná-lo apto a dispensar não apenas clemência, mas também justiça – fará dele um verdadeiro Conhecedor, capaz de controlar as forças das trevas. Faltando-lhe isso, jamais será competente para estabelecer, preservar ou representar, ele próprio, a harmonia do *Tao*. Desconhecendo a escuridão, o jovem rei nunca compreenderá a interação de trevas e luz, o mútuo antagonismo cooperativo de ambas, universal tanto no cosmos como na sociedade – jogo recíproco entre dia e noite, crescimento e decadência. Como sinal de sua transformação, da conquista, através do crime, de uma nova estatura sobre-humana e do poder, o jovem inocente é finalmente compelido até mesmo a envolver-se na sangrenta pele de sua vítima inocente. Usando-a como traje protetor, passa ileso entre as torres flamejantes – torres da cólera da natureza, guardiãs da entrada do reino das fadas, onde está a fonte das eternas energias que tudo suportam, tudo dissolvem.[8]

Mas este não é o significado total do sacrifício. Ao desfazer-se do cavalo druídico, Conn-eda está não apenas aniquilando sua virtude humana, mas também o poder instintivo e intuitivo que até esse momento fora seu guia indispensável – a sábia e gentil natureza animal, representada pela montaria do cavaleiro. O corajoso animal, com seu engenho todo-sapiente e força sobrenatural, o fez ultrapassar duas provas terríveis. Saltou sobre o abismo das águas, passou, destemido, próximo às serpentes, elevou-se como um foguete entre as chamas da cratera flamejante, sempre com a felicidade maravilhosa de um sonho. No entanto, agora, no último salto, o animal pede sua própria imolação.

    Conn-eda jamais atingirá a perfeição, diz-se, a não ser que a porção instintiva de seu caráter centáureo se transforme radicalmente. Deve haver uma separação crítica do eu racional, responsável, e da parte instintiva e inconsciente. Até o momento, a orientação do inconsciente profundo não tivera uma compensação moral; a personalidade moral consciente não desempenhara nenhum papel, nem na formulação nem no julgamento dos atos do herói. Portanto, é preciso que haja agora uma desintegração momentânea do companheirismo unitivo dos amigos ideais, uma separação decisiva dos aspectos racional e instintivo dessa única natureza humana. E é por essa razão que o guia gentil exige sua própria e fria imolação e também porque Conn-eda precisa converter-se na mão sacrifical, quente do sangue da criatura que amou e a quem deve a vida. Apunhalando a garganta hirsuta, aniquila não somente sua virtude humana, mas também a sabedoria animal – e seu apoio. Apesar de ser um sacrifício criminoso, impiedoso, irrevogável e desarrazoado, produz uma miraculosa transformação e renascimento.

    Nada morre, nada perece, nada sofre aniquilação total. Nem a virtude nem a energia se perdem. A destruição – a morte – é apenas uma máscara externa de transformação em algo melhor ou pior, superior ou inferior.

    O sacrifício miraculoso é executado sobre uma vítima voluntária, que o suplica e submete-se a ele como a um serviço supremo. O trabalho é desempenhado com profunda mágoa e reverência – este é o detalhe importante. Embora aparentemente impiedosa, egoísta e ingrata, a ação é compensada por feitos e disposições diametralmente opostas: contrição, misericórdia, e a aspersão do precioso elixir "cura-tudo". O príncipe consegue efetuar a integração das antíteses. Tendo dominado a própria bondade, conseguiu, no entanto, não perdê-la. Contrariando-a, não permitiu que morresse. Foi precisamente essa bipolaridade que permitiu a realização do milagre.

    Ressuscitado, o guia assume sua condição de príncipe encantado, muito semelhante a Conn-eda – herdeiro aparente do trono do reino feérico da vida. Tendo figura humana, esse príncipe é o igual de Conn-eda; mas, por seu caráter sobrenatural, lhe é superior. Quanto ao cavalinho, inferior em aspecto, era superior não só por sua sabedoria instintiva, pela força incansável e pela alegria durante as provações, mas também pela posse dos implementos de cura e salvação que conduzia nas orelhas. A auspiciosa transformação significa que essa superioridade foi integrada num plano mais elevado.

    Enquanto ainda sob forma animal, o princípio orientador era obrigado a operar no plano inconsciente – lúcido, porém mudo e instintivo, hábil como um sonâmbulo a equilibrar-se à beira de um telhado. Obscuro, possivelmente diabólico, irresponsável, indiferente (apesar de não haver se manifestado assim ao cavaleiro eleito), seu esplendor potencial estava reprimido. No entanto, com a morte e a quebra do encantamento, a "sub" converteu-se de imediato em "super"consciência. Não mais na qualidade de animal, mas humanizando-se em caráter e expressão, o poder feérico é restaurado em toda a plenitude de sua glória. A natureza revela a presença oculta em sua raiz e Conn-eda é saudado por um irmão gentil, tão consciente como ele mesmo – superior, não obstante, em poder e sabedoria.

UM HERÓI PAGÃO E UM SANTO CRISTÃO

Vemos, nesta altura, que a moral da história é a mesma no geral transmitida pelos mitos e contos de fadas irlandeses: siga cegamente suas forças intuitivas inconscientes, com fé confiante – elas o conduzirão através das perigosas provações. Cultive-as; creia nelas; não as frustre com críticas e desconfianças intelectuais; permita-lhes que o impulsionem e sustentem. Elas o conduzirão, através das barreiras e dos limiares, para além dos perigos que não podem se enfrentados por nenhum outro guia nem ultrapassados por outro corcel. Até que lhe peçam que consume o que será sentido como uma dolorosa separação, não as mate. Quando chegar a hora, elas indicarão o momento e a maneira. Melhor que o cavaleiro, as forças mudas compreendem que a morte, essa penosa ruptura, é um prelúdio de renascimento, transmutação e reunião, e veem quando a possibilidade do milagre se apresenta. Sabem o que o nosso ego consciente e racional jamais compreenderá e não deve sequer tentar entender antes do instante mesmo do acontecimento; ou seja, sabem que a morte não existe.

Morte, aniquilação: essa é uma das concepções básicas, limitadas e limitadoras que nos circunscrevem a consciência, constituem o fundamento do mundo de nosso eu e nos motivam a organização da personalidade. Personalidade, consciência e mundo do ego surgem e crescem no tempo e no espaço; estão sujeitos à destruição e, consequentemente, têm razão de temer a morte. Mas, se imaginamos que o que eles são e o que compreendem integram a totalidade de nossa existência, enganamo-nos. Essa autopercepção e seu âmbito de atividade constituem apenas uma fase, uma expressão, reflexo ou manifestação da energia interna, no ser composto que é o indivíduo.

Há dentro de nós, ainda, um outro ser, sob o eu nascido e perecível; nada sabendo sobre aniquilamento, sente-se muito seguro no vale das serpentes e ao saltar sobre as perigosas águas. É essa presença que, à sua maneira casual e gentil, indaga ao cavaleiro que a ela se agarra, no momento em que voam sobre os terríveis obstáculos: "Ainda estás na sela? Ainda estás vivo?". Sem recuar diante dos perigos dos elementos nem queimar-se nas chamas da montanha, sacrificada, renascida, virtualmente imperecível, essa criatura de valor inestimável partilha a virtude da imortalidade. Tem grandes expectativas sobre seu cavaleiro: "És um mancebo que vencerá e prosperará... um jovem destinado a êxitos e bênçãos sobrenaturais". Mas a realização do ginete dependerá do ato sacrifical. A energia vital inconsciente, subsistindo sem depender da consciência do ego, infalivelmente instintiva, reflete a porção divina de nossa natureza humana; somente quando a transmutamos, através de trabalho consciente, em uma forma mais alta de superconsciência intuitiva, é que alcançamos essas dádivas mágicas que são os prêmios da busca.

As maçãs de ouro, o sabujo de poderes extraordinários e o corcel negro são os dons e sinais das virtudes do reino feérico da vida perene. As maçãs são idênticas às maçãs nórdicas do jardim de Freya, aos clássicos pomos das Hespérides e ao fruto bíblico da árvore da vida eterna que nossos primeiros ancestrais negligenciaram colher.[9] Afrodite, a Deusa do Amor, do Trono de Ouro, ofertou três desses talismãs de seus jardins da ilha sagrada de Chipre ao jovem Hipomenes, quando este arriscou a vida em uma corrida com a donzela Atalanta. Todas as vezes que a donzela miraculosamente veloz, desdenhosa e casta como Ártemis, a deusa virgem, passava-lhe um pouco adiante na corrida, o jovem lhe atirava à frente esses talismãs áureos irresistíveis, um a um, e ela parava para apanhá-los. Foi assim que ele venceu e que a moça perdeu sua agreste virgindade. Pois as maçãs de ouro quebram o encanto do medo da morte – o medo de passar com a passagem do tempo – e unem a vontade ao seu objetivo. São o alimento que extingue a mortalidade. São o sustento dos imortais. Aqueles que os provam identificam-se com a porção imperecível de suas naturezas e tornam-se como deuses.

O pequeno mastim de poderes extraordinários, farejando, perseguindo, nunca perdendo a pista e infalivelmente atingindo seu objetivo, é o cão de caça ideal; encarna a sabedoria instintiva e a percepção. Lança-se à caça de qualquer espécie de veado, na selva virgem da vida e do inconsciente. E outra encarnação do instinto e da intuição do cavalo peludo. Como outra, também, é o corcel negro, magnífico cavalo de batalha, transformação elevada e cavaleiresca da outrora muito modesta besta de carga. É a forma adequada para o corcel e companheiro do rei-herói.[10]

Conn-eda nada perdeu ao abandonar o lago das fadas e seu príncipe, pois não existe separação, morte ou perda, no plano elevado da existência superpessoal. Sob a forma das maçãs, do cachorro e do corcel negro, ele mantém consigo os poderes que, anteriormente, através dos humildes serviços do cavalo hirsuto, o haviam sustentado e dirigido. Eles representam outro aspecto "inferior" de sua natureza centáurea, agora revelada em sua forma preeminente. Dão a conhecer o sublime significado do guia anterior, o cavalo hirsuto; este, se não era negro, branco, ou marrom, fora, no entanto, a perfeita união de todas as qualidades e oposições – o mais modesto veículo da mesma força vital que agora revelava seu poder.

Em sua busca de um reino superior o herói despende o período ritual de um ano, que simboliza uma vida ou encarnação, um ciclo completo de existência – da primavera ao inverno, do nascimento à morte. Durante esse período, ele partilha a vida dos imortais, entre os quais é aceito como se pertencessem à mesma família, através dos sagrados ritos da hospitalidade, o que o converte, finalmente, em um ser da mesma espécie deles. Firmam-se nele e o impregnam, as qualidades de seu excelso modo de ser. Estimulada a essência divina outrora adormecida em seu interior, adquire um caráter dual e converte-se em habitante de ambas as esferas, a mortal e a divina.[11] Esse duplo caráter ou cidadania são conferidos ao perfeito iniciado pelo último sacramento da Assunção ou Transfiguração, que ao mesmo tempo simboliza e produz a Apoteose do Homem.

Quando finalmente o homem-deus retorna, renascido e conduzindo os símbolos de sabedoria e poder, as forças do mal se desmoronam por si mesmas. A rainha-madrasta atira-se ao solo. Tal fim é a única derrota verdadeira e possível dos poderes maléficos: a autodissolução, o autoaniquilamento ante uma superioridade qualitativa (e não quantitativa) – alcançada pelo autossacrifício, pela autoconquista –, e uma integração efetiva, processada de forma reconciliada e reconciliável, da própria essência do poder do mal. Pois cada integração que deixa de ser cumprida na esfera humana provoca a aparição, em algum lugar no espaço e no tempo, do oposto faltante. É inevitável que a personificação, a encarnação desse antagonista predestinado venha a mostrar sua face.

É dessa maneira que o dragão serve à vida. Transforma em enunciado incontestável o poder do fator ausente, ainda não integrado, e obriga os guardiães da sociedade a levar esse fator em conta. É a "cooperação antagônica" do dragão. Para que possa ser desfeita, o próprio herói – o herói-sociedade – precisa passar por uma transmutação, uma crise que vai desintegrá-lo, reintegrando-se depois em bases mais amplas, na qual a *raison d'etrê* do dragão tenha sido superada; este, no desespero de sua agora vã e destrutiva nulidade, desvanecer-se-á, explodindo e desaparecendo. Por outro lado, se conquistado apenas pela força das armas, a necessidade de seu reaparecimento não terá sido eliminada; depois de um tempo para recuperar-se, quebrará os grilhões do calabouço infernal no qual tenha sido confinado, abrindo caminho através de qualquer fresta das paredes do sistema vigente e deflagrando "outra guerra".

Os inocentes sempre forcejam por excluir de si mesmos as possibilidades maléficas e por negar que estas existam no mundo. Essa é a razão da persistência do mal – e o seu segredo. A função da malignidade é manter em funcionamento a dinâmica da transformação. As forças do mal, cooperando com as benéficas, embora de modo antagônico, auxiliam a tecer a tapeçaria da vida; é por isso que a experiência do maligno – e em certo sentido apenas ela – gera a maturidade, a vivência real, o domínio verdadeiro das forças e das tarefas da vida. O fruto proibido – fruto da culpa (e também do conhecimento) através da experiência – teve que ser ingerido no Jardim da Inocência, para que a história humana pudesse começar. O mal teve que ser aceito e assimilado – não evitado. Esse é o segundo grande ensinamento deste conto pagão.

Há um sentido muito profundo, finalmente, na noção de que o reino das fadas requer a façanha de um herói humano perfeito para recuperar seu príncipe perdido e salvá-lo do infortúnio, quer dizer, para restaurar a plenitude esplendorosa. Em virtude de um desastre mitológico anterior, que nosso conto não narra por completo, o irmão do soberano do reino dos poderes feéricos, que é como que uma duplicação do próprio rei, foi afastado de seu lar transcendental e condenado à forma de existência inferior do cavalinho peludo. Seu domínio ficou, a bem dizer, desprovido de rei, embora ainda governado por seu soberano; o país tornou-se impotente, enfraquecido e órfão.

O príncipe das fadas deseja libertar-se do exílio, e seu reino aguarda-lhe o retorno; no entanto, somente se permitirá que realize a necessária jornada quando conduzir o cavaleiro humano às costas. Apenas auxiliando o herói mortal a alcançar a imortalidade o príncipe sobre-humano atingirá a própria salvação. O homem também se redime com ele e logra sua completude e o poder de superar a desgraça, enquanto que o reino das fadas, recebendo de volta o príncipe, reintegrando ao seu sistema aquele que se perdera, cura-se das aflições, restabelecendo a perfeição, inundando-se de alegria.

O significado é, como já vimos, que a cooperação entre as forças conscientes e inconscientes é necessária, se se quiser conhecer o estado de perfeição superconsciente. Na perigosa busca dos símbolos divinos da vida, as faculdades mudas e instintivas da psique cooperam com a personalidade consciente. Por si mesmas, já tendem a retornar à esfera superior super-humana da qual provêm; anseiam, aguardam e esforçam-se pela restauração longamente esperada. Mas necessitam da ação de um ser humano. O animal avisa: "Se não seguirdes meu conselho, ambos pereceremos". Toda a ação cabe ao herói. Como protagonista do princípio consciente, é a ele que cabe desempenhar os atos decisivos. Conn-eda precisa encontrar e aplacar o pássaro falante, desenterrar os talismãs e usar os implementos mágicos ocultos nas orelhas do cavalo. Mas ele não é o princípio orientador. Seu papel é apenas de instrumento; seu destino, salvar e redimir os poderes do reino divino, que o guiam e salvam.

Esse motivo paradoxal abre uma tremenda perspectiva, revelando um dos maiores problemas da mitologia e da teologia. De fato, ele é idêntico ao tema fundamental de nossa crença judaico-cristã, o da redenção de Deus pelo salvador humano. Jesus Cristo, o Messias, segunda e humana pessoa da Trindade, traz a redenção ao aplacar o Deus-Pai vingativo, Jeová, absorto numa atitude estritamente negativa para com a humanidade, seu povo eleito. O herói universal submete-se à imolação, morre, para ressurgir transfigurado do sepulcro. Em virtude do sangue do Cordeiro, que purifica tudo, o próprio Pai se transforma. O Jeová tribal judeu, libertado do feitiço de sua cólera, converte-se no universal Espírito Santo e as bênçãos cristãs se disseminam para todo o mundo, estimulando a vida humana para a nova dispensação.

Richard Wagner apresenta e desenvolve esse mesmo tema como ponto axial de suas últimas obras. Encontramos nelas o Salvador, o Jesus Cristo do Novo Testamento, que agora necessita, Ele próprio, ser salvo: Parsifal restaura o poder do princípio divino do sangue de Cristo no cálice do Graal. O fluido que se tornara entorpecido e ineficaz, ele leva à efusão, e o coro dos anjos se rejubila. *Erlösung dem Erlöser!* – "Redenção ao Redentor!". São estas as últimas palavras da mística obra. O herói, sob sua forma humana, ativara a essência ativante do Espírito Santo. O humano restaurara, uma vez mais, o poder do divino.

Brunhilde, de Wagner – que simboliza a humanidade encarnada, "deusa caída" sofredora e compassiva – também redime o Pai de Tudo, Wotan, do encantamento de sua impotência espiritual. Renunciando a si mesma, autoimolando-se, atira-se à chama purificadora e, antes da autoextinção, canta sua canção final: *Ruhe, ruhe, du Gott!* "Descansa, descansa, ó Senhor!" – palavras que são a um só tempo réquiem e conjuro libertador.

Jeová, a cruel divindade tribal, era a projeção arquetípica do anseio por progênie do próprio Abraão, patriarca dos patriarcas que ansiava gerar uma multidão de descendentes tão numerosa quanto os grãos de areia do mar. Talvez o tomasse tal desejo compensatório porque Sara, sua esposa, manteve-se estéril por várias décadas. O Jeová muito pessoal e particular de Abraão, exclusivamente familiar, na verdade –

ciumento, irascível, suscetível, meticuloso e vingativo – tinha que transformar-se no Espírito Santo universal e superpessoal, transcendendo todos os limites de raça e linguagem, para que o doce orvalho do céu pudesse ser dispensado a todos. A progressão partiu de uma religião tribal, nacional e chauvinista, cheia de autocomplacência (como se algum povo pudesse ser o povo eleito; como se todos os povos não fossem escolhidos pela Providência para cumprirem tarefas singulares, de acordo com suas virtudes particulares!), para uma religião que pudesse ser universal: transformação comparável à que se efetuou na Índia com o Hinduísmo, que se desenvolveu no Budismo Mahayana. Essa admirável e miraculosa metamorfose consumou-se para nós no plano espiritual com a mediação de Jesus Cristo. No plano físico das nações de nossa civilização cristã, no entanto, os efeitos ainda são dificilmente perceptíveis, apesar da Páscoa, da comunhão semanal, do "Adiante, Soldados de Cristo!", e da redenção wagneriana do Redentor.

2

O problema de nossa redenção mediante a integração do mal é iluminado por outro ângulo surpreendente, numa lenda medieval germânica do século XV, que dá uma versão sombria e inquietante da vida de São João Crisóstomo, o "João Boca de Ouro", célebre bispo de Constantinopla, nascido em Antióquia cerca de 345 d.C. Ele conquistou o amor de seu povo com o dom da eloquência e o ódio de muitos, da corte e do claustro, por seu zelo na reforma ascética. Depois de impor-se a sínodos, imperadores e papas, morreu no exílio aos 62 anos.

A estranha história conta que houve em Roma um papa que costumava viajar acompanhado de seus cavaleiros. Tinha por hábito, durante essas excursões, afastar-se de seu séquito e, sem deixar a sela, recitar suas preces sozinho. Em um desses pios recolhimentos escutou alguém que se lamentava e pensou: "Que voz infeliz!". Cavalgou em sua direção, porém, ao ouvi-la outra vez e olhar em volta, não viu ninguém.

Acreditou que aqueles deveriam ser os lamentos de um fantasma. Ordenou que, em nome de Deus, se manifestasse. "Sou uma alma miserável", respondeu a voz lastimosa, "sofrendo nas chamas do inferno".

Com pena, o papa indagou como poderia o infeliz ser aliviado de sua dor. "Não podeis ajudar-me", foi a resposta. "Mas há em Roma certo homem piedoso, casado com esposa virtuosa, e sei que ela concebeu um filho que terá por nome João; será um homem abençoado, e vai tornar-se sacerdote. Se ele oficiar dezesseis missas em minha intenção, serei libertado do fogo do inferno." A alma disse em que rua os pais poderiam ser encontrados e quais eram seus nomes, partindo com um grito final de gelar o sangue.

O papa retornou à cidade e indagou sobre o piedoso casal. Quando os encontrou, rogou-lhes que dissessem quando nasceria a criança. A seu tempo, fez com que levassem o menino para a corte, batizando-o com o nome de João. Tomou-o sob sua proteção, tratando-o como a um filho.

Aos sete anos João foi mandado à escola, mas era visível sua dificuldade nos estudos. Os outros garotos começaram a zombar dele, envergonhando-o. Quando ia à igreja cada manhã, o menino rezava diante do altar de Nossa Senhora pedindo-lhe auxílio em sua vida de estudante. Um dia os lábios da imagem moveram-se: "João, beija minha boca", disse ela, "e ficarás repleto de conhecimento, convertendo-te em mestre de todas as artes. Serás mais erudito que qualquer homem sobre a terra". A criança teve medo, mas a imagem encorajou-o: "Beija-me, João. Vem, não temas". Ele pressionou a boca trêmula sobre os lábios da Senhora Abençoada, beijando-a, e absorveu, nesse beijo, a sabedoria e o conhecimento milagroso de todas as artes.

João voltou à escola e se dedicou a ouvir e aprender. Mas notava-se que sabia mais que todos os outros juntos e já não precisava ser ensinado. À volta da boca tinha um círculo dourado que brilhava como uma estrela. Seus companheiros estavam atônitos. "Como podes saber tudo?", perguntavam. "Até ontem nem os açoites conseguiam instruir-te!" Ele lhes descreveu o milagre mediante o qual adquirira o sinal áureo, e chamaram-no de "Boca de Ouro". "Mereces o título", disseram-lhe, "pois são como ouro, as palavras que te saem da boca". Desde então, foi João Boca de Ouro que ministrou todo o ensinamento na escola.

O bom papa, que lhe devotava muito amor, em sua impaciência para libertar das penas infernais a alma sofredora, fez com que fosse ordenado o mais cedo possível. João celebrou a primeira missa aos dezesseis anos, mas, frente ao altar, ocorreu-lhe um pensamento inquietante: "Oh, Senhor, ainda sou muito jovem. Tornar-me sacerdote e comungar com Deus antes de estar realmente preparado deve ser contrário aos desígnios divinos. Lamentarei para sempre este dia". Continuou oficiando, mas uma resolução foi tomando forma em sua mente: "As posses temporais são más para a alma; portanto, comprometo-me a ser pobre, por amor a Deus. Quando terminar o banquete em honra à minha primeira missa, vou retirar-me para o ermo e lá permanecer como eremita por toda a vida. Quem me dera que a missa já tivesse terminado!", pensou ele. "Oh, como é longa!"

O papa, cheio de júbilo, ofereceu um banquete a João Boca de Ouro e todos se regozijaram por ele ordenar-se tão cedo, mas o jovem sacerdote manteve-se firme em seu propósito. Quando os convivas se retiraram, ele saiu, furtivo, vestindo roupas pobres e levando somente um pedaço de pão.

Quando o papa soube do acontecido perturbou-se muito e, acompanhado de sua comitiva, procurou por toda a parte o prodígio desaparecido. Mas João construíra para si, no ermo, uma cabana de casca e folhas de árvores, em um local escondido e longínquo, perto de uma fonte e à beira de um penhasco. A ermida não foi descoberta. Alimentando-se de raízes e ervas, ali permaneceu e serviu a Deus dia e noite. Rezava, jejuava e mantinha-se constantemente desperto, assíduo em sua devoção.

Não muito longe da floresta onde construíra a ermida, vivia o imperador em seu castelo. Um dia, a filha do monarca, em companhia das donzelas de seu séquito, colhia flores, quando uma súbita tempestade varreu a região. De tão forte arrastou as apavoradas donzelas pelo ar afora. Ao se verem novamente no solo, descobriram que a princesa não estava mais entre elas, sem que pudessem imaginar em que direção o vento a teria levado. Quando soube, o imperador naturalmente se desesperou e procurou-a por toda a parte. Mas a bela donzela real não pôde ser encontrada.

    Aconteceu que a tempestade pousou-a bem à porta da ermida de João, sem o menor ferimento. Estava perdida e confusa mas, ao ver a pequena cabana e João dentro dela, ajoelhado a orar, acalmou-se. Chamou por ele. Ouvindo-lhe a voz límpida, o jovem santo voltou a cabeça e, vendo-a, alarmou-se. A aparição implorou que não a deixasse ali fora, pois morreria de fome ou seria presa dos animais da floresta. Por fim, persuadiu-se a admiti-la na cela, ponderando que seria culpado diante de Deus se a deixasse morrer.

    O jovem tomou seu bastão e, traçando uma linha no solo, ao meio da cela, dividiu-a em dois. Destinou um lado à moça e ordenou-lhe que não cruzasse a linha e que levasse, na parte da habitação que lhe cabia, vida digna de uma reclusa. Continuaram assim por algum tempo, lado a lado, orando, jejuando e servindo a Deus – mas o Tentador invejou-lhes a vida de santidade. Uma noite conseguiu incitar João a cruzar a linha, tomar a moça nos braços e eles caíram em pecado. Depois, prostrou-os o remorso.

    Com medo de cair novamente em tentação se a moça permanecesse perto dele, João a empurrou penhasco abaixo. Compreendeu no momento em que o fez que cometera um pecado ainda pior. "Oh, que desprezível e amaldiçoada criatura eu sou!", bradou ele. "Matei uma moça inocente. Ela nunca haveria pensado em pecar se eu não a tivesse seduzido. Agora tirei-lhe a vida. Por certo a vingança de Deus cairá sobre mim eternamente, por esse pecado terrível."

    João deixou a cabana, desesperado, e fugiu da selva. "Senhor meu Deus", lamentou-se, "Vós me abandonastes". Depois de algum tempo, sentiu uma leve esperança. "Vou confessar-me", decidiu. Foi ao papa, confessou seu pecado e manifestou arrependimento, mas seu padrinho, sem reconhecê-lo, despediu-o com tempestuosa indignação: "Desaparece de minha vista! Agiste de modo bestial com uma moça inocente. Teu pecado está sobre tua cabeça".

    "Não duvidarei de Deus", pensou João; retornou à cabana, profundamente aflito, e, ajoelhando-se em prece, fez um voto solene: "Possa Deus, cuja misericórdia é maior do que meu pecado, dar-me a graça de aceitar a pena que imporei a mim mesmo. Prometo caminhar em quatro patas, como um animal, até obter a graça divina. Deus há de mostrar-me, em sua misericórdia, quando eu tiver sido redimido".

    Apoiando-se nas mãos, começou a caminhar sobre os quatro membros; quando se cansava, arrastava-se até a choupana e deitava-se no chão como um animal. Viveu assim muitos anos, nunca mais dando ao corpo a postura ereta. As vestes apodreceram e desprenderam-se, a pele tornou-se áspera e peluda; não se reconhecia mais nele um ser humano.

    Nesse ínterim a esposa do imperador deu à luz outra criança, e pediram ao papa que a batizasse. Quando este a tomou nos braços, ela gritou: "Não és tu que deves batizar-me!". O papa, atônito e amedrontado, tentou acalmá-la, mas ela continuava resistindo; quando lhe indagaram o que queria, respondeu: "Serei batizado por São João, o homem santo. Deus o mandará do bosque para mim". O papa devolveu o infante à ama e, dirigindo-se à imperatriz, perguntou: "Quem é esse São João que vai batizar o bebê?". Mas ninguém sabia.

Por essa época, a matilha dos caçadores imperiais tropeçou num curioso animal. Os homens não atinavam com o que fosse. Como não opôs resistência, capturaram-no prontamente, cobrindo-o com uma capa e amarrando-lhe as pernas. Levaram-no ao castelo imperial. O boato espalhou-se e várias pessoas vieram vê-lo, mas a criatura, rastejando para baixo de um banco, procurava esconder-se.

A ama e a criança estavam entre os curiosos, entre os quais também se achavam muitos cavaleiros e damas. O bebê ordenou: "Mostrai-me o animal". Um servo empurrou-o para fora de seu esconderijo, e por duas vezes ele voltou, mas na terceira vez ficou visível.

O recém-nascido dirigiu-se a ele: "João, meu amado senhor", disse distinta e claramente, "devo receber o batismo de tuas mãos".

A rude criatura quadrúpede, hirsuta, misteriosa, elevou uma voz firme e clara: "Se tuas palavras são verdadeiras e se esse é o desejo de Deus, fala outra vez".

O pequenino repetiu: "Amado pai, por que hesitas? Devo ser batizado por tua mão". João clamou a Deus: "Ó Senhor, fazei-me saber pela voz desta criança se meus pecados foram redimidos".

O infante continuou: "Caro João, alegra-te, pois Deus perdoou-te todos os pecados. Levanta-te, portanto, e, em nome de Deus, batiza-me".

João soergueu-se do solo e levantou-se como um ser humano. A imundície e o lodo que se lhe colavam à pele desprenderam-se de imediato, como tomba da árvore a cortiça, e seu corpo voltou a ser limpo, brilhante e suave. Trouxeram-lhe roupas. O papa e os nobres deram-lhe as boas-vindas. Quando João batizou o bebê, o papa convidou-o a sentar-se.

"Pai querido", perguntou João, "não me reconheceis?". "Não", respondeu o papa, "não te reconheço".

João replicou: "Sou vosso afilhado. Vós me batizastes com vossas próprias mãos, enviastes-me à escola, e, quando era ainda um rapazinho, ordenastes-me. Mas, ao celebrar a primeira missa, pareceu-me inconveniente tomar a hóstia em minhas mãos ainda despreparadas. Por isso, terminada a celebração e o banquete que se seguiu, fugi para a selva, onde rezei, sofri, pequei e me arrependi todos estes anos". João descreveu com todo o candor como seduzira e assassinara a donzela e como confessara seus pecados ao próprio papa.

O imperador foi informado da história e seu coração se encheu de pesar. "Ela era minha filha bem-amada", pensou; suplicou a João que o conduzisse ao despenhadeiro onde a moça fora morta. Talvez pudessem recuperar-lhe os ossos, disse ele, para dar-lhes um funeral decente e cristão. João conduziu os caçadores à choupana onde o haviam capturado, e cavalgaram pela floresta até o despenhadeiro. Chegando ao precipício, olharam para o fundo do abismo. Lá estava uma jovem, tranquilamente sentada. João chamou a figura solitária: "Por que estás aí sozinha, no fundo do despenhadeiro?".

Ela respondeu: "Não vês quem sou eu?".

"Não", disse ele.

"Sou aquela que veio à tua ermida e que atiraste ao precipício", disse a moça.

João assombrou-se.

"Deus me susteve", continuou ela, "e não sofri nada". Por um grande milagre, continuava tão linda como sempre fora, trajada em suas vestes reais.

O imperador e a esposa estreitaram-na contra o coração, agradecendo a Deus por a terem recobrado, e o papa voltou a Roma pedindo a João que o acompanhasse.

"Quantas missas rezaste, amado filho?", perguntou o papa.

"Apenas uma", replicou João.

"Meu Deus!", tornou o papa.

"Que foi, meu pai querido?"

"Enche-me de dor pensar que aquela pobre alma ainda sofre no fogo do inferno."

João perguntou: "Oh, santo pai, que quereis dizer?".

Seu padrinho descreveu-lhe o encontro com a voz sofredora, e disse ao afilhado que este poderia redimir a alma celebrando dezesseis missas. "Essa é a razão de ter-te educado para o sacerdócio", concluiu o papa.

João ofereceu as missas durante dezesseis dias seguidos e a alma sofredora foi resgatada de seu sofrimento. João foi nomeado bispo, pelo papa, no tempo devido e cumpriu o encargo com humildade, servindo a Deus com grande devoção. Seus sermões eram como rosários de ouro, e ele foi mais uma vez chamado "João Boca de Ouro". Escreveu muitos livros sobre Deus. Quando a tinta acabava, molhava a pena nos lábios, e as letras que fluíam ao escrever eram do ouro mais puro.[12]

Este é um conto marcadamente germânico (como diversos dos contos de fadas da coleção de Grimm): sinistro, mas repleto de um significado profundamente confortador. Foi impresso pela primeira vez em 1471, dezoito anos antes do nascimento de Martinho Lutero; já formula, porém, certos motivos luteranos, que pairavam no ar na ocasião, difundidos pelo espírito da época. Lutero foi a mente magistral, o coração ardente, o grande indivíduo que sintonizou, ampliou e projetou essas ideias para o futuro. Sua doutrina conta-se entre as primeiras, mais significativas e mais explosivas expressões históricas através das quais o moderno homem ocidental afirmou e descobriu a si mesmo. Trata-se de uma dúvida radical a respeito do *charisma* da religião tradicional herdada, tal como é representado pelo sistema sacerdotal católico--romano, que propõe uma transferência automática e mágica do poder sacerdotal de absolver os pecados, distribuir graças e livrar as almas das chamas do purgatório.

A CONQUISTA PSICOLÓGICA DO MAL

Neste conto, o papa é incapaz de libertar a alma sofredora ou de batizar a criança; a magia institucionalizada e canalizada pelos sacramentos, mesmo quando ministrados pelo representante supremo da rotina eclesiástica – o bondoso e bem-intencionado Sumo Sacerdote de Roma – falha ao dar realização às grandes emergências da vida. São João, o herói, antecipa a máxima audaciosa e paradoxal de Martinho Lutero: *Fortiter pecca!*, "Peca com valentia!". Ninguém, a não ser o pecador, pode tornar-se santo; pois somente pela experiência individual, por um processo de pecado pessoal, de sofrimento e de arrependimento, pode ser adquirido o poder de dispensar a graça de Deus, conjurar com a água benta do Espírito Santo e com o sangue do Cordeiro. A graça precisa ser conquistada. E as próprias potencialidades de nossa natureza humana, que chamamos de "diabólicas", são as asas com que a águia nos conduz às alturas, em direção ao sobrenatural reino da graça.

Na lenda, João foi levado com rapidez excessiva através do caminho da santa perfeição; os poderes do céu e do inferno colaboraram com as autoridades terrenas, trabalhando miraculosamente a seu favor. De tal forma, porém, que ele não foi submetido à tentação, nem à experiência. O caminho lhe foi aberto pelo grito urgente da infeliz alma do inferno; a erudição e a sabedoria da Igreja lhe foram conferidas por dádiva de Maria; o papa adotou-o como filho espiritual com pronto consentimento de seus pais, supervisionou-lhe o desenvolvimento e, assim que possível, ordenou-o sacerdote. Essas autoridades, no entanto, não procederam com acerto, e o próprio João o sentiu. Compreendeu que o supremo ofício humano – comungar com Deus e dispensar-Lhe as graças sob a forma da Eucaristia – destinava-se a ser assumido não por um "inocente", mas por alguém que tivesse tido "experiência": "Ainda sou tão jovem! Isso deve ser contrário à vontade divina". Isto é, deveria contrariar, e muito, as leis da vida – as regras desse jogo para o qual fomos desafiados por poderes inescrutáveis. A experiência requerida, como João aprendeu mais tarde, referia-se àquelas forças obscuras e maléficas, que são superadas por virtude do Santíssimo Sacramento. O sentimento da própria indignidade levou o jovem sacerdote à selva – à selva da vida.

João Boca de Ouro, o santo cristão, é superior a Conn-eda porque, enquanto o herói pagão foi conduzido ao caminho da aventura por acidente, em ignorância e por inadvertência, João foi movido por seu próprio sentimento consciente de insuficiência pessoal. Oficialmente, o sacramento é válido quando ministrado por sacerdote ordenado na linha ortodoxa da sucessão apostólica – sem importar como possa ser seu caráter: digno ou indigno, erudito ou ignorante. Mas João sente que um sacerdote de Deus deve ser um Conhecedor, e que ele próprio, apesar de suas mãos, ungidas, é inadequado. Esperava-se dele que absolvesse o pecado, ainda que não soubesse em que consiste – ele nunca pecara. Apesar da aprovação do mundo, ele era realmente inelegível. É isso o que sente e tal percepção o salva do destino rotineiro do titular habitual do ofício de clérigo, que cumpre a função de mero dignitário da Igreja. Seus sentimentos o salvam, abrindo-lhe o caminho da santidade.

Ainda que o favor do papa e a admiração popular suscitados por sua erudição e dom da palavra lhe pudessem ter provocado ilusões lisonjeiras, sua compreensão intuitiva a respeito de seu estado espiritual de então e uma sincera humildade de caráter impedem que seja seduzido. Sua genialidade sabe como é importante integrar a sabedoria dos poderes obscuros dos quais se viu defendido pela educação clerical e pela inocência de uma natureza modesta. Mas não pode antever as humilhações, sofrimentos e iniquidades que o árduo caminho da integração através da experiência lhe irá impor. Ninguém pode jamais prever tais coisas. A esse respeito ele é tão ignorante quanto o príncipe pagão Conn-eda, que simplesmente confiou seu destino à muda bola de ferro e aceitou, sem qualquer pergunta, os conselhos do cavalinho peludo.

Tal ignorância não é apenas básica, é também salutar; na verdade, sem ela não pode haver o impacto frutificante da experiência, nem "o novo" poderá criar raízes, crescendo e amadurecendo ao longo da vida até converter-se em sabedoria. Apenas aquele que é, com honestidade, ignorante pode tornar-se realmente sábio.

No entanto João é mais desenvolvido que Conn-eda, à medida que ele próprio prescreve o tratamento de que precisa. Tropeçando ao longo de um caminho cheio de perigos, é protegido por qualidades irracionais e morais: humildade, sinceridade, honestidade e desprendimento. Graças a elas, a orientação intuitiva pode ser ouvida e o instinto do coração caminha tateando, imaginando a autopunição e expiação necessárias à sua própria cura. João entrega-se à busca indispensável da experiência, ao fugir para a selva da vida. Seguindo o impulso animal oculto sob sua aparência inocente, formula a cura reparadora. Desempenha, literal e concretamente, o papel da aparência animal, até que a palavra de Deus ordena que se detenha. As forças orientadoras, que no mito pagão externam-se, integrais, sob várias máscaras, fundem-se, nesta lenda cristã, com o ator no qual se exercem. Instinto, intuição, reações morais e as forças do sentimento, todos provêm de uma única e profunda raiz interior.

Conn-eda aceitou e assumiu sua animalidade ao cobrir-se com a pele sangrenta do inocente e gentil cavalo; com esse gesto significativo e simbólico de assentimento e identificação, as virtudes divinas de sua natureza humana-animal libertam-se da obscuridade. A sabedoria da doutrina pagã representada nessa imagem estava fundada na intimidade dos homens com as virtudes instintivas e sub-humanas – intimidade que gerou a simpatia e a fé. Mas para o santo cristão não era possível tal aceitação direta. As forças elementares da natureza haviam sido, há muito e deliberadamente, excluídas de seu sistema de integração, jamais sendo convidadas a participar como guias merecedores de respeito. João iniciou seu caminho pelo degrau mais alto da escada da evolução espiritual (graças ao concurso, em seu benefício, de favores humanos e sobre-humanos), num papel da mais alta dignidade humana – o de sacerdote. Descobriu-se dispensando a graça do Todo-Poderoso, renovando o sacrifício do Redentor por virtude do mágico poder que a ordenação lhe atribuíra, e que era totalmente desproporcional ao seu merecimento como indivíduo. Derivado do tesouro do mérito superabundante do próprio Salvador, Jesus Cristo, canalizado através dos séculos pela sucessão apostólica dos bispos da Igreja Católica Romana, esse poder lhe foi apenas trazido e imposto.

Mas, intrinsecamente, quem era ele para conter e dispensar o tremendo mistério da graça que subjuga o pecado? Quem era, com exatidão, para, por meio de sua palavra, realizar a transmutação alquímica da vil matéria no Mais Exaltado e resgatar o homem do abismo do exílio, conduzindo-o à presença imediata do Senhor seu Deus? Apesar de dotado com o dom do verbo melífluo, e abençoado com todo o saber clerical, João sabia, em sua alma cândida, que nada sabia. Estava correto, sem equívoco algum; pois a sabedoria verdadeiramente proporcional à dispensação do sacramento por certo não se obtém ao evitar-se, pelo monasticismo e pelo celibato, o impacto dos poderes vitais, mas sim através do corajoso compromisso com o mundo criado, da aventura nas selvas da vida, da descida às profundezas do inferno da alma.

Portanto, João desce do degrau de ouro para as regiões ínferas, arranca sua máscara insubstancial de santidade e converte-se num animal. Nesse momento, as forças primárias do existir, desconhecidas de sua anterior atitude de inocência, desencadeiam-se sobre ele com fúria irresistível. Sabendo que continuará pecando se não afastar a donzela, resolve seu problema do modo mais grosseiro: atira-a fisicamente para fora da esfera de sua vida, num gesto brutal de desespero inócuo, que apenas remove o objeto sedutor, a oportunidade de tentação imediata. Realiza um tipo de autocastração. Sente-se depois disso ainda pior que antes, experimenta o pleno impacto do elementar, descobre as últimas profundidades do diabólico dentro de si, e coloca a máscara da besta repulsiva que descobriu ser. O hábito sacerdotal apodrece, o santo refúgio da ermida transforma-se no covil do estranho monstro, João atém-se a essa existência imunda e brutal até que as forças excelsas voltam a lhe falar, com o mesmo poder persuasivo de outrora, idêntico ao da revelação havida na primeira missa.

Ao ser concebido, ele fora saudado como um redentor ainda por nascer, mas era preciso que se *convertesse* em algo, para que pudesse realizar sua missão. Teria que passar pela iniciação irracional, insana, vil e sub-humana da derrota. As forças superiores não o abandonaram. Anunciaram-se pela segunda vez, na voz de um infante não batizado, ainda não humanizado, por assim dizer. E o sacerdote foi libertado da penitência purificadora e autoimposta da torpe encarnação animal, para renascer como um santo.[13]

UM HERÓI PAGÃO E UM SANTO CRISTÃO

NOTAS

1. "The Story of Conn-eda; or the Golden Apples of Lough Erne", traduzida por Nicholas O'Kearney do original irlandês do contista Abraham Mc Coy, e publicada por W. B. Yeats, *Irish Fairy and Folk Tales*, New York, Modem Library, sem data. O conto foi impresso pela primeira vez no *Cambriam Journal*, 1855.

Um romance paralelo, abordando um príncipe da Irlanda e um cavalo hirsuto, pode ser encontrado em Jeremiah Curtin, *Myths and Folklore of Ireland*, Boston, Little Brown and Co., 1890: "The King of Ireland and the Queen of the Lonesome Island".

2. Sobre o xadrez, em seu aspecto original de conflito no qual os jogadores apostam a si mesmos, veja-se Otto Rank, *Art and Artists*, New York, 1932, capítulo X, "Game and Destiny".

3. Mozart apresenta uma alegoria desse mesmo caminho iniciático em *A Flauta Mágica*, obra inspirada na descrição que se faz dos mistérios de Ísis e Osíris na novela latina de Apuleius, *O Asno de Ouro*.

4. ["Agora os deuses, em sua ascensão, não conheciam o caminho para o mundo celestial, mas o cavalo conhecia" (*Satapatha Brahmana* 13.2.8.1). Cf. René Guénon, *Aperçus sur l'initiation*, Paris, 1946. A.K.C.]

5. [Deve-se lembrar que a "linguagem dos pássaros" é a língua da comunicação angélica. A.K.C.]

6. Essa bola rolante lembra a roda e a maçã rolante que o herói épico irlandês Cuchullin segue, em seu caminho para o reino de Scathach, situado além da "ponte". Cf. Eleanor Hull, *The Cuchullin Saga in Irish Literature*, London, 1898, p. 57-84.

7. Esse é o segredo da fórmula chinesa de *Wu Wei*: evitar-se a resistência e a autoafirmação. Todas as estrelas têm que girar em torno da Estrela Polar porque ela permanece imóvel. Todos os vassalos e criaturas, em seus respectivos círculos, movem-se em submissão espontânea ao imperador, porque ele sabe como tornar o coração vazio e imóvel, ao sentar-se, em perfeito recolhimento, em seu trono. Não comete nenhum ato de interferência. Nada sabe sobre administração ou planos. Com o semblante sereno, está voltado para o Sul e irradia para a humanidade e para todo o mundo natural a virtude de sua própria harmonização com a lei do jogo circular do céu e da terra.

8. Sobre o motivo da esfoladura, ver-se Ananda K. Coomaraswamy, "Sir Gawayne and the Green Knight", *Speculum* XIX, janeiro 1944, p. 108, nota 3, e também Paul Radin, *The Road of Life and Death*, The Bolling Series V, 1945, p. 112.

9. Gênesis 3:22.

10. "Não há cavalo tão resistente como um cavalo negro", diz a avó do herói Finn Mac-Cool enquanto foge com ele do ataque de alguns cavaleiros. "Um cavalo branco não tem resistência... não há cavalo marrom que não seja estouvado." Jeremiah Curtin, op. cit., p. 208-209.

11. ["Esta pessoa se dá àquela, que se dá a esta. Portanto, ganham uma à outra. Assim ganha ela aquele mundo; assim experimenta este mundo" (*Aitareya Aranyaka* II, 3.7). A.K.C.]

12. Richard Benz, compilador, *Alte deutsche Legenden*, Jena 1922, coleção baseada em fonte medieval, numa reunião popular de lendas que aparecem em inúmeros manuscritos e que teve muitas edições desde 1471. Foi acrescida de extratos das obras *The Lives of the Fathers* (*Vitae Patrum*) e *The Lives of the Saints* (*Heiligenleben*), compiladas por Hermann von Fritzlar.

A CONQUISTA PSICOLÓGICA DO MAL

Uma versão diferente da biografia e lenda de São João Crisóstomo aparece em *Golden Legend* de Jacobus de Voragine (Jacobi a Voragine), capítulo CXXXVIII, "De Sancto Johanne Chrysostomo", *Legenda Áurea, vulgo Histórica Lombardica dicta*, Th. Graesse, compilador, Breslau, 1890, p. 611-620. Também cf. "St. John Chrysostom", *The Golden Legend of Jacobus de Voragine*, traduzida e adaptada do latim por Granger Ryan e Helmut Ripperberger, New York, Longmans, Green and Co., 1941, volume I, p. 137-145. Ao santo, tal como é descrito, para que seja fascinante falta apenas uma coisa: uma biografia interior, na qual vejamos a evolução de seu caráter através de provações, triunfos, tentação, queda e, por fim, sua redenção pela graça divina. Ele é apenas um soldado ideal da igreja militante, quando o Cristianismo já ganhara a batalha pelo império terreno. Sua "vida" relata a história de um funcionário clerical, em meio ao embate e ao clamor de esquecidas disputas partidárias feudais, que não revelam o segredo da alma humana. Já se fora o momento do apogeu dos primeiros mártires cristãos. Tendo prevalecido a nova ordem cristã, o idealismo agressivo e a fúria sagrada dirigiram-se para o interior: zelosos eclesiásticos denunciavam-se mutuamente e procediam a purgações recíprocas de heresias. São João Crisóstomo foi um desses disputadores; lutou com valentia, aceitando, sem recusar, os desafios de adversários externos à sua grei, assim como o dos seus próprios rivais intrigantes e ciumentos. Em suma, foi apenas um dignitário muito bem-sucedido, rígido, inflexível, interferente, agressivo, importuno e feito da mesma matéria que seus rivais intrigantes. Para os amantes de histórias estranhas, como as que relatam experiências da alma em sua perpétua busca e que contam vidas exemplares plenas de significados, a figura desse prelado altivo, repressor e militante, carece por completo de interesse. A biografia de João em *The Golden Legend* nada sugere da profecia contida no Gradual: "Abençoado seja o homem que sofre tentações, pois quando tiver sido provado, receberá a coroa da vida que o Senhor prometeu aqueles que o amam".

13. João Crisóstomo provocou conscientemente a crise de transformação sofrida pelo rei Nabucodonosor no Livro de Daniel: "O rei falou, dizendo: 'Não é esta a grande Babilônia que eu edifiquei para ser a casa real, com a força do meu poder, e para que fosse a glória de minha majestade?' Enquanto o rei ainda falava, veio uma voz do céu, dizendo: 'Eis o que te é anunciado, ó rei Nabucodonosor: teu reino ser-te-á tirado, e alijar-te-ão do meio dos homens, para que vivas com as bestas no campo; far-te-ão alimentar como a um boi, de erva, e sete tempos passarão sobre ti até que reconheças que é do Altíssimo o domínio sobre o reino dos homens, e que Ele o dá conforme a Sua Vontade'. Na mesma hora tal se cumpriu sobre Nabucodonosor; expulso da convivência dos homens, comeu erva como os bois, seu corpo molhou-se com o orvalho do céu, os cabelos lhe cresceram como as penas das águias, e, como garras de aves, as unhas. No tempo marcado, eu, Nabucodonosor, levantei os olhos aos céus, voltou a mim o meu entendimento, e eu bendisse o Altíssimo, louvei-O e glorifiquei Aquele que vive eternamente, porque é Seu o poder eterno e Seu reino estende-se de geração em geração... e não há quem possa resistir-Lhe à mão e Lhe diga: 'Que fazes?'. No mesmo instante voltou-me o uso da razão; e para honra do meu reino, voltaram-me também o esplendor e a glória; governantes e conselheiros vieram procurar-me; fui restabelecido em meu reino, e maior majestade me foi acrescentada". (Daniel 4, 27.33). Tais metamorfoses e eclipses temporários sempre ameaçam os grandes nos momentos de excesso de confiança. Comparar também Apuleius, *O Asno de Ouro*.

QUATRO ROMANCES DO CICLO DO REI ARTUR

I – SIR GAWAIN E O CAVALEIRO VERDE

1

Na noite de Ano Novo, quando o ano velho se retira para o leito de morte e a vida, depois de atravessar sua noite mais longa, começa a desprender-se das garras da morte invernal, no período que vai das festas do Natal à Epifania, durante o qual supõe-se que espíritos e espectros tenham se afastado, nessa noite deu-se a aparição do Cavaleiro Verde na corte do rei Artur. Entrou cavalgando pelo salão; era homem de estatura gigantesca; nele, armadura, cavalo, rosto e armas eram verdes; não empunhava uma espada, mas uma acha arcaica. Lançou um desafio aos cavaleiros da Távola Redonda ali reunidos para que se batessem com ele segundo seus próprios termos, sob pena de se desonrarem aos olhos do mundo.

Suas condições eram muito estranhas. O cavaleiro que ousasse apresentar-se como paladino da honra da corte do rei Artur deveria, tomando da acha do fantasma, tentar decapitá-lo com um único golpe. Em troca, na próxima noite de Ano Novo, o mesmo paladino deveria apresentar-se na Capela Verde e lá enfrentar novamente o desafiante – sendo ele, então, e não o Cavaleiro Verde, que ofereceria o pescoço à acha.

O gigante formulou suas condições, deixando atônito todo o círculo da Távola Redonda. A perplexidade sucedeu um mal-estar geral, pois nenhum dos cavaleiros se levantara para aceitar o desafio. Então o próprio rei Artur ergueu-se para salvar a honra da corte, mas seu sobrinho, sir Gawain, interpôs-se rapidamente. O jovem adiantou-se para confrontar o visitante sobrenatural e dispôs-se a cumprir-lhe as condições. O Cavaleiro Verde desmontou, entregou a acha a sir Gawain, curvou-se, preparando o pescoço, e esperou. Gawain agarrou e sopesou a poderosa arma e, com um único e prodigioso golpe, decepou a cabeça, que tombou, rolou um pouco e deteve-se. Mas o Cavaleiro Verde comportou-se como se nada tivesse acontecido. Detendo-se com tranquilidade tomou a cabeça, agarrando-a pelos cabelos soltos e, pegando a acha das mãos inertes do outro, montou com facilidade seu grande cavalo verde. A cabeça gotejante de sangue moveu vagarosamente os lábios, e ouviu-se outra vez a voz ordenando a Gawain que não faltasse ao compromisso na capela no próximo ano. O gigante decapitado acomodou a cabeça sob o braço e partiu a cavalo.

Ao aproximar-se outra vez o fim do ano, logo após a véspera do Dia de Todos os Santos, sir Gawain estava pronto para dirigir-se à desconhecida Capela Verde. Montou seu corcel em meio às lamentações da corte, pois ninguém esperava revê-lo. Mas o jovem cavaleiro estava bastante animado. "O que há para temer?", perguntou. "O que mais pode suceder a um homem, a não ser enfrentar seu destino?" E foi-se embora cavalgando.

Gawain viajou sozinho, a caminho do norte, através do ermo e do inverno. Ninguém naquelas paragens desertas lhe pôde dizer o caminho ou coisa alguma sobre a capela. Nunca fora vista e nem dela se ouvira falar. Foi obrigado a seguir sua própria voz interior. A aventura estava sendo muito longa e o frio era cada vez mais rigoroso; Gawain, passando por grandes necessidades, vagava, irremediavelmente perdido.

Na noite de Natal, desorientado em meio a uma sombria floresta, orou a Cristo e à Virgem para que lhe mostrassem um abrigo onde pudesse celebrar o nascimento do Salvador. Então chegou inesperadamente a um formidável castelo, no meio do ermo, onde lhe deram as mais hospitaleiras boas-vindas. O senhor do castelo, um homem de enorme estatura e feições sinistras, recebeu-o com muita solicitude; sua esposa, uma senhora de beleza deslumbrante, mais uma imponente anciã que vivia com os castelões, pareciam igualmente encantadas de terem como hóspede um cavaleiro tão renomado. Acalmaram-lhe a ansiedade por descobrir o caminho da Capela Verde, dizendo-lhe que estava próxima; era fácil o acesso ao vale estreito e desolado onde ficava.

Se partisse na manhã do Ano Novo chegaria a tempo para o encontro; instaram-no a permanecer no castelo, nesse ínterim. Ele ficou, sendo tratado com honras e gentil hospitalidade.

Três dias antes da manhã da partida seu anfitrião saiu ao amanhecer; deveria caçar o dia todo. Na noite anterior ambos haviam combinado amigavelmente, bebendo juntos frente à lareira, que qualquer presa apanhada pelo anfitrião no dia seguinte pertenceria ao hóspede; em troca, ao castelão caberia qualquer presa que Gawain obtivesse em sua tranquila permanência em casa. Foi um divertido pacto, que os fez rir muito.

A partida na madrugada foi bem ruidosa; latidos da matilha, tropel de cavalos, soar das trompas de caça e gritos da numerosa comitiva. Depois, silenciou o castelo, esvaziado de seus habitantes. Gawain voltou a dormir. Foi despertado com suavidade, e percebeu alguém sentado à beira da cama. Era a esposa de seu anfitrião. Ao esvaziar-se o castelo a bela senhora entrara furtivamente no quarto, instalando-se na cama do hóspede, entre as cortinas.

Ela lhe falava em voz tão baixa, amável, rica e linda, que Gawain sentiu-se irresistivelmente atraído. No entanto, por ser o cavaleiro que era, sentia-se, também de modo inabalável, comprometido com o dever para com o anfitrião. Com um domínio quase sobre-humano de seus impulsos, resistiu ao irresistível, e a mulher magnífica teve que contentar-se com um beijo desanimado.

O senhor do castelo retornou ao anoitecer; seus homens vinham sobrecarregados com o peso da caça abundante. Os animais foram depositados em fileiras no chão do vestíbulo e o castelão apresentou-os a Gawain que, fiel ao pacto, ofertou ao gigantesco caçador o beijo recebido. Mais uma vez, os dois riram-se, divertidíssimos. Que presa trivial, aquela obtida em casa, comparada às da caçada do dia!

Na manhã seguinte o dono do castelo partiu de novo, e outra vez a dama esteve no interior do cortinado. Estava mais insistente que no dia anterior, e o autocontrole de Gawain, mais frágil, vacilou. Mas o cavaleiro foi hábil; não só resistiu à sua insinuante hospedeira como também a confortou e apaziguou, para que, apesar de rejeitada, não se sentisse humilhada – e dessa vez ela deu-lhe dois beijos antes de deixá-lo.

O castelão voltou um pouco mais tarde nesse dia, apresentando ao cavaleiro um enorme urso que matara. Ao receber, em retorno, dois beijos na face, os homens novamente desataram a rir muito.

Na terceira manhã, a última antes da partida de Gawain, as coisas se deram com um pouco menos de cortesia dentro das cortinas do leito. O desespero da insistência da dama fazia parecer absurdamente arbitrário o notório cavalheirismo do hóspede. Mais áspera ainda se tornava a recusa pelo fato de o jovem e garboso Gawain ter considerável reputação como amante. "Dizei-me, ao menos", suplicou a mulher, "que estais apaixonado por alguma outra moça, e que lhe jurastes fidelidade". Mas o jovem respondeu não existir em sua vida senhora tão especial.

Nisso a dama pareceu procurar alguma prenda, qualquer coisa que, mesmo de maneira intangível, pudesse torná-lo um pouco seu; retirou do dedo um pesado anel, insistindo para que o aceitasse. Uma vez mais, ele resistiu – pois oferecer um anel significa entregar o próprio ser. Alguém que oferece o anel que usa transmite um poder, a autoridade de falar ou agir em seu nome. Um rei entrega seu anel ao funcionário autorizado a dar ordens e a selar as leis em seu lugar; e uma dama oferecerá seu anel ao cavaleiro que é o *seu* cavaleiro. Aceitar essa prenda implica em fidelidade, em uma espécie de vínculo. Sir Gawain, preservando seu caráter de cavaleiro da Távola Redonda do rei Artur, era muito estrito consigo mesmo quanto a tais ligações e compromissos.

O jovem, nas últimas horas que vinha vivendo, parecia estar sendo submetido a uma prova muito delicada e significativa. Na manhã seguinte deveria partir para encontrar-se com o Cavaleiro Verde e submeter-se à perda de sua cabeça. Dispunha, nesse ínterim, de um dia – um dia, no momento do ocaso resplandecente e prematuro de sua preciosa juventude. Se seu jovem corpo tivesse o poder de criar uma resposta viva ao seu desejo de viver furiosamente exacerbado, não suscitaria nada mais apetecível do que essa bela, gentil e insistente mulher que viera a ele. Uma última vez o fascínio do mundo se apresentava, oferecendo-lhe aos lábios o último gosto, o relativamente breve mas suntuoso sabor da vida que logo perderia. No entanto, o cavaleiro – esse hábil amante de damas nobres e belas, e de maneira alguma insensível a seus encantos e desejos – recusava a dádiva, essa taça plena de prazeres até a borda.

Os motivos alegados e reais de sir Gawain para o ato contrário às leis da natureza eram seus deveres de cavaleiro para com o anfitrião ausente; se quisermos apreciar o simbolismo de sua situação devemos tentar entendê-la como ele a entendia.

A CONQUISTA PSICOLÓGICA DO MAL

Estavam-no tentando para que renunciasse, por um momento de autoindulgência, à dedicação de toda uma vida à perfeição da cavalaria. Se sucumbisse, sua falta não seria a licença carnal; dessa, acreditemos, ele não teria se abstido; seriam, sim, a insinceridade e a infidelidade, o que significaria a desintegração da consistência de seu ser. Pois sir Gawain era um iniciado – um dos mais importantes – do sagrado círculo da Távola Redonda, solene e autenticamente dedicado ao modelo de vida do ideal cavalheiresco. Sucumbir ao fascínio de uma episódica aventura de amor à custa da coerência de sua carreira seria trair não apenas ao seu anfitrião, mas a si próprio. Sua vida estava destinada a terminar em breve; que continuasse como cavaleiro, então, até o fim. Que não ruísse por uma hora de luxúria casual e transitória.

Mas a mulher frustrada deparava-se agora com um problema de honra antagônico: pretendia que não lhe fossem inteiramente recusados seus desejos, que pelo menos se fizesse uma pequena concessão, em troca de sua decidida insistência. Gawain não a aceitava, à sua pessoa. Gawain não lhe aceitava o anel. Não haveria, talvez, coisa menos comprometedora que se dignasse a aceitar dela, uma ninharia, menos que um presente, um quase nada, mas que fosse uma partícula de sua existência, que se constituísse num vínculo secreto entre eles? Ao baixar os olhos, pousou-os numa cinta verde, ou seja, num mero pedaço de cordão, que levava à cintura. As mãos trêmulas o desataram e, oferecendo-o com insistência ao relutante no leito, murmurou, como se as paredes pudessem ouvi-la: "Por favor, aceite-o. É quase nada, mas seu poder é miraculoso". Gawain não permitiu que a tentadora lhe fechasse as mãos sobre ele. "Quem quer que leve consigo esse pedaço de cordão", disse-lhe ela, "não sofrerá mal algum".

Foi um golpe eloquente. A resistência de Gawain abrandou um momento, e a persistente mulher começou a apertar-lhe os dedos, fechando-os. Desistindo de conquistá-lo, recorria a um suborno, apelava a qualquer mínima partícula de temor que pudesse haver ainda no coração do jovem corajoso, vindo de tão longe para encarar a morte face a face. Haveria pouco, talvez nada, contrário aos interesses de seu anfitrião, no fato de aceitar um talismã tão oportuno. A mulher suplicava, com ar de amorosa preocupação, ansiosa pela segurança dele – previdente, desprendida, maternal, não mais tentando seduzi-lo. A estratégia apanhou Gawain desprevenido. Os dedos começaram, por si mesmos, a fechar-se sobre a frágil cinta verde. Então, subitamente ele a agarrou e guardou; a mulher, no calor de uma alegre gratidão, beijou-o três vezes com entusiasmo. O jovem cavaleiro viajaria mais confiante, na busca da manhã seguinte, porém sua franqueza e brilho estariam um pouco reduzidos e ele teria menos consciência de seu próprio valor; sua retidão não diminuiria, porém, se não retivesse o pequeno objeto pertencente ao anfitrião, no cerimonial da troca diária – continuaria sendo, ainda, o extraordinário e heroico cavaleiro que era.

O caçador voltou mais tarde que na véspera, podendo exibir como única presa uma raposa raquítica e malcheirosa. Seu embornal fora se esvaziando dia a dia, enquanto o de seu hóspede se enchia mais e mais, dentro das muralhas do castelo. No momento da troca, o anfitrião, encolhendo os ombros para desculpar-se, apresentou a miserável oferenda e o hóspede, apenas um tanto embaraçado, ofertou-lhe os três beijos. O pedaço de cordão verde não foi mostrado e a mulher, que ansiosa espreitava, acalmou-se, com um alegre olhar de gratidão.

Na manhã seguinte um escudeiro conduziu sir Gawain ao vale desolado; ao mostrar-lhe o caminho para a Capela Verde, advertiu-o ansioso, para que voltasse dali. Ninguém, disse ele, jamais retornara depois de entrar naquela capela. "Portanto, caro sir Gawain", conclui ele, "deixai o homem em paz. Tomai outro caminho, juro que guardarei vosso segredo". Mas o jovem cavaleiro não se atemorizou; acreditava que, de posse do cinto verde, sobreviveria, sem dúvida, a despeito de outros haverem fracassado.

Prosseguiu sozinho; no momento devido chegou a uma passagem sombria, que se afundava no solo, devastada pelo tempo e recoberta de musgo; era um lugar fantasmagórico para um encontro, desolado e silencioso. Recolheu as rédeas e escutou: pouco depois ouviu o ruído de uma pedra de amolar, como se alguém estivesse afiando uma acha; o ruído vinha através do ar gelado de um declive umbroso, do outro lado do rio. Gawain gritou alto o próprio nome, anunciando sua chegada. Uma voz respondeu-lhe que esperasse, e outra vez fez-se ouvir o medonho ruído da acha sendo afiada. O barulho cessou abruptamente e num instante o grande Cavaleiro Verde apareceu, saindo de uma caverna e descendo a encosta.

As saudações foram breves, como num encontro de negócios. Gawain foi levado ao local de execução. Imitando o exemplo que presenciara no ano anterior, permaneceu imóvel, inclinado, com o pescoço preparado, mas no momento em que a acha foi baixada, instintivamente "encolheu um pouco os ombros". Poder-se-ia dizer que foi o segundo sintoma da característica que o compelira a aceitar o cordão verde, e é interessante notar que, apesar de (ou, talvez, precisamente por isso) protegido pelo talismã, não conseguiu aceitar plenamente o golpe ameaçador.

O Cavaleiro Verde, ao vê-lo recuar, suspendeu o golpe e censurou-o por sua covardia. O jovem protestou, declarando que não teria a sorte de poder recolher a própria cabeça quando ela tombasse. No entanto, preparou-se de novo, prometendo desta vez não titubear.

O Cavaleiro Verde levantou a acha mais uma vez. Quando já meio que desferira o golpe, o gigantesco carrasco, notando a firmeza de Gawain, interrompeu-se outra vez, detendo o impulso de seus enormes braços, e observando com aprovação: "É assim que gosto que sejais. Agora sim vou decapitar-vos. Mas, antes, baixai o capuz que o rei Artur vos deu, para que vos acerte o pescoço corretamente".

Gawain exasperou-se. "Golpeai com força", gritou, "ou acreditarei que não ousais ferir-me".

"Acalmai-vos", replicou o Cavaleiro Verde, "vossa busca logo será recompensada".

Levantou a acha pela terceira vez; alçando-a bem alto, equilibrou-a e tombou-a. Mas errou, apenas arranhando a pele com a lâmina, marcando o pescoço com um leve fio de sangue.

Gawain, sentindo-o, rapidamente empunhou suas armas e preparou-se para lutar. "Desafio-vos", gritou. "O trato foi de um só golpe, e nenhum mais!"

O Cavaleiro Verde sorria, pousando calmamente a acha. "Não vos exalteis", disse ele, "recebestes o golpe que merecíeis. Não farei nada mais para ferir-vos. Por duas vezes me contive e os golpes foram inofensivos porque duas vezes mantivestes vossa promessa, restituindo-me os beijos que aceitastes de minha esposa. Na terceira vez, no entanto, falhastes. Por isso marquei-vos com minha acha. A faixa verde que portais me pertence; foi feita para mim por minha esposa. Fui eu quem a enviou a vós com sua meiguice, seus beijos e com a tentação verde. Sei de tudo o que se passou. Sir Gawain, entre os cavaleiros do mundo sois como uma pérola em meio a ervilhas brancas. Falhastes ligeiramente, ao serdes posto à prova pela terceira vez; não por luxúria ou autoindulgência, mas porque, amando a vida, sentiste-vos infeliz por perdê-la".

Sir Gawain enrubesceu de vergonha. "Malditos sejais ambos, Medo e Desejo!" – clamou. "Sois os destruidores do valor viril e do heroísmo!" Retirou a faixa, para devolvê-la ao Cavaleiro Verde, mas este recusou-se a aceitá-la, confortando o jovem herói e rogando-lhe que conservasse o cordão como presente, e convidando-o a hospedar-se novamente no castelo.

Gawain recusou-se a ir com ele, mas consentiu em guardar o cinto, atando-o com um nó e ocultando-o sob o braço. Para sempre, lembrá-lo-ia de como falhara. Ao retornar incólume à Távola Redonda da corte do rei Artur, contou sua história. Os cavaleiros deram pouca importância ao seu erro, mas muita ao heroísmo da vitória. Em memória desse notável acontecimento, todos concordaram em usar para sempre um pedaço de cordão verde.[1]

2

Assim termina a história, mas ficamos com uma pergunta. Quem, em verdade, era aquele ser estranho, imperioso, que podia desafiar, submeter a provas, desmascarar e sentenciar, aquele Cavaleiro Verde que podia tomar a própria cabeça decepada sob o braço e reaparecer com ela reposta, cuja esposa era a mais bela tentadora do mundo, e cuja Capela Verde era uma espécie de lúgubre cripta, "a igreja mais amaldiçoada", segundo Gawain, "na qual jamais entrei" – quem é esse cavaleiro e qual o seu nome?

Nos contos de fada ou folclóricos, não é incomum que os mortos levem as cabeças sob o braço para assustar as pessoas que encontram. Atiram-nas para o alto e jogam, como se fossem bolas, com suas próprias caveiras. Além disso, verde-pálido é a cor dos cadáveres lívidos: as pinturas da arte budista tibetana, que manifestam, em seu simbolismo cromático, uma tradição detalhadamente descrita, usam esse tom de verde para representar tudo que pertence ao reino do Rei Morte.[2] Podemos acreditar com segurança que a gigantesca aparição cuja cor verde era a cor da morte, que vinha do abandonado vale da "igreja mais amaldiçoada" carregando sobre o ombro uma acha arcaica em vez de uma espada cristã, contemporânea e cavalheiresca, e cavalgava um corcel tão impressionante pela cor e tamanho quanto ele próprio, era o grande ceifador de vidas, a Morte. E a deslumbrante e bela mulher, que encarna e representa a fascinação do mundo, que oferta, com tentações, a taça do desejo, para que seja desfrutada, é a Vida, a noiva da Morte.[3]

A lenda do Buda contém um exemplo famoso desse antigo tema mitológico aparentemente universal, de pôr-se à prova o herói através das personificações da morte e da vida. Durante a memorável noite que o Salvador passou em meditação sob a árvore Bo, no Ponto Imóvel, à beira da autorrealização, aproximou-se dele o supremo tentador, Mara, "aquele que mata", "aquele que dá a morte". Mara apareceu disfarçado num jovem atraente, portando um alaúde; o outro nome de Mara é Kama – "desejo", "luxúria". Ele fez desfilarem, exibindo-se ante os olhos de Buda, três donzelas voluptuosas, chamadas pela lenda de "filhas de Mara". Mas o herói permaneceu inabalável. Então o tentador, assumindo seu aspecto furioso, reuniu seu exército de demônios para que – como na tentação de sir Gawain – a sedução da vida e o terror da aniquilação assaltassem o herói simultaneamente. Os demônios, em aparato de batalha, rodearam e atormentaram o silencioso solitário. E, tal como Gawain foi tentado três vezes pela mulher, assim também Buda foi tentado pelas três sedutoras; como Gawain enfrentou o perigo da acha, Buda enfrentou os projéteis da horda. Os demônios lhe ameaçaram a meditação com o terror infundido por suas faces – muitos deles ostentavam caras de animais e de aves de rapina. Lançaram contra o Buda árvores flamejantes, pedras, montanhas em chamas, mas o Salvador permaneceu imperturbável. Ele sabia que todo aquele tumulto à sua volta, a fúria do exército, a sedução das filhas de Mara, não representavam mais do que um reflexo especular das forças elementares de sua própria natureza humana primitiva interior, ainda apegadas à existência fenomenal, clamando pela satisfação carnal e temendo a destruição de sua forma física. Através da compreensão do medo e da sedução como duas formas de atuação de um mesmo mestre tentador, o Salvador do mundo libertou-se da servidão cósmica de seu ego temeroso e luxurioso. Ao reconhecer que os opostos, ainda que contrários em sua forma aparente, eram manifestações afins de uma única realidade, permaneceu firme entre ambos. A última chama vacilante de sentimento pessoal extinguiu-se nele. (Ao mesmo tempo que era "O Buda", isto é, "O Iluminado", também era "O Extinto", que ingressara no Nirvana.) Por isso, as moças exibiram seus encantos para olhos vazios e os projéteis lançados transformaram-se em flores de adoração. O antagonista, com todos os seus demônios e filhas, teve que retirar-se, finalmente.

A correspondência entre essas tentações de Gautama – as quais, segundo a tradição budista, representavam a derradeira etapa de sua iniciação ao "Real Trono Leonino de Mestre de Deuses e Homens" – e as tentações de sir Gawain são óbvias. Em ambos os casos a morte encarna as funções de mestre iniciatório.[4] O desempenho do campeão da Távola Redonda é menos glorioso do que o de Gautama porque, afinal, ele não é um salvador do mundo, mas apenas "o melhor dos cavaleiros"; no entanto, o romance é a versão do mesmo mistério universal. Através do vale da morte ele é conduzido ao solitário e afastado santuário da vida renovada, e lá, superando a provação, renasce. E uma versão cavalheiresca medieval do mistério de se morrer para a individualidade transitória, composta de desejo e temor, alcançando-se a ressurreição da vida superior e imortal.

A dádiva outorgada ao iniciado, o cordão verde (cor mortal – e quem, senão a própria morte, poderia ofertar tal dádiva?), confere imortalidade, liberta seu possuidor do poder da morte, é o talismã do renascimento.[5] A maneira pela qual Gawain o recebeu foi, sem dúvida, questionável. Aceitou-o com um latejar de vergonha, sub-repticiamente, como uma presa arrebatada em segredo e ocultada. Se tivesse sido capaz de devolvê-lo no momento da troca vespertina, sua iniciação poderia ter assumido uma forma menos aterradora; poderia ter sido poupado do encontro na Capela Verde. No entanto, depois de completada a prova, não houve mais dúvida de que merecesse o troféu, e a Morte o conferiu a ele como dádiva legítima.

Nesta aventura cavalheiresca tardia, a Morte representa o mesmo papel que nos antigos mitos e poemas épicos de Gilgamesh, Hércules, Teseu e Orfeu. Esses heróis arcaicos também desceram ao mundo infernal (ou foram a terras longínquas, proibidas ou desconhecidas) para ganhar, por meio do mistério da morte, o tesouro da vida eterna. Mas na presente versão, a finalidade do desafio, da tentação e da prova não é bem esclarecida. Parece faltar ao romance algo da profundidade que ele próprio sugere. Não reitera seu significado. Nem sequer se pode estar seguro de que os poetas ingleses e franceses dos séculos XIII e XIV, que compuseram esse romance baseados em material anterior, tencionavam conscientemente incitar a leitura que inevitavelmente emerge da interpretação comparativa dos episódios tradicionais que sintetizaram com êxito.[6] O Cavaleiro Verde, por exemplo, antes de despedir-se de Gawain, levanta a viseira e revela sua face verdadeira, seu caráter e significado oculto. Mas o nome que anuncia não é o "seu" verdadeiro *nomen*. Apresenta-se meramente como *Bernlak de Hautdesert*, "Bernlak do Grande Deserto". É um novo disfarce, outra brincadeira, não apenas com o herói mas desta vez também com os leitores e poetas.[7]

A imponente matrona, a anciã do castelo, revela-se como a Fada Morgana, outrora amante do sábio e poderoso Merlin, cuja magia aprendeu, encantando-o depois, transformando-o num sepulcro vivo.[8] Diz-se ter sido ela quem enviou o Cavaleiro Verde em missão à corte do rei Artur, dando-lhe, com sua magia, o poder de realizar a proeza da cabeça. Parece que um de seus filhos tivera sua admissão recusada pelo exclusivo círculo da Távola Redonda; sendo uma mulher vingativa, desejava lançar descrédito sobre o valor dos cavaleiros. Também contava que a rainha Guinevère morresse de medo e vergonha. Morgana é meio-irmã do rei, portanto tia de sir Gawain, que é sobrinho do rei Artur, etc., etc. É flagrante que o interesse da aventura degenerou para um nível puramente social e genealógico. Temas que devem ter sido representados outrora em um cenário mítico mais elevado aparecem obscurecidos, sobrecarregados com os adornos do orgulho cavalheiresco e da intriga familiar. Na verdade, é o que acontece em todo o ciclo de sir Gawain – não apenas neste encontro com o Cavaleiro Verde. Vivificam as inúmeras lendas de Gawain, as maravilhosas imagens mitológicas, aventuras em solitários castelos encantados, em adoráveis e longínquas ilhas feéricas, mas toda a mitologia transformou-se, seguindo a fórmula social do amor medieval e dos torneios de cavalaria. Um olho atento, no entanto, pode detectar e proceder à nova leitura dos antigos simbolismos, com seu significado atemporal.

Ouvimos falar, por exemplo, do Castelo Maravilhoso – *Le Château Merveil* [9] –, lugar de provações aterradoras e experiências espantosas, comparável ao "Vale sem Retorno" de Merlin. Três rainhas e inúmeras donzelas estão aprisionadas nele e a castelã é uma dama de beleza sobrenatural; o *Château* é uma verdadeira "ilha das mulheres". Como o mundo ínfero da antiguidade, chega-se a ele por meio de um pequeno bote, sob a guarda de um barqueiro ou, de acordo com outra versão, através de uma pequena ilha flutuante.[10] As águas circundantes são difíceis de atravessar; nem todos conseguem atingir a outra margem; o barqueiro alerta o herói que lhe pede para levá-lo: "Quem quer que faça a travessia", diz ele, "terá que ficar nesse reino para sempre". Como a ilha dos feácios, visitada por Ulisses (a qual, fundamentalmente, era uma terra encantada, de mortos bem-aventurados), na aventura de Gawain o castelo das mulheres só pode ser alcançado com o auxílio divino ou por virtude de algum encantamento. Quem nele entrar e sobreviver às provações demonstrará ser o herói eleito; libertando todas as mulheres do feitiço que as escraviza, tornar-se-á o príncipe-consorte da rainha. Tornar-se-á, na verdade, senhor e esposo de todas as mulheres e donzelas do reino bem-aventurado.

De acordo com uma das versões dessa saga[11], três majestosas rainhas de diferentes idades, que Gawain encontra na ilha encantada, revelam-lhe serem sua avó, mãe e irmã; isto é, ele encontrou o reino das "Mães", misteriosa região das sombras à qual Fausto desceria mais tarde com sua chave mágica, para descobrir e libertar a sombra de Helena de Tróia.[12] Esta é a eterna esfera da feminilidade, que representa a morada atemporal da vida inexaurível, poço da morte do qual brota a existência em seu perene renascimento. É um lugar misterioso, visitado por incontáveis heróis lendários e românticos do mundo, podendo ser reconhecido em suas diversas transformações históricas e pertencendo ao nosso acervo universal de tesouros de imagens simbólicas arquetípicas. As representações que nos chegaram através dos contos de fadas celtas e dos romances arturianos, mostram derivações oriundas da primitiva civilização matriarcal que floresceu na França ocidental, e nas Ilhas Britânicas dos tempos pré-célticos. Entre a multidão de mulheres da linhagem atemporal da maternidade, que descendem, geração após geração, da avó primordial do clã matrilinear, o cavaleiro, o jovem varão, o herói-menino (*puer aeternus*)[13], exausto de sua longa aventura, descobre finalmente seu lugar de repouso. Chegou até ali, a esse santuário oculto, origem e fonte, à busca de uma solução para o enigma da vida e da morte. Ali deverá conquistar a resposta tão almejada e esquiva. Seu oráculo terá que ser a feminilidade maternal, a sabedoria tácita e intuitiva da força vital que, com sua presença viva, tornar-lhe-á inteligível o mistério de seu próprio e repetido renascimento através das gerações transitórias.

A CONQUISTA PSICOLÓGICA DO MAL

No entanto, esse reino, tal como é descrito nos romances, não é precisamente um reino de felicidade. E uma região de certa beatitude, mas falto de ação e aventura; é o mundo dos que deixaram a vida, uma espécie de exílio situado além das lutas e combates. Conta-se que o rei Artur e seus cavaleiros lamentaram o desaparecimento de Gawain como se ele houvesse morrido; o rei, numa visão ocorrida pouco antes de sua própria morte, viu o herói como uma espécie de espectro, rodeado pelas mulheres da corte desse reino encantado, que se parece a uma miragem.[14] Essa terra milagrosa, apesar de idílica, é, para usarmos uma frase de Nietzsche, *tot vor Unsterblichkeit* – "morta de pura imortalidade": ali as mulheres e também seus consortes masculinos estão imersos naquela melancolia que é o sentimento dos mortos. Anseiam por regressar ao mundo dos homens e à vida comum, mas não podem jamais deixar a ilha. O barqueiro, como o Caronte da antiguidade que conduzia a balsa das almas dos que morreram, conduz seus viajantes numa só direção. Esse local, em que não há dia nem noite, é o "reino do qual nenhum viajante regressa", *li reaume don nus éstranges ne retorne*.[15]

Essa fórmula de desesperança do "País sem Regresso" ("o país não descoberto, de cujas fronteiras nenhum viajante retorna", de que fala Hamlet)[16], designa segundo uma tradição muito antiga, o reino dos mortos. Deriva da tradição da Mesopotâmia, aparecendo pela primeira vez, de acordo com os registros existentes, numa série avariada de tabuinhas cuneiformes (*c.* 2.000 a.C.), que narram a descida da deusa sumeriana Inanna (a Ishtar dos babilônios) ao mundo infernal.[17] Esse domínio sombrio foi, por milênios, a meta sagrada de todos os grandes heróis inquiridores, de Gilgamesh a Fausto, por ser o repositório do tesouro espiritual da mística sabedoria do renascimento. As chaves que abrem as portas do tabernáculo da vida eterna devem ser descobertas ali, assim como o dom da própria imortalidade. Mas o herói descobre que está sujeito (assim como toda a humanidade) ao princípio maternal da Mãe-Terra, Mãe-Vida e submetido à roda que gira perpetuamente da-vida-através-da-morte; envolve-o, então, a melancolia do herói, conhecida por todos os valorosos inquiridores ancestrais que desceram aos abismos do reino inferior. Gawain é um desses heróis. Está amortalhado por uma melancolia que é uma mescla da de Gilgamesh e da de Eneias. É o eterno herói peregrino que chegou à fonte da vida através da decepcionante iniciação do renascimento na morte.

Existe ainda outra versão[18] segundo a qual Gawain, o herói, pode voltar; a Morte não consegue retê-lo e ele pode reaparecer, retornando do reino encantado. Traz consigo – com a aurora do Ano Novo renascido – um bálsamo mágico da vida invulnerável. Para obtê-lo, foi preciso resistir à sedução da senhora do Reino da Morte. Como no castelo do Cavaleiro Verde, e também na ilha encantada semelhante a uma miragem, sir Gawain, recusando tornar-se o consorte da deslumbrante e linda rainha das sombras, resiste à tentação que o transformaria num espectro eterno e divino do reino das fadas. Não capitulando ante o princípio gerador da vida que se liga à morte, o herói liberta-se do ciclo que consome a si próprio. Torna-se apto e elegível para conduzir consigo o troféu místico (correspondente à faixa do Cavaleiro Verde) que lhe assegura a liberação.

QUATRO ROMANCES DO CICLO DO REI ARTUR

Nascimento, morte e renascimento, em ciclo infinito, tal é o caráter permanente do processo da vida. Ilustram-no os ciclos do ano e do dia, a passagem das gerações e as metamorfoses do indivíduo durante o curso de uma existência. Este é o mais antigo romance da alma, expressando-se pelo elemento mítico preservado nas narrativas cavalheirescas da corte do rei Artur. É isso precisamente o que confere as velhas histórias (não importa quão diluídas ou condimentadas tenham sido, para ajustarem-nas ao gosto de um cavalheirismo comparativamente moderno, já fanado, hoje) o poder de atingir nossa intuição com um significado maravilhoso. Suas buscas são as milenares buscas do homem, a procurar respostas espantosas para os permanentes enigmas de sua existência no mundo.

A antiguidade do elemento mítico dessas narrativas cavalheirescas dos séculos XII ao XIV, elaboradas pelos poetas das cortes medievais, é sugerida pela arma curiosa que a Morte conduz, personificando o Cavaleiro Verde. Ele surge diante dos campeões da Távola Redonda, que portavam lanças e espadas em seus torneios e batalhas elegantes, carregando ao ombro uma enorme acha arcaica, arma desajeitada, reminiscente da Idade da Pedra há tanto esquecida. Não se importando absolutamente com o progresso e o desenvolvimento das invenções humanas, a morte permanece imutável e, apesar de tudo que o homem pode fazer para alterá-la, aferra-se à sua tradição.

Também Gawain denota sintomas inequívocos de derivar-se do passado remoto. Sua força, por exemplo, aumenta até meio-dia e depois declina. Na realidade, como deferência a ele, manteve-se por certo tempo o costume, na corte do rei Artur, de marcar todos os torneios para as horas matinais do dia. O cavaleiro era aparentemente um deus solar disfarçado sob armamentos medievais, condenado, como em outros casos semelhantes, a partir a cada crepúsculo para a "Terra sem Retorno". Como Osíris, ali ele se converte em rei, em sol do mundo ínfero, mas, tal como o disco solar, atravessa e liberta-se da "grande região inferior" para, renascido, aparecer no Oriente como orbe do novo dia. Gringalet, o corcel de Gawain, possuía brilhantes orelhas rubras, e sua espada, Excalibur, emitia um esplendor luminoso.[19]

No *Château Merveil* Gawain foi submetido a provas mais estranhas que as do castelo do Cavaleiro Verde. Seu principal encontro foi com uma cama perigosa, *Liz de la Merveille* – de maneira alguma um móvel agradável. Apesar de à primeira vista parecer-se com qualquer outro leito, tranquilo e convidativo para o herói após sua longa e aventurosa jornada, no momento em que se deitou para dormir a cama enlouqueceu. Galopou de um lado a outro do quarto, atirou-se contra as paredes, corcoveou e estremeceu como se não pudesse suportar ser possuída pelo cavaleiro que tomara a liberdade de confiar em sua aparência de calmo consentimento. Comportou-se como uma noiva relutante que se rebela contra o abraço que a força. Escoiceou e ricocheteou até que, conquistada pela paciente firmeza do herói, acalmou-se. Mas este ainda não foi o fim. A paz não fora estabelecida, de maneira alguma. Entrou cortinas adentro, primeiro uma saraivada de pedras, depois uma chuva de flechas, disparadas por inumeráveis arcos invisíveis. Felizmente sir Gawain seguira o conselho do barqueiro e não despira a armadura, ao confiar os ossos cansados ao leito macio, pois o inferno agora lhe redemoinhava à volta. Salvou-se protegendo-se sob seu escudo.

    Tendo suportado essas severas provas preliminares impostas à sua constância e paciência (virtudes indispensáveis a alguém que pretenda entender-se com o princípio feminino, conquistando-lhe a estima e a submissão), o herói foi confrontado com um terceiro exercício, pela prudente feminilidade do castelo invadido. A porta do quarto se escancarou e um fortíssimo leão, com um rugido aterrorizante, atirou-se contra o aventureiro já exausto. O régio animal, encarnação do valor, submeteu a intrepidez de Gawain a uma prova apavorante. Golpeado, carnes rasgadas, sangrando por vários ferimentos, o bravo cavaleiro conseguiu dominar a fera e matou-a. Exaurido, tombou-lhe sobre a carcaça, num sono mortal. Não sabia ainda que satisfizera e subjugara, por fim, o recalcitrante elemento feminino do castelo. Conduzira as provações a um feliz epílogo. A presença feminina que, antes de ceder, tentara com insistência, de todas as maneiras, pôr à prova o recém-chegado, só agora fez sua aparição. As rainhas e todas as suas donzelas entraram na câmara, aproximando-se da figura inconsciente do eleito. Este jazia inerte, braços e pernas espalhados sobre o leão pertencente aos domínios das damas; trataram-no com bálsamo, aliviaram e cuidaram-lhe das feridas, até restaurar-lhe as forças. As muitas senhoras, jovens e idosas, outrora tão altivas, serviam-no e confortavam-no. Haviam sido libertadas do encantamento que as atava à sua supremacia de amazonas e as confinava à reclusão, graças ao paciente valor dele. Reconheciam-no, voluntariamente, como seu amo e senhor.

    Nessa pictografia divertida e encantadora, a conquista da feminilidade é representada como o cumprimento da tarefa da vida. O cerco do herói masculino ao princípio feminino (altivo e oposto à virilidade), através do reconhecimento e da aceitação de suas características intrínsecas, significa a reconciliação e a união, nele, dos opostos; desta resulta sua liberação de qualquer unilateralidade, assim como de todos os consequentes temores e desejos. A vitória é o acesso à totalidade da consciência humana, a conquista da maturidade que equilibra os termos vida-morte, masculino-feminino, e outros opostos que cindem nossa expressão e experiência comum da realidade única que é a vida. As próprias virtudes que permitiram a Gawain redimir as mulheres do encantamento da natureza feminina – paciência, constância, intrepidez, abnegação – conduzem também ao santuário da morte, retiram-lhe da porta os ferrolhos e abrem-lhe o tesouro da iluminação. São as chaves da sabedoria que transcendem a existência e a morte temporais, chaves de compreensão da vida eterna. Reconhecendo a identidade oculta dos opostos e desprezando as aparências conflitantes que normalmente assediam a mente e instigam as preocupações de nossas confusas reações cotidianas, o herói posto à prova descobre-se, em troca, liberado de seu natural terror de extinguir-se na transformação. Converte-se numa totalidade, sente-se unido à permanência do ser. É inundado por um conhecimento ilimitado e por uma sabedoria imperturbável. Assim, esse romance pictográfico reúne e identifica, de forma mística e simples, dois feitos habitualmente separados: o da conquista da mulher e o da realização da imortalidade.

3

Há outra notável história de cavalaria de sir Gawain que resulta numa fusão ainda mais estreita das duas iniciações. É uma aventura bastante estranha e humorada, na qual parte da façanha cabe ao rei Artur. Mas o feito supremo é de sir Gawain, que é o jovem alter ego do rei e, como tal, o agente do ato místico de desencantamento. Leal e corajoso, sobre ele recai a tarefa crítica e mais difícil.

Em companhia de alguns de seus jovens cavaleiros, entre eles sir Gawain, o rei estava um dia caçando na floresta. Todos conheciam bem a região e não esperavam nenhum acontecimento miraculoso. No que o rei esporeou seu cavalo e adiantou-se, distanciando-se deles um pouco, foi quando lhe apareceu à frente, de súbito, um grande cervo. O rei seguiu-o e, mal havia cavalgado meia milha, abateu-o. Desmontou, atou o cavalo a uma árvore, sacou a faca de caça e começou a preparar a presa. Enquanto estava debruçado sobre ela, num pequeno trecho coberto de musgo, percebeu que estava sendo observado; ao erguer os olhos, viu diante de si um cavaleiro bem armado, de aspecto ameaçador, "cheio de força e grande em poder".

"Sede bem-vindo, rei Artur!", disse o homenzarrão. "Afrontais-me há muitos anos, e por isso hei de vingar-me. Vossos dias de vida estão contados!"

Assim ameaçado de morte imediata, o rei prontamente replicou, censurando, que pouca honra teria o cavaleiro com tal façanha. "Estais armado, e eu apenas vestido de verde, sem espada e sem lança." E indagou o nome de seu desafiante.

"Meu nome", disse o homem, "é Gromer Somer Joure". O nome nada significava para o rei.

O argumento do soberano, no entanto, tocara num delicado ponto de honra cavalheiresca e o homenzarrão, protegido por sua armadura, viu-se forçado a ceder um pouco – não totalmente, mas um pouco. A condição imposta ao rei para permitir que se fosse constitui o tema e a trama deste grotesco romance.

Sir Gromer Somer Joure exigiu que sua indefesa vítima jurasse voltar àquele mesmo local no mesmo dia do ano seguinte, desarmado como agora, vestindo apenas seu traje verde de caçador, porém, trazendo para resgatar a vida, a resposta a este enigma: "O que é que uma mulher mais deseja no mundo?".

O rei deu sua palavra e retornou, muito abatido, à companhia dos cavaleiros. Seu sobrinho, sir Gawain, notou-lhe a melancolia do rosto e, chamando-o à parte, indagou-lhe o que acontecera. O rei contou-lhe o segredo. Cavalgando ligeiramente afastados dos demais, ambos deliberaram, e finalmente Gawain deu uma excelente sugestão:

"Deixai que preparem vosso cavalo para uma viagem por terras estranha e a quem quer que encontreis, seja homem ou mulher, perguntai o que pensam do enigma. Cavalgarei em outra direção, inquirindo todos os homens e mulheres, a ver o que consigo; anotarei todas as respostas num livro".

Por um caminho o rei, Gawain por outro,
Perguntando a mulheres, a homens e a todos:
As mulheres, que é que elas mais querem?
Uns disseram: estar bem enfeitadas;
Outros: juras galantes – gostam delas,
Outros: que homem vigoroso
As tome nos braços, beijando-as sem demora.
Alguns disseram isso, alguns aquilo,
Foram muitas as respostas a Gawain.
E tantas delas sir Gawain ouviu
Que, em extensão e engenho, deram livro;
À corte, no regresso,
De seu, trazia o rei, livro também,
Um do outro olhou todo o escrito:
"Isso não falhará", Gawain falou.
"Por Deus", lhe disse o rei, "temo ser pouco,
Um pouco mais quero buscar ainda".

  Só faltava um mês. O rei, inquieto, apesar da quantidade de respostas recolhidas, esporeou o cavalo e aventurou-se na floresta de Inglewood, encontrando ali a bruxa mais feia já vista por olhos humanos: rosto vermelho, nariz distilando muco, grande boca, dentes amarelos pendendo-lhe sobre o lábio, pescoço comprido e grosso e pesados seios dependurados. Levava às costas um alaúde e cavalgava um palafrém ricamente encilhado. Era uma visão inacreditável, a de tão horrenda criatura a cavalgar radiosa.
  Vindo diretamente ter com o rei, saudou-o e avisou, sem rodeios, que nenhuma das respostas que ele e Gawain haviam obtido serviriam para nada. "Não vos ajude eu, e estareis morto", disse ela. "Concedei-me apenas uma coisa, senhor rei, e garantirei vossa vida; caso contrário, perdereis a cabeça." "Que quereis dizer, senhora?" – perguntou o monarca. "A que vos referis, dizendo que minha vida está em vossas mãos? Falai, e prometo-vos o que desejardes." "Pois bem", replicou a horrenda anciã, "assegurai-me que dar-me-eis em casamento um de vossos cavaleiros. Seu nome é sir Gawain. Proponho-vos um acordo: se vossa vida não for salva por minha resposta, meu desejo será vão; porém, se ela vos salvar, havereis de conceder-me ser a esposa de Gawain. Decidi agora, e depressa, porque assim tem que ser, ou estareis morto". "Santa Maria!", exclamou o rei. "Não concederei autorização a sir Gawain para desposar-vos. Tal coisa diz respeito somente a ele." "Bem", replicou ela, "retornai agora ao castelo e tentai persuadir sir Gawain. Apesar de feia, sou alegre". "Oh, Deus!", exclamou ele, "que desgraça se abate sobre mim!".
  O rei Artur retornou ao castelo e seu sobrinho Gawain respondeu-lhe cortesmente: "Possa eu morrer em vosso lugar! Casar-me-ei com ela, uma e outra vez,

ainda que seja um diabo tão feio como Belzebu – ou não serei vosso amigo". "Graças, Gawain", disse Artur, o rei; "de todos os cavaleiros que jamais encontrei, levais a palma".

Dona Ragnell era o nome da bruxa. Quando o rei Artur, voltando, fez-lhe a promessa, em seu nome e do sobrinho, ela respondeu: "Senhor, sabereis agora o que as mulheres desejam acima de tudo. Uma coisa habita-nos todas as fantasias, e a conhecereis: acima de qualquer coisa, desejamos ter soberania sobre o homem". Disse ainda ao rei que o gigantesco cavaleiro seria tomado pela ira ao ouvi-lo. "Maldirá aquela que vos ensinou, porque terá perdido seu trabalho."

O rei Artur galopou através de lama, pântano e charco para o encontro com sir Gromer Somer Joure; no momento em que chegou ao lugar combinado, deparou-se com o outro.

"Adiantai-vos senhor rei", disse-lhe o desafiante armado, "vejamos qual será vossa resposta".

O rei Artur estendeu-lhe os dois livros, na esperança de que alguma das respostas primeiramente obtidas fosse suficiente, libertando-o e ao seu sobrinho do indesejável compromisso.

Sir Gromer percorreu as respostas uma a uma. "Não, não, senhor rei", disse ele, "sois um homem morto".

"Esperai, sir Gromer. Ainda tenho uma resposta." O outro deteve-se para escutar. "Acima de tudo o mais", disse o rei, "as mulheres desejam a soberania – é o que lhes apraz, e o seu maior desejo".

"E a ela, que tal vos contou, sir Artur, suplico a Deus que possa vê-la arder em uma fogueira. É minha irmã, dona Ragnell, aquela velha bruxa; cubra-a Deus de vergonha, pois se não fosse por ela, ter-vos-ia subjugado... Que tenhais um bom dia!" O peculiar cavaleiro há muito abrigava rancor contra o rei Artur, que outrora o despojara de suas terras, concedendo-as, "com grande injustiça", a sir Gawain. Perdera-se agora sua oportunidade de vingança e foi-se, enfurecido, pois jamais teria novamente a sorte de encontrar seu inimigo desarmado.

O rei Artur voltou a cavalo para a planície, logo encontrando dona Ragnell. "Senhor rei", disse ela, "sinto-me feliz porque tudo correu bem, como vos disse que ocorreria. Agora, desde que vos salvei a vida, Gawain deve desposar-me. É um completo e gentil cavaleiro; casar-me-ei publicamente, antes de permitir-vos separá-lo de mim. Cavalgai à frente; seguir-vos-ei até a corte, rei Artur".

Muita vergonha causava ela ao rei; mas ao chegarem à corte, e todos se indagarem atônitos de onde teria vindo tamanha monstruosidade, o cavaleiro sir Gawain adiantou-se sem qualquer sinal de relutância e virilmente honrou a promessa de desposá-la.

"Deus seja louvado", Dona Ragnell disse,
"Por vós quisera ser mulher formosa,
Por ser vossa vontade assim tão boa".

Todas as damas e cavaleiros da corte apiedavam-se de sir Gawain, aquelas chorando em suas câmaras, porque ele teria que casar-se com criatura tão pavorosa e horrível. Tinha dois dentes como presas de javali, um de cada lado, de um palmo de comprimento, um apontando para cima e outro para baixo; a boca era enorme, cercada de horríveis cerdas. Tampouco se contentara com um casamento discreto e tranquilo (tal fora o desejo da rainha), mas insistira em uma missa solene e num banquete no grande salão, a que todos comparecessem. Durante a festa, mastigou três capões, outras tantas aves e vários pratos de assados, estraçalhando-os com as longas presas e as unhas até só restarem os ossos. Sir Kai, companheiro de Gawain, rapaz impetuoso e descortês, sacudiu a cabeça e disse: "Quem quer que beije essa dama, terá medo dos próprios beijos". E a noiva continuou a mastigar até acabar-se a carne.

Nessa noite, no leito, a princípio, sir Gawain não conseguia obrigar-se a voltar o rosto e encarar o focinho pouco apetitoso da noiva. Após algum tempo, no entanto, ela rogou: "Ah, sir Gawain, já que nos casamos, demonstrai-me vossa cortesia na cama. Por direito, isso não me pode ser negado. Seu eu fosse bela, não vos comportaríeis assim; não fazeis a mínima conta dos laços matrimoniais. Em consideração a Artur, beijai-me, ao menos; peço que atendais ao meu pedido. Vamos, vejamos quão ardente podeis ser!".

O cavaleiro e leal sobrinho do rei reuniu cada pedacinho de coragem e gentileza. "Farei mais", disse, muito amável, "farei mais do que apenas beijar, por Deus!". E, ao voltar-se, deparou com a mais formosa criatura que já vira.

Ela perguntou: "Qual é vosso desejo?".

"Oh. Jesus!", exclamou ele, "quem sois?".

"Senhor, sou vossa esposa, certamente; por que sois tão indelicado?"

"Oh, senhora, mereço que me censureis; eu não sabia. Sois bela a meus olhos – apesar de terdes sido a mais feia criatura que meus olhos já viram. Ter-vos assim, senhora, muito me agrada!" Tomou-a nos braços, beijou-a, e sentiram-se muito felizes.

"Senhor", avisou ela, "minha beleza não durará. Ter-me-eis assim, mas apenas durante metade do tempo. Esse é o problema: deveis escolher se me preferis bela à noite e horrenda durante o dia, diante dos olhos de todos, ou bela de dia e horrível à noite".

"Oh, Deus, a escolha é difícil", replicou Gawain. "Ter-vos bela apenas à noite entristeceria meu coração, mas se decidir ter-vos bela durante o dia, dormirei em leito de espinhos. Quisera escolher o melhor, mas não faço ideia do que dizer. Querida senhora, que seja como desejais; deixo a escolha em vossas mãos. Meu corpo, meus bens, meu coração e tudo o mais são vossos para que deles façais o que quiserdes; juro-o diante de Deus!"

"Ah, dou graças, cortês cavaleiro!", exclamou a dama. "Abençoado sejais, entre todos os cavaleiros do mundo! Agora estou livre de meu encantamento, e ter-me-eis bela e atraente tanto de dia como à noite."

Então ela contou a seu deleitado esposo como sua madrasta (que Deus tenha piedade de sua alma!) a encantara com suas artes de magia negra, condenando-a a permanecer sob aquela forma asquerosa até que o melhor cavaleiro da Inglaterra a desposasse e lhe concedesse a soberania sobre seu corpo e seus bens. "Assim fui deformada", disse ela. "E vós, cortês sir Gawain, concedestes-me, sem condições, a soberania. Beijai-me agora, senhor cavaleiro, eu vos suplico; alegrai-vos e regozijai-vos." E desfrutaram deleitosamente um do outro.

> Já passara o meio dia.
> Disse o rei: "Senhores todos, vejamos
> Se sir Gawain ainda vive.
> Por sir Gawain ora temo,
> Não vá tê-lo morto a bruxa!,
> Quisera sabê-lo já.
> Vamos", disse Arthoure, o rei.
> "Vejamos seu despertar
> E como se houve de noite."
> A câmara andaram juntos.
> "Sir Gawain, de longo sono
> Acordai!" – chamou o rei.
> E Gawain: "Santa Maria! Permitido,
> Sim, por certo, dormiria muito mais,
> Pois bem feliz eu me sinto.
> Aguardai, já abro a porta.
> Para que em meu bem creiais,
> Já quero, sim, levantar-me".
> Sir Gawain cumpriu o dito; tomou
> A dama que, bela, levou à porta:
> Em camisa, frente ao fogo,
> De ouro, os longos cabelos.
> "Vede! Eis meu prêmio, minha esposa",
> Disse a Arthoure sir Gawain.
> "Dona Ragnell, sir, é esta,
> Que vossa vida salvou."[20]

II – O CAVALEIRO DO LEÃO

Durante séculos, os romances da Távola Redonda encantaram a alma da Europa. Os poetas da França, Alemanha e Inglaterra compuseram-nos, nos séculos XII e XIII, a partir, principalmente, de material provindo de antigos tesouros celtas. Essas lendas de fadas, aventuras e desencantamentos, deixaram marcas profundas na consciência e no inconsciente dos descendentes daqueles que foram os primeiros a apreciá-las. Não nos deteremos nas circunstâncias que me induziram a aproximar-me deles, saindo do meu campo especializado, a antiga mitologia hindu, para abordar essa tradição enraizada em longínquas regiões da Europa antiga; tampouco nos deteremos para justificar e desenvolver teoricamente a técnica de interpretação comparativa que nos conduz através desta aventura diletante que pretende ser uma tentativa de elucidação. O método não tenciona produzir resultados de importância filológica; os paralelos sugeridos não são apresentados como fundamentos de uma história comparada de motivos e versões. O objetivo desta recriação é simplesmente permitir que reelaboremos os velhos personagens simbólicos e suas façanhas e que eles estimulem a imaginação viva a recuperá-los, despertando a capacidade que tínhamos, em tempos antigos, de ler, com uma compreensão intuitiva, essa escrita pictórica, em outras épocas portadora do alimento espiritual de nossos antepassados. As respostas aos enigmas da existência incorporadas nos contos – quer tenhamos conhecimento disso ou não – ainda conformam nosso viver.

Mas já se passaram séculos; embora, no nível mais profundo, seja indiscutível que sentimos bem próxima a mensagem desses antigos romances, ela está muito distante, em outro sentido. A maioria de nós deleitou-se com eles durante a infância, em alguma dessas edições ilustradas em cores lindas, destinadas às crianças. Alguns se aprofundaram nas obras da tradição autêntica: a *Morte d'Arthur*, de Malory, por exemplo. No geral, porém, encontramos pouco ou nada carregado de significação contemporânea, nesses documentos muitas vezes intermináveis, de uma época extinta. Os poetas medievais debruçaram-se com tanta insistência sobre os problemas sociais e psicológicos específicos de sua sociedade feudal, que parecem-nos hoje meio estranhos e enfadonhos, confinados ao passado. Por isso, ainda que nos tenham encantado por um momento, a infância e os séculos que formaram nossa civilização, não nos pesa deixá-los (como bibliografia específica da idade adulta) aos filólogos e a esses desventurados estudantes que têm que adestrar as mentes em línguas mortas e os ouvidos em intrincados metros poéticos de ressonâncias perdidas. Chrétien de Troyes, Wolfram von Eschenbach e o poeta de Gawain repousam num desvão empoeirado do sótão moderno, ao lado do bricabraque que nós, ocidentais modernos, guardamos piedosamente num canto, quando crescemos e ultrapassamos as convenções cavalheirescas do mundo medieval.

No entanto, as gerações que elaboraram esses romances não são apenas nossos antepassados espirituais, mas físicos também, até certo ponto. São desconhecidos que nos habitam a medula dos ossos; quando ouvimos, eles ouvem conosco. Ao lermos, é possível que algum obscuro ego ancestral de que não temos consciência esteja acenando em aprovação ao ouvir novamente sua antiga história, regozijando-se por reconhecer o que outrora foi parte de sua sabedoria primeva. Se lhe dermos atenção, essa presença interna talvez nos ensine a ouvir, a reagir a esses romances, a compreendê-los e a dar-lhes utilização no mundo do cotidiano.

Um dos contos mais populares era o de Owain ou Yvain, *O Cavaleiro do Leão e a Dama da Fonte*.[21] É uma história verdadeiramente maravilhosa de como um jovem e heroico aventureiro dirigiu-se à fonte da vida, conquistou-a e às graças da Dama da Fonte e perdeu-a de novo, reencontrando-a após loucura, miséria, provações e triunfos, tornando-se, desta vez para sempre, o senhor da fonte e de sua rainha. Estas aventuras representam, aparentemente, uma iniciação à maturidade – o caminho de um herói leal, dotado de poderes intuitivos, porém cego pela inconsciência.

Certo dia, em Caerleon-Sobre-o-Usk, o rei Artur estava em seus aposentos, acompanhado por Owain, filho de Urien, por Kynon, filho de Clydno, e por Kai, filho de Kyner, além de Guinevère e suas damas de companhia, que bordavam junto à janela. Se fosse preciso dizer se havia um guarda-portas no palácio de Artur, teríamos que dizer que não. Glewlwyd Gavaelvawr fazia as vezes de porteiro, para saudar os convidados e forasteiros, recebê-los com honra e informá-los sobre os costumes e usos cortesãos; encaminhava-os à sala ou ao salão da corte, e instalava aqueles que vinham hospedar-se.

No centro do quarto o rei Artur acomodara-se num assento de junco verde, sobre o qual fora estendida uma coberta de cetim cor de fogo; sob seu cotovelo havia uma almofada de cetim vermelho.

Falou o soberano: "Se estivesse certo de que não me criticaríeis, dormiria enquanto espero por meu repasto; poderíeis entreter-vos mutuamente contando histórias, e conseguir de Kai um jarro de vinho além de um pouco de carne". E pôs-se a dormir.

Kai foi à cozinha e à adega, voltando com um jarro de hidromel, uma taça de ouro e um punhado de espetos com pedaços de carne assada. Comeram a carne e começaram a beber o hidromel. Pediram ao jovem cavaleiro Kynon que contasse uma história. Ele narrou como tentara realizar certa façanha e fracassara:

Kynon munira-se de todo o necessário e partira numa viagem por regiões desertas e distantes; alcançou, por fim, o cimo de um precipício. Lá, ao meio de uma clareira, havia uma árvore alta, sob a árvore uma fonte, ao lado da fonte uma laje de mármore; preso a ela por uma corrente de prata, estava um caneco de prata. Kynon tomou o caneco, encheu-o e despejou a água sobre a laje. Na mesma hora um forte trovão estremeceu os ares, desabou uma terrível tempestade e uma chuva de granizo colocou em perigo a vida do herói. Com o escudo, ele defendeu a própria cabeça e a do cavalo. Quando o granizo cessou, viu que este arrancara todas as folhas da árvore.

A CONQUISTA PSICOLÓGICA DO MAL

O céu fez-se claro e à horrível devastação sucedeu como que uma nova primavera, compensando-o, e mais que isso, pelo medo que sentira. Grandes bandos de pássaros multicoloridos cantavam pousados na árvore, cobrindo-lhe os galhos desnudos como uma ramagem melodiosa. "Na verdade, Kai", afirmou Kynon, "nunca ouvi melodia comparável àquela, nem antes nem depois".

Continuou: quando, no maior deleite, escutava os pássaros, ouviu-se através do vale uma voz murmurante que se aproximava, dizendo: "Ah, cavaleiro, o que vos traz aqui? Que mal vos fiz para que agísseis assim comigo e com minhas possessões? Não sabeis que a chuva de hoje não deixou vivo em meus domínios nenhum homem ou animal apanhado por sua violência?". Apareceu então um cavaleiro montando um corcel negro, todo vestido em veludo cor de azeviche, envolto em um manto cor de treva. Arremeteram um contra o outro; no violento assalto, Kynon foi desmontado. O cavaleiro vencedor passou a haste da lança entre as rédeas da montaria do outro e disparou com os dois cavalos, deixando Kynon caído onde estava. E o jovem e temerário campeão da corte do rei Artur retornou pela estrada por onde viera.

O jovem Owain, enquanto ouvia a narrativa do amigo, resolveu em seu coração que tentaria a notável aventura. Na manhã seguinte, ao romper do dia, vestiu a armadura, montou seu corcel e partiu por terras distantes e montanhas desertas. A certa altura, chegou à primeira aventura do caminho, que era precisamente como Kynon a descrevera: na planície mais aprazível do mundo cresciam árvores da mesma altura, um rio corria através do vale, acompanhando uma vereda, e um castelo erguia-se ao pé de uma torrente. O castelão acolheu com generosidade o jovem cavaleiro errante. Lá estavam donzelas inclinadas sobre bordados em cetim, sentadas em cadeiras de ouro. Levantando-se para receber Owain, tiraram-lhe as vestes manchadas e puseram-lhe outras; no repasto que lhe serviram havia toda a espécie de carnes, e vinhos que desconhecia. Quando o anfitrião soube qual era o destino de seu hóspede, sorriu gentilmente e disse: "Se não temesse preocupar-vos demais, mostraria o que buscais. Mas se ainda assim preferirdes que revele vossas desvantagens em vez das vantagens, eu o farei." E explicou a Owain que espécie de aventura era aquela que buscava. Após uma noite de sono, o cavaleiro encontrou seu corcel já selado pelas donzelas e partiu.

A tentação de permanecer, passando a vida ociosamente àquela mesa suntuosa, entre as sedutoras filhas do senhor do Castelo da Abundância ("a menos formosa delas era mais formosa que qualquer outra que jamais vistes na Ilha da Bretanha"), ficou para trás. Mas defrontou-se logo com uma segunda tentação, a do medo. Seguindo a estrada descrita por Kynon e por seu anfitrião, adentrou o ermo e chegou a uma grande clareira onde viu, sentado sobre um montículo, um homem negro de grande estatura. Excedia em tamanho dois homens deste mundo. Excepcionalmente disforme, tinha apenas um pé e um olho ao meio da testa e carregava uma maça de ferro de tamanho descomunal. Era o Guardião da Floresta, senhor e dono do ermo. Owain observou mil animais selvagens pastando à volta dele. Quando o gigante desferiu em um veado, com a maça, um golpe tão forte que a criatura urrou em desespero, todas as outras alimárias se agruparam, tão numerosas quanto as estrelas do céu. Seria difícil um homem encontrar um espaço na clareira para pôr-se de pé entre elas. Havia serpentes, dragões e vários outros tipos de animais. No entanto, Owain não se amedrontou frente a essas terríveis circunstâncias. Dirigindo-se ao gigante, perguntou-lhe que caminho seguir. Percebendo que o rapaz era corajoso, o Senhor do Ermo indicou-lhe a direção.

Assim o cavaleiro prosseguiu, deixando para trás também essa tentação: a tentação do pavor ao ermo e às forças implacáveis do reino animal. Owain alcançou a fonte maravilhosa e, seguindo as instruções, tomou o caneco de prata e despejou a água sobre a laje. E, veja!, ouviu-se no mesmo instante o trovão e o temporal desabou, ainda mais violento do que Kynon descrevera. Quando o céu clareou novamente, a árvore da fonte estava despida de folhas, mas os pássaros vieram, pousaram nela e cantaram sua melodia celestial.

Ao colher e verter as águas da existência, o herói propiciara um acréscimo de vida, mas também de morte, pois ambas se compensam, segundo uma proporção misteriosa. A fúria da tempestade transformara a árvore da vida, levando-a à condição invernal, à qual se seguira uma primavera miraculosa, de botões emplumados que cantavam e voavam. Agora, no entanto, apareceria o Cavaleiro Negro, o senhor da Dama da Fonte. Vestido com o negror mortal, arremeteria com o poder da própria tempestade da morte; e, àquele que ousara aproximar-se, derrubaria.

Owain ouviu e observou o Cavaleiro Negro vindo em sua direção vale afora, preparou-se para recebê-lo e chocaram-se com violência. Quebraram-se ambas as lanças; sacaram das espadas e lutaram, lâmina contra lâmina. Owain, com uma estocada, atravessou elmo, testeira e viseira do adversário, perfurando-lhe pele, carne e osso até o cérebro. O Cavaleiro Negro, sentindo que recebera um ferimento letal, fugiu em seu corcel. Owain foi atrás dele. Seguindo-o de perto, avistou um enorme castelo resplandescente, cujos portões franquearam a entrada do primeiro ginete, deixando tombar a porta levadiça sobre Owain. Esta caiu sobre a parte posterior da sela, partindo o animal em dois e arrancando as rosetas das esporas que o cavaleiro trazia aos calcanhares. A porta levadiça baixou até o chão.[22] As rosetas das esporas e parte do cavalo permaneceram do lado de fora, enquanto Owain e a outra parte do animal ficaram entre os dois portões. Como a porta interna estava fechada, para que ele não pudesse entrar, ficou numa situação bem embaraçosa.

Por uma abertura do portão pôde ver uma rua que se estendia à sua frente, com uma fileira de casas de cada lado. Lá estava uma moça de louros cabelos anelados, sobre os quais brilhava um diadema de ouro; trajava um vestido de cetim amarelo e trazia nos pés sapatos de couro multicor. Ela aproximou-se do portão e quis que ele o abrisse. "Os céus sabem, senhora," respondeu Owain, "que é tão impossível para mim abri-lo daqui, como é para vós libertar-me". A moça lhe falou com doçura e elogiou-o, dizendo-o um cavaleiro fiel ao extremo ao serviço das damas; estendendo-lhe um anel que o tornaria invisível, ensinou-lhe como deveria proceder, descrevendo-lhe o local onde esperaria por ele. A gente do castelo chegou para matá-lo, e, nada encontrando além de metade do cavalo, aborreceram-se todos terrivelmente. Desvanecendo-se, ele caminhou entre eles, invisível, ao encontro da donzela; colocou-lhe a mão sobre a espádua, como ela ordenara, e foi conduzido a uma câmara grande e bonita. A jovem acendeu o fogo, deu-lhe água para lavar-se e trouxe-lhe alimento em travessas de ouro e prata. Owain comeu e bebeu até bem entrada a tarde, quanto eis que ouviram um grande clamor no castelo; ele indagou da donzela que tumulto era aquele. "Estão administrando a extrema-unção ao nobre senhor deste castelo", respondeu ela. E Owain foi dormir.

No meio da noite escutaram gritos aflitos. "O nobre senhor deste castelo morreu", disse a donzela.

Pela manhã, Owain observou da janela um grande número de mulheres, a pé e a cavalo. Todos os clérigos da cidade cantavam, enquanto imensa multidão enchia as ruas, de forma que o céu ressoava com a veemência de seus gritos. Conduziam o corpo do Cavaleiro Negro à igreja. Observando a procissão, ele avistou uma dama manchada de sangue, trajando um vestido rasgado. Era espantoso que seus dedos não estivessem feridos, tal a violência com que batia as mãos uma contra a outra. Seus gritos eram mais altos que os dos homens ou que o clamor das trombetas.

Owain perguntou à donzela quem era a senhora, pois, tão logo a avistara, tomara-se de amor por ela. "Chamam-na a Condessa da Fonte", disse a donzela, "e é a esposa daquele que matastes".

"Na verdade", declarou Owain, "ela é a mulher que mais amo". "Pois ela também vos amará", disse a donzela, "e não será pouco". A jovem levantou-se, acendeu o fogo, encheu uma vasilha de água, aqueceu-a, trouxe uma toalha de linho branco e lavou os cabelos dele, barbeou-o, enxugou-lhe a cabeça e o pescoço, trouxe-lhe o que comer, e lhe arrumou a cama. "Vinde aqui", disse ela, "e dormi, enquanto intercedo por vós". Owain deitou-se e a donzela se foi, fechando a porta.

Porque era essa, aparentemente, a lei que governava o Castelo da Fonte: quem quer que matasse o guardião tornava-se o senhor e consorte da Dama da Fonte, o Cavaleiro Negro, o novo guardião. É a mesma antiga lei descoberta por sir James G. Frazer quando observou o costume do antigo bosque e santuário do lago de Nemi, nas cercanias de Roma, que descreve em seu monumental estudo *O Ramo de Ouro*.[23] "Nesse mitológico bosque sagrado crescia certa árvore à volta da qual, a qualquer hora do dia e provavelmente até bem tarde da noite, podia-se ver rondando uma figura sombria. Conduzia nas mãos uma espada desembainhada e vigiava atentamente em torno, como se esperasse ser, a qualquer momento, atacado por um inimigo. Era um sacerdote e assassino; o homem que o espreitava iria, mais cedo ou mais tarde, matá-lo e assumir o sacerdócio em seu lugar. Essa era a lei do santuário. Um aspirante a esse ministério somente poderia alcançá-lo ao matar o sacerdote e, tendo-o matado, conservaria as funções até ser assassinado, por sua vez, por alguém mais forte ou mais astucioso". Como mostra Frazer, o sacerdote, a quem chamavam "Rei do Bosque", era visto como uma encarnação do divino consorte de Diana, deusa do lago e do bosque; seu matrimônio-união era a fonte da fertilidade: da terra, de todos os animais e da humanidade.[24]

É comparável a este o caso do Cavaleiro Negro e da Dama da Fonte. Ela não pode guardar luto permanente pela morte do cavaleiro-consorte, pois simboliza o poder da vida perene, contínuo e ilimitado. As circunstâncias não podem despojá-la de seu próprio caráter, que consiste em persistir; persiste, apesar de todas as vicissitudes aflitivas e desastrosas. Portanto, o sobrevivente, o mais forte, o cavaleiro que vence a luta se converte em seu amo e leva adiante a tradição.

A donzela que assistia Owain dentro dos domínios do castelo, atuando a serviço dos poderes atemporais do santuário milagroso, cerrou cuidadosamente a porta, deixando-o descansar, e apressou-se em direção à câmara de sua recém-enviuvada senhora. Ali só encontrou luto e dor; solitária em sua tristeza, a condessa não conseguia suportar a vista de mais ninguém. A donzela entrou e saudou-a, mas a castelã não lhe respondeu. A jovem inclinou-se diante dela e disse: "O que vos aflige, que não falais a ninguém hoje?".

"Luned", retrucou a condessa com olhar colérico "que mudança ocorreu convosco que, nesta dor por que passo, não viestes visitar-me? Foi um erro de vossa parte não haverdes vindo ver-me em minha aflição. Foi um erro".

"Na verdade", argumentou Luned, a donzela, "acreditava que vosso bom senso fosse maior. Será correto chorardes por esse homem bom, ou por qualquer outro que não podeis ter?".

"Afirmo perante o céu que em todo o mundo não existe ninguém igual a ele", voltou a senhora.

"Isso não", contestou Luned. "Pois outro homem poderia ser tão bom ou melhor que ele."

"Pois afirmo perante o céu", declarou a viúva, "que, se não me fosse repulsivo causar a morte de alguém que criei, mandaria executar-vos por tal comparação. Já que é assim, vou banir-vos".

"Sinto-me feliz", disse Luned, "por não terdes outro motivo para tal senão meu desejo de servir-vos, num momento em que não compreendíeis o que era vantajoso para vós. A partir de agora, que caia o mal sobre aquela de nós que der o primeiro passo para reconciliar-se com a outra: sobre mim, se eu buscar um convite vosso, ou sobre vós, se por vossa vontade me convidardes".

Com isso, a donzela se foi; a castelã, levantando-se, seguiu-a até a porta e principiou a tossir fortemente. Quando Luned olhou para trás, a senhora acenou-lhe e ela retornou.

"Em verdade", disse a dama, "tendes um áspero humor; mas dizei o que é melhor para mim, se souberdes".

"Eu o farei", respondeu ela.

Abordou então o problema da defesa da fonte. "A não ser que a preserveis, não podereis manter vosso domínio; e ninguém poderá defendê-la, exceto um cavaleiro da casa do rei Artur; irei à sua corte, e que seja castigada se retornar sem um guerreiro que possa guardá-la tão bem, ou melhor, quem sabe, do que aquele que a guardava anteriormente."

"Isso será difícil de conseguir", retrucou a condessa. "Ide, no entanto, e provai-me que podeis cumprir o que prometestes."

Quando, no devido tempo, Owain lhe foi apresentado, a condessa mirou-o fixamente e disse: "Luned, esse cavaleiro não parece ser um viajante".

"E que mal há nisso, senhora?", indagou a donzela.

"Estou certa", disse a castelã, "de que foi este homem e nenhum outro que expulsou a alma do corpo do meu senhor".

"Tanto melhor para vós, senhora", afirmou Luned, "pois, não fosse ele tão forte como vosso esposo, não poderia tê-lo privado da vida. Não há remédio para o que já passou, seja como for".

"Voltai aos vossos aposentos que vou me aconselhar", ordenou a dama.

No dia seguinte reuniu todos os seus súditos, mostrou-lhes que o condado estava indefeso e que não se poderia guardá-lo, a não ser com cavalos, armas e competência militar.

"Portanto", continuou, "é isto que proponho à vossa escolha: ou algum de vós me desposará, ou dar-me-eis consentimento para tomar um esposo de outras terras, para que defenda meus domínios".

Concluíram os do reino que o melhor seria que ela obtivesse permissão para desposar um forasteiro. Mandou então chamar os bispos e arcebispos para que celebrassem suas núpcias com Owain. Os homens do condado renderam vassalagem ao cavaleiro e este defendeu a fonte com lança e espada.

Se a condessa, a Dama da Fonte, fosse um ser humano, um ego, uma personalidade que respondesse às situações como indivíduo, ser-lhe-ia permitido entregar-se à tristeza da perda pessoal advinda da morte do esposo. Poderia ter renunciado à vida e aos prazeres da feminilidade e do amor. Mas, como feérica senhora da Fonte da Vida, ela, que é a cega força do existir encarnada, não pode renunciar. Mantendo a tradição do Castelo da Vida, ela e o herói que lhe matou o esposo, seu predecessor, pertencem um ao outro. O falecido Cavaleiro Negro é o liame entre ambos. O Cavaleiro Negro a conquistara e foi subjugado por Owain. O olhar com que a ninfa do antigo santuário do lago de Nemi recebia o novo sacerdote deve ter sido muito semelhante ao olhar com que a Dama da Fonte acolheu seu novo consorte. O sangue do velho sacerdote morto, gotejando das mãos do homicida sagrado, era o unguento da iniciação. Com ele, sacramentava-se no ministério santo aquele que sucederia o servidor ritualmente imolado.

Assim Owain ingressa no mundo feérico, na esfera transcendental dos poderes cósmicos superiores. Como consorte da Dama da Fonte e guardião das Águas Perpétuas, o cavaleiro perfeito ultrapassa as fronteiras de sua humanidade e é iniciado nos mistérios originais da fonte da força vital, submetendo-se à tarefa na qual foi investido por sua conquista sobre-humana. Como senhor da fonte, Owain é agora um ser à parte, libertado e separado da torrente toda-abrangente da vida, que conduz nas águas a existência ordinária dos homens. É retirado do mundo que até então conhecera – com o conhecimento normal dos humanos, representado na linguagem pictórica dos romances da Távola Redonda pela camaradagem dos cavaleiros e por suas aventuras, torneios e festas galantes.

O aventureiro corajoso está perdido para o mundo comum. Fora encantado pela magia da esfera das forças invisíveis, das quais só pode acercar-se o eleito – só ele pode penetrá-las.

Não obstante, Owain é uma criatura da esfera humana. É humano. E o mundo não renunciará ao filho que criou, não abrirá mão de suas pretensões sobre ele. Insistirá em exigir sua parte, ainda que desafiando o âmbito transcendental que o absorveu e que agora o mantém cativo como sacerdote, sob sortilégio. Porque as duas esferas – a do conhecimento referente à existência humana comum e a outra, mais elevada, aquela das forças primordiais e suas iniciações –, opondo-se mutuamente, exigem seus direitos sobre a nossa alma. A tarefa central do desenvolvimento desta é atualizar o equilíbrio adequado entre os dois âmbitos, outorgando a cada um o que lhe é devido. Por conseguinte, se a alma, embevecida pelo encantamento de uma iniciação nos mistérios do que é divino e superior, renuncia por isso ao mundo do cotidiano, a ponto de que nenhuma nostalgia a faça retornar a ele, a própria esfera mundana enviará seu mensageiro para que lhe bata à porta, abalando o encanto sobre-humano e despertando o enfeitiçado de seu sonho mágico.

Foi o que sucedeu no caso de Owain. O rei Artur e seus cavaleiros ficaram apreensivos com a demorada ausência do companheiro e, após três anos de crescente ansiedade, organizaram uma expedição de busca. Kynon, que contara a Owain a história do Cavaleiro Negro da Fonte, suspeitou que ele tivesse tentado a aventura; então, quando a companhia dos grandes campeões saiu dos salões e pátios do castelo real em Caerleon – o próprio rei Artur, montando seu poderoso corcel, cavalgando entre eles – Kynon guiou-os.

Detiveram-se no Castelo da Abundância e, embora a comitiva do rei Artur fosse grande, sua presença mal se fez notar no castelo, tão vasta era sua extensão. Atingiram a clareira do ermo, onde o apavorante gigante de um só olho sentava-se, na pequena elevação, entre os animais; a estatura do homem foi, para Artur, ainda mais surpreendente do que os relatos faziam prever. Finalmente chegaram à fonte, e Kai, com a permissão do rei, despejou a caneca de água sobre a laje. Imediatamente seguiu-se o trovão, e depois a tormenta. Muitos acompanhantes de Artur foram mortos pela chuva. Quando a tempestade passou, o céu ficou límpido e, olhando a árvore, viram que estava totalmente despida de folhas. Vieram os pássaros, pousaram nela e seu canto era muito mais doce que qualquer melodia que já tivessem ouvido. Foi quando avistaram o cavaleiro que, num corcel negro como carvão e vestido em cetim negro, cavalgava, ligeiro, em direção a eles. Kai foi-lhe ao encontro e bateu-se com ele; não demorou muito para que fosse desmontado. Ao retirar-se o cavaleiro, Artur e sua comitiva acamparam para passar a noite.

Despertando no dia seguinte, viram o sinal de combate na lança do cavaleiro, em direção ao qual Kai atirou-se mais uma vez. O ginete logo derrubou Kai e, golpeando-lhe a fronte com a ponta da lança, quebrando-lhe elmo e testeira, atravessou-lhe pele e carne em toda a extensão da extremidade da lança, até encontrar o osso. Kai retornou para junto de seus companheiros.

    Depois disso, todos os súditos de Artur combateram com o vencedor, um após outro, até não restar ninguém que não tivesse sido derrubado, exceto o monarca e Gawain. O rei armou-se para a luta. "Oh, meu senhor, permiti-me que lute com ele antes de vós", pediu Gawain. Artur concordou. Gawain adiantou-se para encontrar o adversário, levando sobre si e seu cavalo um manto de honra de cetim. Arremeteram um contra o outro e lutaram ininterruptamente até a tarde, sem que nenhum fosse capaz de derrubar o outro.

    No dia seguinte combateram com lanças pesadas, e a nenhum deles coube a vitória.

    Na terceira vez, bateram-se com lanças de maior peso ainda. Inflamados de raiva, lutaram com fúria, até a metade do dia. Então desferiram tal golpe um no outro que as cilhas dos cavalos se partiram e ambos tombaram ao chão. Levantaram-se agilmente, desembainhando as espadas e retomando o combate. A multidão que assistia à luta estava certa de nunca ter visto dois homens tão valentes e fortes. Se fosse meia-noite, a escuridão teria sido iluminada pelo fogo desferido por suas armas.

    De repente o cavaleiro aplicou um golpe em Gawain que lhe arrancou o elmo do rosto, o que fez com que soubesse quem era seu oponente.

    Então Owain disse: "Meu senhor Gawain, não vos reconheci como primo porque vosso manto de honra vos cobria; tomai minha espada e minhas armas".

    Gawain replicou: "Vós, Owain, sois o vencedor. Tomai a minha espada".

    Artur, vendo que conversavam, aproximou-se deles.

    "Meu senhor Artur", disse Gawain, "aqui está Owain, que me venceu e não quer aceitar minhas armas".

    "Meu senhor", afirmou Owain, "foi ele que me venceu, e recusa-se a receber minha espada".

    "Dai-me vossas espadas", disse Artur, "e nenhum dos dois será o vencedor do outro".

    Owain colocou os braços à volta do pescoço de Artur e ambos confraternizaram. Toda a comitiva real acorreu para vê-lo e abraçá-lo; quase houve vítimas fatais, tamanho foi o ajuntamento.

    Owain convidou o rei, os cavaleiros e o grande séquito para permanecerem no Castelo da Fonte com ele e a esposa, até que todos se recobrassem das fadigas da longa viagem. "Tenho estado longe de vós estes três anos", disse, "e por todo este tempo, até hoje, estive a preparar-vos um banquete, sabendo que viríeis procurar-me". Todos se dirigiram ao castelo da Condessa da Fonte, e o banquete preparado por três anos foi consumido em três meses.

    Quando o soberano estava pronto para partir, enviou uma embaixada à condessa para suplicar-lhe que permitisse a Owain acompanhá-lo por três meses. Ela consentiu, apesar de lhe ser doloroso. Owain despediu-se, pois, da mágica esfera da Fonte da Vida e retornou à sua existência anterior de cavaleiro, entre os nobres e as belas damas da Ilha da Bretanha, na corte do rei Artur. Ao ver-se uma vez mais entre parentes e amigos, demorou-se três anos em vez de três meses. Foi assim que a fonte ficou sem guardião, e a rainha sem seu senhor e consorte.

Esse segundo exemplo de esquecimento é uma réplica do primeiro. Ao ser totalmente absorvido pela esfera superior, servindo como guardião iniciado da Fonte da Vida e como companheiro encantado da Dama da Fonte em seus domínios atemporais, o cavaleiro se descuidara – o que não fora correto – das exigências da conduta humana ordinária, representada pela vida social dos cavaleiros da Távola Redonda. Absorvido internamente – tendo penetrado até o mais profundo da origem, da fonte – Owain esquecera a largura e a extensão da torrente da existência, voltando as costas por completo ao âmbito das relações pessoais e às ocupações da cavalaria sua contemporânea. Vingando-se, essa esfera agora arranca-o de si mesmo, toma posse integral de seu ser, e em tal grau o envolve nos vívidos acontecimentos do aspecto normal da circunstancialidade, que ele perde toda a lembrança dos mistérios do caminho de seu interior profundo. O iniciado se afasta da memória de sua sagração; a personalidade mística superior e o papel mais alto para os quais se preparara, na qualidade de Cavaleiro Negro, desprendem-se dele; o eleito não o é mais.

Pode-se prever que outra crise e uma nova provação dolorosa o atingirão, antes que venha a descobrir o segredo da união equilibrada das duas esferas da humanidade de sua alma. Tanto a acepção superior como a inferior, quando esperam em vão por muito tempo, sabem como convocar novamente o faltoso. Seu método, no entanto, é menos direto e varonil.

Eis que um dia uma donzela surge na corte do rei Artur, sobre um cavalo baio de crina ondulada, coberto de espuma; o freio e o que podia ver-se da sela eram de ouro. O vestido da donzela era de cetim cor do sol. Dirigiu-se a Owain e tirou-lhe da mão o anel que a Condessa da Fonte lhe ofertara como aliança.

"Assim será tratado o impostor, traidor desleal e desonrado; vergonha para vossa barba!", disse ela. E, voltando em seu cavalo, partiu.

Nesse momento a lembrança de sua aventura voltou à memória de Owain e ele se entristeceu. O elo inconsciente que o unira, secreto, à esfera mágica, ao ser partido com rudeza, devolveu-lhe a consciência; a deusa retirara até o último indício de sua existência e presença. As águas do ser, que ele descobrira e que o haviam absorvido, devolvendo-o renascido e sustentando-o, imperceptível, mesmo durante os anos de esquecimento, retiravam-se por completo agora, deixando-o desamparado e só. Owain abandonou a corte, foi para seus aposentos. Nessa noite fez os preparativos da viagem e, ao levantar-se no dia seguinte, não retornou à corte. Vagueou errante e sem destino, distanciando-se de Caerleon, rumo às longínquas regiões da terra e às montanhas incultas.

Siegfried, em *O Crepúsculo dos Deuses*, sofre uma provação idêntica. Como Owain, o jovem Siegfried é o símbolo da alma heroica sem mácula, merecendo, por sua natureza, comungar com as forças cósmicas, e sendo eminentemente elegível para a suprema realização. Como muitos personagens das tradições mitológicas, ele não era fruto de um matrimônio humano; seu nascimento fora misterioso e controvertido. Como Zeus e Krishna, fora criado em segredo; do mesmo modo que Perseu, matou o dragão, porque – como Owain, Gawain e Buda – desconhecia o medo. Siegfried possuía o anel de ouro que lhe concederia, se assim pedisse sua jovem mente, o poder cósmico ilimitado. Sua espada era a de Wotan, Pai dos Deuses; ao forjá-la novamente, o herói demonstrara ter direito a ela. Tal como Aquiles, filho de uma deusa, ele era invulnerável. E, como os heróis das sagas do Oriente, compreendia a linguagem dos pássaros.

A grande vitória e o pecado de Siegfried foram essencialmente os mesmos de Owain. Tendo conquistado o dragão, abriu caminho através do fogo cósmico que rodeava o topo da montanha divina para libertar Brunhilde de seu sono encantado. Ela, filha favorita de Wotan, tornou-se noiva do herói libertador. Ele uniu-se às forças transcendentais exatamente como Owain, tornando-se o consorte de uma feérica dama sobrenatural. Ainda da mesma maneira que Owain, ao descer a montanha, voltando à busca de aventuras no mundo inferior dos assuntos humanos, Siegfried esqueceu de todo a superior senhora de sua alma. Pior ainda: ingerindo a poção do esquecimento, trocou-a, em sua inconsciência, por uma comum filha dos homens. A vingança consequente foi impiedosa e ilimitada.

Tanto no caso de Siegfried como no de Owain, houve culpa não intencional – inocência e culpa, a um só tempo.[25] Na esfera sobre-humana não há justificativa para a ignorância ou boa vontade do eleito, que é julgado apenas por sua competência e por seus atos. Como os poderes dessa esfera invisível penetram todo o mundo concreto, tudo com que o eleito se depara o põe à prova. Vezes e vezes é provado por suas decisões e, se fracassa, morre ou experimenta uma equivalência da morte. A pura força sobre-humana da vida é tão vingativa quanto cega, em sua terrível investida, quando se vê decepcionada e traída.

Segundo essa lei terrível, Luned, a bela donzela que conduziu Owain à presença da Dama da Fonte, foi lançada, ao mesmo tempo que ele, às trevas exteriores, pois contribuíra para alçar o homem errado à condição de senhor e mestre-guardião da fonte. Dois vassalos da condessa vieram um dia e a arrastaram até um longínquo calabouço do ermo, atirando-a nele brutalmente, ameaçando-a de morte, a menos que o próprio Owain viesse libertá-la, antes de determinada data. Mas, ai!, não havia ninguém que ela pudesse mandar buscá-lo. E o cavaleiro por quem fora condenada a esperar estava enlouquecendo.

Após a perda do anel e a recuperação da memória do estado anterior, Owain fora incapaz de retornar ao convívio dos cavaleiros da Távola Redonda. Quebrara-se o encantamento que a superficial consciência da existência apenas social da cavalaria lançara efemeramente sobre ele, após seu retorno à corte com o rei Artur. Como guardião e íntimo dos poderes cósmicos, ele superara, na verdade, esse modo de vida. A visita fora apenas temporária – um violento pender em direção ao aspecto esquecido. Mas agora não podia retornar ao outro âmbito da existência, pois a deusa o rejeitara, retomando-lhe o anel. Desaparecera-lhe a antiga lucidez intuitiva, que já o guiara inconscientemente, com seu inexorável impulso, rumo à comunhão com as forças sobrenaturais. Apesar de o mundo da cavalaria ter ficado para trás, o condado da fonte não podia mais ser encontrado nem procurado, sequer. Owain fora excluído do humano e do sobre-humano. O romance descreve como decaiu, abaixo dos dois mundos, até o único extremo restante.

Relata-se que o herói, em seu infortúnio, permaneceu e vagueou no ermo "até que sua roupagem se gastou, o corpo se consumiu e os cabelos cresceram. Vagava com as feras e comia com elas, até que se lhe tornaram familiares".

Os poderes haviam se vingado com terrível crueldade. Afastando-o de sua orientação, deixaram que Owain submergisse no nível mais ínfimo da existência – o da inconsciência obscura e intuitiva do pascer do mundo animal. Lembra-nos o ordálio e a metamorfose de João Boca de Ouro, e aquela estranha passagem do *Livro de Daniel* sobre o rei Nabucodonosor que, descendo do trono, pôs-se, como quadrúpede, junto aos animais.[26] Tanto o santo como o rei finalmente recobraram a razão. Podemos antecipar um percurso semelhante para o cavaleiro Owain.

Ele vagou e comeu com as bestas selvagens até tornar-se familiar a elas, mas, com o tempo, ficou tão fraco que já não lhes suportava a companhia. Então desceu das montanhas para o vale e chegou a um parque pertencente a certa condessa viúva. Esta e suas donzelas passeavam um dia às margens de um lago, no meio do parque, quando avistaram um vulto de homem e se aterrorizaram. Mesmo assim, aproximaram-se, tocaram-no, olharam-no e viram que ainda estava vivo, apesar de exausto pelo calor do sol. A condessa voltou ao castelo, apanhou um frasco cheio de precioso unguento e deu-o a uma das donzelas. "Levai isto", disse ela, "mais este corcel e estas roupas e colocai-os perto do homem que acabamos de ver. Ungi-o com este bálsamo perto do coração; se ainda houver vida em seu corpo, a eficiência do bálsamo fará com que se recobre. Vede, então, o que fará ele".

A donzela foi, derramou todo o bálsamo sobre Owain, deixou por perto o cavalo e as roupas, afastou-se e escondeu-se para observá-lo.

Pouco depois, viu-o começar a mover os braços. Ele se levantou e, ao olhar-se, envergonhou-se de sua aparência inconveniente. Percebendo, perto de si, o cavalo e os trajes, arrastou-se, até conseguir apanhar as roupas sobre a sela. Vestiu-se e, com dificuldade, montou o animal. Nesse instante a donzela mostrou-se e saudou-o. Ele alegrou-se ao vê-la, indagando-lhe em que país e em que terras estavam.

"Na verdade", contou a moça, "aquele castelo pertence a uma condessa viúva. Com a morte do esposo ela recebeu dois condados, mas hoje possui apenas esta morada. Tudo o mais lhe foi tirado por um jovem conde, seu vizinho, por ela recusar-se a desposá-lo".

"Que pena", lamentou Owain.

Ele e a donzela encaminharam-se para o castelo. Ali, ela o conduziu a uma agradável câmara onde acendeu o fogo e deixou-o, para dirigir-se à condessa e pôr-lhe o frasco nas mãos.

"Dizei-me, donzela, onde está o bálsamo?", indagou a senhora.

"Eu não deveria tê-lo usado todo?", perguntou ela.

"Oh, donzela", respondeu a castelã, "não será fácil perdoar-vos; é triste para mim haver desperdiçado o equivalente a sete vintenas de libras de precioso unguento com um forasteiro desconhecido. Mas, que seja: cuidai dele até que se recupere de vez".

A donzela assim fez; deu-lhe carne, bebida, fogo, moradia e remédio até que ele se curou. Em três meses recobrara a aparência anterior, tornando-se ainda mais atraente do que antes.

Owain salvou a condessa de seu pretendente indesejável. Cavalgando até ele, enfrentou-o e ao seu numeroso exército, feriu-o e arrancou-o da sela, fazendo-o prisioneiro. Voltando ao castelo, ofereceu-o à condessa como presente. "Recebei-o, em retribuição ao vosso abençoado bálsamo."

A dama exultou. O conde devolveu-lhe, em resgate por sua vida, os dois condados que lhe tomara, e deu-lhe, em troca da liberdade, metade dos próprios domínios, e todo seu ouro, prata e joias, além de reféns.

Owain preparou-se para partir. A condessa e todos os seus súditos lhe imploraram que ficasse, mas ele preferiu vaguear por terras e desertos longínquos. Tendo sido guardião da Fonte da Vida e consorte, por três anos, de sua feérica senhora, não sucumbiu à tentação de viver pura e simplesmente como opulento senhor campestre de uma magnífica propriedade feudal e com uma esposa encantadora. Num belo corcel negro que a condessa lhe presenteara, cavalgou para longe, como um errante sem lar, continuando sua busca, sem qualquer objetivo palpável, entre as duas esferas conhecidas porém inatingíveis. Esse é o caminho atemporal da reintegração do Self.

Um dia, enquanto vagava, escutou um uivo alto e terrível num bosque vizinho. Repetiu-se uma segunda e uma terceira vez. De imediato esporeou o cavalo e dirigiu-se para lá; no meio do bosque deparou com uma grande colina escarpada, em cuja encosta havia uma rocha. Nesta havia uma fenda, e na fenda uma serpente. Um leão negro, rondando, tentava aproximar-se; a cada tentativa a serpente atirava-se em sua direção, atacando-o.

Owain desembainhou a espada, acercou-se da rocha e, quando a serpente saltou, atingiu-a com a espada e partiu-a em dois, enxugando a lâmina e continuando seu caminho. Mas, eis que o leão o seguia, correndo-lhe ao redor, como um galgo de estimação.

À noite Owain desmontou do cavalo em um relvado plano e arborizado. Quando o fogo que acendeu se pôs a arder, o leão trouxe-lhe com que acendê-lo por mais três noites e desapareceu. Mais tarde, voltou, trazendo um belo e grande veado, que deixou cair diante do cavaleiro.

Foi assim que este ganhou um companheiro, um ajudante – um segundo eu, digamos. No futuro, o leão o salvaria, em inúmeros combates desiguais nos quais teria sido derrotado, se tivesse lutado sozinho. Os inimigos eram mais fortes que ele e desleais, e o herói empenhava-se sempre em enfrentá-los abertamente, homem a homem, de acordo com o código da cavalaria. Mas o leão, sem que Owain lhe pedisse e mesmo proibido por ele, sempre apareceria no campo de combate, no momento exato e oportuno, com sua assustadora presença. Foi necessário certo número desses salvamentos providenciais para que o cavaleiro se convencesse de que deveria atentar, em suas intrépidas decisões, para a intuição maior do régio animal que o acompanhava. Nos estágios finais da busca aceitou a silenciosa orientação de seu alter ego animal como uma espécie de conselho superior.

A morte da serpente corresponde, na linguagem dos símbolos, à morte do dragão por Siegfried, Tristão, Perseu, Indra e outros grandes matadores de dragões das lendas universais. Com essa façanha, Owain mostrou que escolhia o leão. A recompensa foi a amizade do animal – que é uma variante especial, uma manifestação da divina eclosão do poder sobre-humano a qual, sempre, em toda a parte, advém da façanha da morte do dragão. Inconscientemente, Owain escolheu o régio animal, entre todos os demais, como seu companheiro e complemento inseparável. Reconheceu por instinto seu parentesco biológico e espiritual com o nobre mamífero de sangue quente, ao preferir salvá-lo da ameaça do astuto e venenoso réptil de sangue frio. O ato investiu-o com o poder da fera em sua forma mais elevada – uma combinação de orgulho e força com generosidade e indulgência. Descobriu, por assim dizer, seu totem animal, integrando-lhe o poder do instinto em sua personalidade humana como uma função salutar e obediente. Acrescentou ao vigor de seu renascido cavalheirismo parte da força que o dominara com sua cegueira quando se transformara em um semelhante das bestas e vivera entre as criaturas do bosque. A força e a sabedoria do régio leão converteram-se em seu guia. Obedecendo, embora agisse por si próprio, como se guiado por uma espécie de intuição superior, essa exteriorização do aspecto físico do ser o reconduziria à dama que perdera ao deixar-se enredar e absorver pelas rotinas apenas mundanas da vida social, representadas pela convivência e pelas vãs formalidades da Távola Redonda.

A primeira aventura que se apresentou para sir Owain, após a descoberta e salvação do leão, foi de bom augúrio para seu futuro. O animal agradecido seguiu-o como um cão pelo resto do dia, trazendo-lhe à noite o veado para a ceia. Owain esfolou-o e colocou pedaços da carne em espetos à volta do fogo. O resto, deu ao leão para que o devorasse. Enquanto, sentado, observava a carne assar, escutou um profundo suspiro vindo de algum lugar não muito distante, depois um segundo e um terceiro. Chamou alto para descobrir se quem fazia o ruído era algum mortal, e recebeu resposta afirmativa.

"Quem sois?", perguntou ele.

"Sabei que sou Luned, a donzela da Condessa da Fonte", disse ela.

"E que fazeis aqui?", indagou Owain.

"Estou prisioneira", respondeu a moça, "por causa do cavaleiro que veio da corte do rei Artur e desposou a condessa. Pouco tempo permaneceu com ela, partindo depois para a corte de Artur e não mais voltando. Era o amigo que eu mais amava no mundo. Dois dos pajens dos aposentos da condessa caluniaram-no e chamaram-no de impostor. Eu lhes disse que os dois juntos não valiam o mesmo que ele só. Por isso prenderam-me na cripta de pedra e disseram-me que eu serei morta, a não ser que ele próprio viesse libertar-me até certo dia, que será o de depois de amanhã. Não tenho ninguém para mandar buscá-lo. Seu nome é Owain, filho de Urien".

"Estais segura de que se o cavaleiro soubesse de tudo isso viria salvar--vos?"

"Tenho absoluta certeza", afirmou ela.

Quando a carne assou, Owain dividiu-a em duas porções, para ele e para a donzela. Jamais outra sentinela guardou tão atentamente seu amo como o leão guardou Luned e Owain nessa noite.

Já na estrada, levando Luned consigo a cavalo e com o leão marchando a seu lado como um cachorro, Owain se deteve em um castelo muito parecido com o antigo Castelo da Abundância, com a diferença de que esta morada idílica estava coberta por um manto de pesar: dois filhos do senhor do castelo haviam sido capturados por um terrível gigante – muito semelhante ao negro gigante de um só olho, o Guardião do Bosque – ameaçando-os o perigo de serem devorados. O herói foi à procura do monstro, seguido pelo leão. Quando o vilão viu que Owain estava armado, lançou--se contra ele e atacou-o. O leão lutou com o malvado com mais ferocidade que o próprio amo.

"Por Deus", protestou o gigante, "eu não teria a menor dificuldade em lutar convosco, se não fosse por esse animal que vos acompanha".

Ouvindo-o, o cavaleiro levou o leão de volta ao castelo e fechou a porta atrás dele, retornando para continuar a luta. O leão rugia muito alto, percebendo que Owain estava em perigo. Escalando, chegou ao teto do salão do conde, alcançou o telhado do castelo, saltou paredes abaixo e juntou-se ao amo. Com a pata, desferiu um golpe no gigante, rasgando-o do ombro ao quadril e pondo-lhe o coração à mostra. O monstro caiu morto. Então Owain devolveu ao pai, salvos, os dois jovens.

Sendo um cavaleiro do solene círculo da Távola Redonda, Owain, como Gawain e Lancelote, é o homem perfeito, segundo a concepção cortesã da Idade Média; como personalidade social e fidalgo mundano, ele é a encarnação da cavalaria. Por outro lado, o leão inarticulado, força bruta vital em seu aspecto mais majestoso e de maior generosidade, representa, como o fantástico cavalo da história de Conn-eda, o princípio orientador intuitivo que conduz o herói à esfera do poder sobrenatural, localizada ao mesmo tempo abaixo e acima do plano social. A perfeita consciência humana do cavaleiro, unida ao instinto infra e supra-humano do rei dos animais, demonstra ser mais poderosa até mesmo que o titã do ermo, e prevalece onde o cavalheirismo humano careceria de sagacidade e força.

Quando o cavaleiro, ajudado pelo leão, venceu o gigante selvagem, rogaram-lhe que ficasse, mas ele recusou e, despedindo-se da família agradecida, seguiu viagem até a pradaria onde Luned o esperava. Ao chegar, viu um grande fogo aceso e que dois jovens de belos cabelos avermelhados levavam a donzela para atirá-la às chamas. Eram os brutais pajens do castelo da Condessa da Fonte, que um ano antes haviam arrastado Luned para o ermo e agora vinham cumprir sua ameaça. Owain desafiou-os;

os dois atacaram-no, o leão rugiu e a batalha foi renhida. O cavaleiro já estava exausto, depois da longa luta com o gigante. No entanto, com o leão a auxiliá-lo, Luned foi salva da fogueira e Owain retornou com ela aos domínios da Condessa da Fonte.

Os detalhes da reunião e da reconciliação do cavaleiro com sua dama sobrenatural não constam no texto gaélico que estamos seguindo – o *Livro Vermelho de Hergest* – mas figuram, como uma nova modalidade francesa de boas-maneiras, na versão do romance escrita por Chrétien de Troyes. De acordo com esse relato cortesão, a própria dama teria estado presente com seus dois pajens quando estes vieram para queimar Luned (cujo nome francês, hoje, é Lunete) e teria testemunhado a vitória do Cavaleiro do Leão. Não o reconheceu, pois além de ele usar uma armadura que lhe era estranha, também não lhe sabia o nome. Depois de serem derrotados, os dois pajens foram queimados na mesma pira acendida para a donzela, "pois é correto e justo que aquele que julgar mal receba a pena de morte à qual condenara outro". Lunete estava radiante por ter se reconciliado com sua senhora. Sem terem reconhecido o cavaleiro, todos os presentes lhe ofereceram seus serviços por toda a vida; até mesmo a dama que, sem saber, era dona de seu coração, suplicou-lhe que ele e o leão ficassem, até recobrarem as forças.

O cavaleiro replicou: "Senhora, não posso permanecer em parte alguma até que minha dama retire de sobre mim sua ira e seu desgosto. Só então terão chegado ao fim todos os meus trabalhos".

"É certo que isso me entristece", disse ela. "Creio não ser muito cortês essa dama que guarda rancor de vós. Ela não deveria cerrar a porta a tão valoroso cavaleiro, a não ser que tenhais cometido um erro muito grande."

"Senhora", retornou ele, "por maior que seja seu rigor, com sua vontade estou contente, qualquer que ela seja. Mas não me faleis mais disso, porque não direi nada sobre a causa da ofensa, exceto àqueles que a conhecem".

"Então, além de vós ambos, alguém mais o sabe?"

"Na verdade, sim, senhora."

"Bem, dizei-nos ao menos vosso nome, nobre senhor, e estareis livre para partir."

"Totalmente livre, senhora? Não, não estarei livre. Devo mais do que posso pagar. Ainda assim, não é certo ocultar-vos meu nome. Jamais ouvireis falar do 'Cavaleiro do Leão' sem estardes ouvindo falar de mim, pois é o nome pelo qual desejo ser conhecido."

"Por Deus, senhor, o que significa ele? Nunca vos vimos antes, nem ouvimos mencionar vosso nome."

"Minha senhora, disso podeis concluir que minha fama não é muito difundida."

Insistiu ela: "Uma vez mais, se isso não se opuser à vossa vontade, suplico-vos que fiqueis".

"Acreditai, senhora: não devo ousá-lo, até estar certo de ter recuperado o favor de minha dama."

"Ide, então, em nome de Deus, nobre senhor, e, se for de Sua vontade, possa Ele converter vossa aflição e pesar em alegria."

"Senhora, possa Deus ouvir-vos as preces." E acrescentou em voz baixa, para si mesmo: "Senhora, vós tendes a chave, e, embora não o saibais, é vosso o cofre onde está encerrada minha felicidade". Partiu amargurado, sem que ninguém o reconhecesse a não ser Lunete, que cavalgou a seu lado, apenas ela, acompanhando-o até certa distância.

Owain suplicou-lhe com insistência que nunca revelasse o nome de seu campeão. "Senhor", prometeu ela, "jamais o farei". Pediu também que não o esquecesse e que, sempre que houvesse oportunidade, guardasse um lugar para ele no coração de sua dama. Ela disse que se tranquilizasse, que nunca o esqueceria, nem lhe seria infiel ou negligente. Owain agradeceu-lhe mil vezes, e partiu. Estava pensativo e oprimido por causa do leão que, ferido, precisava ser carregado em seu escudo, incapaz que estava de segui-lo caminhando. Preparou-lhe um leito de musgo e folhagens, depondo-o nele tão suavemente quanto pôde, e levando-o sobre a sela, estendido em toda a extensão da cavidade do escudo.[27]

O romance de Chrétien de Troyes descreve diversas aventuras posteriores que ilustram a lealdade mútua entre o leão e seu amo, e por fim conduz o cavaleiro errante à sua tarefa final – a da difícil reunião com a Deusa da Vida. Ainda seguido de seu companheiro animal, ele chegou um dia à fonte milagrosa sob a maravilhosa árvore e, repetindo o misterioso e bem conhecido ritual, encheu a caneca de água e despejou-a sobre a laje. O trovão estremeceu a pradaria, derrubando muros dentro dos domínios do castelo. A grande árvore foi despida de folhas, e depois da tempestade apareceram inúmeros pássaros com seu belo canto. Owain sentou-se e esperou. Mas não havia um Cavaleiro Negro para defender a fonte. Os habitantes do castelo e de seu burgo ficaram tão abalados pelo terror que não sabiam o que fazer. "Amaldiçoado seja o homem que primeiro edificou uma casa nesta região", diziam eles, "e todos os que construíram esta cidade. Não poderiam ter achado em todo o mundo lugar mais detestável, onde um homem sozinho é capaz de invadir-nos, atormentar-nos e saquear-nos". A própria senhora estava cheia de temor.

A jovem Lunete, que por várias semanas vinha preparando sua ama para o retorno do cavaleiro, fez rápido e brilhante uso da oportunidade. "Por certo estareis em má situação, minha senhora", instou ela, "a não ser que tenhais algum plano".

A condessa replicou: "Vós, que sois tão sensata, dizei-me que plano idear, e seguirei vosso conselho".

"Na verdade, senhora", disse Lunete, "se tivesse alguma ideia, propô-la-ia alegremente, mas tendes grande necessidade de um conselheiro mais sábio. Decerto não ousarei interferir, e, com todos os outros, suportarei a chuva e o vento até que, a Deus aprouvendo, veja surgir em vossa corte um homem valoroso que assuma a responsabilidade e a carga da luta".

Mas como a condessa insistisse em alguma sugestão, Lunete afirmou que acreditava que o Cavaleiro do Leão poderia ser um defensor competente. A condessa concordou; até então, não tinha a menor suspeita de que ele fosse seu esposo. Lunete cavalgou até encontrá-lo, ainda esperando ao pé da fonte, e trouxe-o até o castelo. Apesar da indignação da condessa ao descobrir, quando ele ergueu a viseira do elmo, que o cavaleiro com quem se comprometera era o esposo rejeitado por seus erros, ela abandonou seu desdém orgulhoso e apaziguou-se quando ele se humilhou.[28] O casal se reconciliou e, após uma temporada de grande felicidade, Owain percebeu que a Dama da Fonte desejava retornar com ele ao galante mundo da Távola Redonda. Lemos que "quando se foi, levou consigo a condessa à corte do rei Artur".[29] Foi assim que alcançou seu objetivo e integrou as duas esferas opostas, o que fora, durante todo o tempo, o obscuro propósito de sua busca.

Porque as duas esferas são apenas uma, a despeito da aparente dualidade de suas manifestações fenomênicas. Owain já as havia reunido, em princípio, através de sua silenciosa e misteriosa convivência com o leão. Foi esse o segredo de sua capacidade para retornar. O novo nome que deu a si mesmo, "O Cavaleiro do Leão", foi a máscara, a nova personalidade através da qual apaziguou a condessa, e o símbolo de um renascimento espiritual. A deusa nunca teria aceitado o cavaleiro com seu caráter anterior, mas ele fora enriquecido por uma relação muda e profunda com o princípio instintivo inerente a si mesmo e ao reino da natureza. Transformara-se no irresistível Homem-Leão, amo e campeão consumado dos dois mundos.

A mitologia universal conhece vários exemplos de Homem-Leão, sem mencionar muitas outras figuras impressionantes que combinam traços animais e humanos. Na Índia, por exemplo, Vishnu assumiu a figura monstruosa conhecida como "Meio-Homem, Meio-Leão" (Narasimha, cujo corpo, humano, tinha cabeça e garras leoninas), a fim de destruir certo demônio descomunal, chamado "Roupagem de Ouro", que transtornara a ordem do Universo. Fala-se, nos mitos gregos, de outro grande Homem-Leão – mais próximo de nossa imaginação e por isso mais fácil de decifrar: Hércules. Por suas façanhas heroicas, tornou-se modelar para a antiguidade, tal como Owain para os povos basicamente celtas do mundo do Norte medieval. Porém, Hércules ligou-se ao princípio "leão" à maneira grega, que era oposta à céltica. O animal não o seguia como um cão fiel; o herói conquistou, matou e esfolou o monstruoso e invencível leão da Neméia, vestindo-lhe a pele, usada, daí por diante, como traje característico, tanto para jactar-se da vitória como para atemorizar amigos e inimigos. As terríveis garras atravessadas sobre o peito heroico, a boca feroz de mandíbulas abertas lhe encobrindo a cabeça, a cauda balançando-lhe às costas, ele percorreu com arrogância todo o país, como um superleão bípede e homem conquistador da leonidade, ou seja, como conquistador de todo o reino animal, por ter subjugado seu rei.

Hércules matou também a Hidra, a serpente titânica. Na linguagem pictórica das antigas mitologias, isso significa que o eleito entre os homens, em sua escalada para a perfeição, conquistou *ambas* as esferas antagônicas do reino animal. O herói ideal da civilização grega, preparando o caminho para o Cristianismo e a era do homem moderno, libertou a mente de sua reverência arcaica para com esses traços e formas animais, tão conspícuos nas mitologias e religiões ancestrais da Mesopotâmia e do Egito. Moisés e os Profetas, ao estabelecerem a fé judaica do Velho Testamento, efetuaram uma transformação semelhante quando batalharam resolutamente, muitas e muitas vezes, contra as reincidentes adorações populares das divindades taurinas mediterrâneas: o "bezerro de ouro" da Bíblia e os outros animais auríferos do mundo pagão circundante. Gregos e hebreus realizaram a humanização da esfera divina, o que representava a aurora de uma nova era que conduziria ao homem moderno. Era uma decisiva ruptura com a tradição que seria considerada, a partir de então, obsoleta, e que fora herdada, pelo mundo antigo, do homem primitivo que sentia e reverenciava em si mesmo um intrínseco parentesco com o reino animal.

O homem arcaico considerava-se como parte do mundo animal da natureza, identificando-se com os aspectos e poderes mais impressionantes dos seres irracionais que o rodeavam. A tradição céltica (a julgar-se pelas histórias de Conn-eda e de Owain) era, nesse sentido, arcaica. Durante toda a Idade Média essa tradição, depositária muito antiga de crenças e sentimentos, falando através de inumeráveis contos maravilhosos, de românticos *lais* e de poemas épicos cortesãos aventurescos, repetia sua velha lição ao homem do medievo, que atravessava um processo de humanização sob uma influência dual: da fé cristã e do ideal cavalheiresco, ambos apontando um caminho oposto, o "outro" caminho para a perfeição. O caminho, diga-se, não significaria matar a alma animal que trazemos em nós, afastando-nos dela, mas sim convertê-la à causa humana – transformando-a em aliada na grande e mui difícil tarefa de forjar a união entre os poderes humanos e extra-humanos que habitam não só o cosmos mas também a nós mesmos. O romance arturiano do Cavaleiro do Leão representa um acordo entre a humanidade cavalheiresca cristã, simbolizada pelo cavalheirismo da Távola Redonda, e os poderes primevos da vida, figurados pela fonte secreta e sagrada (da qual brotam perpetuamente os poderes vitais), pela Dama da Fonte e pelo guia, o régio leão que assistiu o herói para que alcançasse seu objetivo.

Se o animal interior é morto por uma moralidade por demais inflexível, ou mesmo se é apenas submetido à hibernação de uma rotina social perfeita, a personalidade consciente nunca será revitalizada pelas forças ocultas subjacentes, que obscuramente a sustentam. O animal interior pede para ser aceito, para viver conosco, como um companheiro estranho e às vezes desconcertante. Apesar de mudo e obstinado, sabe, ainda assim, mais do que nossas personalidades conscientes, e descobriríamos quanto sabe, se ao menos aprendêssemos a lhe escutar a voz quase imperceptível. É essa voz, exortação do instinto, a única que pode resgatar-nos dos impasses para os quais nossas personalidades conscientes nos conduzem de modo ininterrupto, enquanto permanecemos envoltos pelo orgulho de sermos humanos por completo, desdenhosos e destituídos de qualquer contato intuitivo com a oculta fonte vital do mundo.

Portanto, Owain é um Homem-Leão oposto, de modo radical, aos ideais gregos e à tradição moderna. Como símbolo da perfeição humana, foi modelado pela mente e pelo espírito célticos, em consonância com uma atitude alusiva ao demoníaco-supra-humano que se refere, com clareza, antes ao arcaico Oriente que ao Ocidente posterior. O motivo do leão negro, associado à gigantesca serpente, também sugere o Leste, especificamente a Síria e a Mesopotâmia. Quanto ao símbolo do poço, que oferece a preciosa água da vida, há muito era familiar aos países afligidos pelo sol do Oriente Próximo, sempre atormentados pelo medo das inundações e pelo perigo da morte pela sede; não é uma imagem inspirada, em primeira instância, pelo clima chuvoso das Ilhas Britânicas.

Muito antes da conquista romana, a velha mãe Ásia brindou com uma parte de sua generosa herança mitológica os remotos povos das ilhas ocidentais. Os fenícios, partindo das costas da Palestina, navegaram através das Colunas de Hércules e atingiram o porto da Cornualha para explorar-lhe as minas de estanho, tão valiosas para as grandes civilizações do bronze da época. Os símbolos e lendas das civilizações pré-clássicas egípcio-babilônicas foram, assim, levados diretamente às populações pré-célticas e célticas da Bretanha, Gales e Irlanda. Apesar de essas terras remotas terem sido depois subjugadas, primeiro pelas invasões cristãs, a seguir pelas anglo-germânicas e cavalheiresco-normandas, leva após leva, a sabedoria ancestral sobreviveu. Até hoje o gênio da raça céltica permanece inigualável, em sua capacidade de tecer as mágicas tapeçarias do eterno romance mítico do coração humano. A Europa continental esteve sob seu encantamento por séculos, até o alvorecer da Renascença. Hoje em dia ele nos toca de maneira renovada, embelezando a alma do homem moderno (alma muito antiga, a propósito), através da poesia de William Butler Yeats, Fiona Macleod (William Sharp), John Synge e outros poetas do renascimento céltico, bem como através dos arturianos Parsifal e Tristão, de Richard Wagner.

É difícil calcular o grau de compreensão com o qual as redações medievais dos arcaicos contos simbólicos foram compostas e recebidas; mas há em todos eles uma força persuasiva que sugere a persistência de uma efetiva tradição consciente. Não quer dizer, de maneira alguma, que todos os poetas soubessem o que estavam fazendo; mas alguns, com certeza, sabiam. Os romances definidamente cortesãos mostram vários sinais de derivar, de maneira não tão remota, de um passado pré-cristão, ou, poderíamos dizer, pré-europeu.

O cavaleiro sir Owain, no curso de sua aventura, ultrapassa, como a meras preliminares, as duas provações que constituem a totalidade das aventuras de sir Gawain. No Castelo da Abundância sobrevive às tentações da autoindulgência sensual, que é o significado do episódio ocorrido atrás das cortinas do leito; e diante do negro Guardião do Bosque de um só olho, supera o terror da morte, que Gawain conheceu ao oferecer o pescoço à acha. Depois disso, longas aventuras de Owain remetem a um significado mais profundo e elevado. Por um processo de laboriosa reintegração, de modo gradual ele conquista o que possuía originalmente quando, movendo-se como num sonho, chegou pela primeira vez à Fonte da Vida. Consegue a fusão harmoniosa das personalidades consciente e inconsciente, a primeira das quais percebe os problemas e controles do mundo visível fenomênico, enquanto a segunda intui as vertentes mais profundas do ser das quais nascem sem interrupção tanto o mundo fenomênico como suas testemunhas conscientes. Tal estilo de vida integrado com tanta harmonia é a dádiva que a natureza concede a cada recém-nascido, de modo preliminar e inconclusivo, e que a criança perde, ao crescer, com o desenvolvimento de sua individualidade autoconsciente. O romance de Owain ensina, através de suas imagens, como reconquistar, no nível da maturidade, a bem-aventurança do reino do céu: uma inocência renascida e a força restaurada de acordo com o modelo desse iluminado estado infantil primitivo, apontado por Cristo como modelo de perfeição.

III – LANCELOTE

1

Ao comprar-se um baralho francês comum, em Paris ou em qualquer outro lugar da França, descobre-se, talvez com certa surpresa, que as figuras humanas estampadas nas cartas têm nomes. Os dos reis relembram quatro célebres monarcas do passado: Davi, Alexandre, César e Carlos Magno. As rainhas são Raquel e Judite, do Velho Testamento (heroínas da maternidade e da feminilidade, respectivamente), e duas deusas gregas. Os cavaleiros, ou valetes, são encabeçados por Lancelote, o valete de paus, que é seguido por um dos paladinos de Carlos Magno, Roger, o dinamarquês – o pajem ou valete de espadas –, por Heitor de Troia – o valete de ouros[30] – e La Hire – o valete ou cavaleiro de copas.[31] Em vários jogos, do século XVI ao XVIII (o besigue, por exemplo), esses quatro garbosos cavaleiros celibatários atrapalham a harmonia matrimonial de reis e rainhas. Essa é a razão por que sir Lancelote mantém até hoje seu célebre papel ilícito na imaginação popular francesa.

Lancelote do Lago é, sem dúvida, o mais atraente e esplêndido dos cavaleiros da Távola Redonda do rei Artur, apesar de haver traído a fidelidade devida a seu soberano, de ter desonrado o ideal imaculado da cavalaria e de, por sua vida marcada pelo pecado do adultério, ter-se tornado indigno de participar da busca, apoteótica para o Cristianismo e para a cavalaria, do Santo Graal.

Uma misteriosa voz advertiu-o, quando ele tentou aproximar-se do santuário: "Sir Lancelote, sois mais duro que a pedra, mais áspero que a madeira, mais descoberto e nu do que a folha da figueira; ide-vos daqui, retirai-vos deste local sagrado!". Ao ouvir isso, sem saber o que fazer, ele partiu soluçando e amaldiçoou o momento em que nasceu: "Meu pecado e minha iniquidade me desonraram; ao buscar aventuras mundanas, movido por desejos mundanos, sempre as encontrei e fui em toda a parte o vencedor, nunca sendo derrotado em disputa alguma, justa ou injusta. Agora, ao partir em busca de coisas sagradas, vejo e compreendo que meu antigo pecado me impede e envergonha".³² Lancelote modificou temporariamente sua conduta, sob a inspiração da busca, conseguindo transformar-se, tanto quanto é possível a um pecador; mas depois que seu filho bastardo, sir Galahad, conquistou o Santo Graal, Lancelote retornou à corte do rei Artur e recaiu, sem conseguir evitá-lo, em seu antigo amor, o que logo atraiu o desastre aos companheiros da Távola Redonda. A rainha caiu em desgraça, muitos cavaleiros foram mortos, sir Gawain foi assassinado por sir Lancelote, e este foi banido. A sucessão catastrófica resultou, por fim, na morte do rei e na extinção do ciclo.

A lenda desse brilhante guerreiro e amante, enfeitiçado durante toda a vida pela secreta mas tão conhecida paixão pela rainha Guinevère, manteve para as gerações posteriores maior interesse que os feitos e sofrimentos dos outros cavaleiros do séquito do rei Artur. Impregnava esse personagem tão popular e esplendoroso, uma magia especial. Ele representava algo muito diferente dos heroicos ideais medievais de seus companheiros, algo muito mais atemporal, mais profundamente humano e duradouro.³³ Sir Lancelote é a encarnação do ideal varonil existente não no mundo da ação social masculina, mas nas esperanças e fantasias da imaginação feminina. Ele é um exemplo, por assim dizer, do que um psicólogo analista dos nossos dias denominaria "arquétipo do animus", a imagem idealizada da masculinidade que habita a psique da mulher. Por outro lado, Gawain e Owain, assim como a maioria dos outros cavaleiros da Távola Redonda, representam a psique masculina medieval em si mesma, enfrentando aventuras e decisões tipicamente masculinas.³⁴

O nome "Lancelote" tornou-se proverbial para designar o amante galante e insaciável, equiparando-se nesse aspecto a Tristão, amante da rainha Isolda, a princesa irlandesa. Ambos foram heróis da mesma têmpera, amaldiçoados e abençoados pelo destino de uma idêntica paixão proibida e ambos, também, enfeitiçados pela esposa de seu soberano. Encontraram-se uma vez em um grande torneio, em campos opostos, e apesar de Tristão ter sido momentaneamente desmontado por Lancelote, retomou a luta com tamanho vigor e tenacidade que, ao final, entregando as espadas um ao outro, ambos se abraçaram.³⁵ Travaram uma amizade eterna, atraindo-os a identidade de suas naturezas e dominando-os o mesmo feitiço demoníaco. Dante louva-os no quinto Canto do "Inferno", no segundo círculo (o dos pecadores carnais), onde Tristão, ao lado de Páris de Troia, aparece por um momento em meio à fumaça, arrastado pelo ardente turbilhão do desejo insaciável. Alguns versos depois, Francesca da Rimini, atada ao irmão do esposo sob a condenação de um abraço sôfrego, confessa doridamente como fora levada ao pecado e ao desastre ao ler, com seu amado, o primeiro beijo de Guinevère e Lancelote: "Estávamos sós, e sem maldade. Muitas vezes a leitura fez com que nossos olhos se encontrassem e mudou-nos a cor das faces, mas apenas uma coisa nos venceu. Quando lemos que o sorriso desejado foi beijado por tal amante, ele, este que nunca poderá separar-se de mim, beijou-me a boca, todo trêmulo. E nesse dia não lemos nada mais daquele livro".³⁶

A iniciação espiritual de sir Lancelote não segue o caminho da elevada busca da santidade. Rodeia-a o halo da culpa inextinguível, signo da errática e ambígua iniciação das forças obstinadas da paixão insaciável. Há algo de inumano e demoníaco, próprio de um elfo, nesse apego cego ao alimento proibido de sua alma, em sua insolência e na maravilhosa habilidade com que se furta à opinião pública e à desonra. Esse é o real motivo de sua fama, o verdadeiro segredo da atração que exerce sobre nós. Ele não é apenas um mero e galante ser humano: é também sobrenatural, uma espécie de desafiante que conseguiu a adesão das potências secretas do reino encantado, sendo abençoado pelos poderes proibidos da alma.

Sir Lancelote era de linhagem humana, filho do rei Ban de Benwick; seu nome de batismo não era Lancelote, mas Galahad, nome que passou, finalmente, a seu filho. Mas Lancelote, o primeiro Galahad, foi raptado ainda pequeno e criado pela Dama do Lago – a mesma que ofertou ao rei Artur a espada mágica Excalibur. Foi criado sob as ondas, em uma terra milagrosa e inumana, reino mitológico da força vital pura e elementar; criaram-no fadas e duendes, não seres humanos, e ele permaneceu lá até os dezoito anos. A Dama do Lago, sua protetora, deu-lhe um anel mágico que tinha o poder de desfazer feitiços e o fazia capaz de enfrentar dragões e todos os outros seres sobrenaturais. Foi ela quem o chamou de Lancelot du Lac, Lancelote do Lago. O nome indica seu segundo caráter, uma humanidade intensificada pelos poderes elementares que lhe saturaram a personalidade durante a infância passada no País Sob as Ondas.

2

A lenda da espada de sir Lancelote é outro indício de seu duplo caráter. Segundo as convenções da linguagem pictórica-universal dos mitos e das lendas, a arma com a qual o herói desempenha suas proezas é uma réplica complementar dele próprio, simbólica de sua força. A espada de sir Lancelote – arma invencível com a qual desferiu o golpe mortal em seu ex-companheiro de armas, sir Gawain – veio, como era de se esperar, do misterioso reino das fadas. Seu primeiro possuidor humano foi o trágico, fatal e estranho herói da Nortúmbria, sir Balin, nobre em propósitos, mas que, sempre incorrendo em erro, não apenas desferiu o terrível Golpe Doloroso, "ao qual se seguirá uma grande vingança", mas também lutou com seu amado irmão, sir Balan, matando-o "na mais fantástica batalha de que jamais se ouviu falar, tendo sido ambos sepultados na mesma tumba". Sir Balin era chamado "O Cavaleiro das Duas Espadas", título que sugere sua personalidade dividida; o irmão com quem lutou, de nome quase igual ao seu próprio, "o melhor amigo", "o homem que mais amava no mundo", era praticamente ele mesmo sob outra forma. Ambos ansiavam por ver-se e estar juntos todo o tempo; mas, por um artifício mágico inerente ao caráter e ao destino fatal da espada – a qual passaria mais tarde às mãos de Lancelote, trazendo seu poder perverso e perigoso – encontraram-se, não no amor, mas em batalha, descobrindo seu equívoco tarde demais.

A história de sir Balin merece ser detalhadamente revista, não apenas por sua beleza impregnada de infortúnio, mas também por desvendar algo da fatalidade peculiar a todo o ciclo. Malory coloca-a próxima ao início de sua grande compilação, na qual pressagia a catástrofe melancólica que o pecado do herdeiro da espada de Balin desencadeará. Digno de nota é também o papel desempenhado por Merlin nesse contexto maravilhoso. Principiamos a conhecer e a sentir a força de sua presença permanente e fortalecedora. As aparições ocasionais e oportunas de Merlin são como que a condensação de uma atmosfera envolvente numa figura humana; ele é encantamento, é a Providência, que vive, move-se, prevê e determina; é o Destino de todas essas iniciações, provas, catástrofes e ilusões de alegria.

Chegou um dia à corte do rei Artur uma donzela cingida com essa mesma espada, da qual então o mundo soube, pela primeira vez. A moça fora "enviada com uma mensagem da grande dama Lile de Avelion". O rei encantou-se e disse: "Donzela, por que cingis essa espada? Ela não vos fica bem". "Eu vos direi", respondeu a donzela. "Esta espada que cinjo causa-me grande pesar e transtorno; ninguém, exceto certo cavaleiro, poderá libertar-me dela. Terá que ser um homem excepcionalmente bom, em mãos e feitos, e deverá estar isento de vileza, perfídia ou traição. Se eu puder encontrar tal cavaleiro, possuidor de todas essas virtudes, ele poderá desembainhar esta espada."

"Seria na verdade maravilhoso", disse Artur, "se isso acontecesse. Tentarei eu mesmo sacar a espada, não com a pretensão de ser o melhor cavaleiro, mas para que, dando início às tentativas, dê exemplo aos barões, para que todos façam o mesmo, um após outro, depois de eu haver tentado".

Tomando a espada pela bainha e pelo cinturão Artur puxou-a com força, mas ela não saiu.

"Senhor", disse a donzela, "não é necessário que puxeis com tanta força; aquele que a arrancar haverá de fazê-lo com pouco esforço".

"Dizeis bem", disse Artur. "Agora tentai vós todos, meus barões. Mas cuidado: que nem vergonha, nem traição, nem culpa, tenhais como mácula."

A maior parte dos barões da Távola Redonda ali presente fez a tentativa, sem sucesso.

"Que lástima!", disse a donzela. "Eu esperava que esta corte tivesse os melhores cavaleiros, limpos de perfídia ou traição."

"Por minha fé", exclamou Artur, "a meu juízo, aqui estão bons cavaleiros, dos melhores que pode haver no mundo, mas não lhes coube a graça de ajudar-vos; e isso me desgosta".

Aconteceu estar nessa ocasião com o rei Artur um pobre cavaleiro, prisioneiro do soberano há mais de um ano e meio, porque matara outro cavaleiro, primo do rei. O nome do prisioneiro era Balin e, pela intervenção dos barões, fora libertado da prisão; indo secretamente à corte, presenciou esta aventura. Quando a donzela se despedia de Artur e de todos os barões antes de partir, esse cavaleiro Balin chamou-a, dizendo: "Donzela, peço-vos a cortesia de consentir que eu também tente, como esses senhores".

A donzela olhou para o pobre cavaleiro e viu que ele era um homem decente; mas, por seus pobres trajes, pensou que não estivesse limpo de vilania ou traição e lhe disse: "Senhor, é desnecessário dar-me a mais pena e trabalho, pois não me parece que tereis êxito onde outros falharam".

"Ah! bela donzela", disse Balin, "a riqueza, os requintes e os bons feitos não estão apenas nas roupagens: a virilidade e a dignidade se escondem no interior de um homem; muitos cavaleiros dignos não são conhecidos por todos – portanto, a dignidade e a firmeza não estão nos trajes".

"Por Deus, senhor", exclamou a jovem, "tendes razão. Tentai, se quiserdes".

Balin tomou a espada pelo cinto e pela bainha, retirando-a facilmente, e agradando-se muito dela, ao olhá-la. O rei e todos os barões ficaram maravilhados.

"Certamente", disse a donzela, "este é um cavaleiro que supera os demais; é o melhor que já encontrei, de grande dignidade, limpo de traição, perfídia ou vilania, e fará muitas maravilhas. Agora, gentil e cortês cavaleiro, devolvei-me a espada".

"Não", disse Balin, "vou guardá-la; de mim, só a tomarão pela força".

"Bem", respondeu a jovem, "ao tomá-la, não estais sendo sábio. Com ela havereis de matar vosso melhor amigo, o homem que mais amais no mundo; essa espada há de ser vossa destruição".

"Aceitarei a aventura que Deus me destinar", disse Balin.

A donzela partiu, muito penalizada; Balin mandou buscar cavalo e armadura, preparando-se para deixar a corte do rei Artur. Nesse ínterim chegou à corte uma dama de mui alta estirpe, a Dama do Lago; montava um cavalo ricamente encilhado e saudou o rei Artur. Pediu-lhe um presente que, afirmou, ele lhe prometera quando ela lhe dera a espada Excalibur.

"É verdade", disse Artur, "prometi-vos um presente. Pedi o que quiserdes e o tereis, se estiver em meu poder concedê-lo".

"Bem", disse a dama, "peço a cabeça do cavaleiro que conquistou a espada, ou da donzela que a trouxe, pois ele matou meu irmão, e essa moça de nobre linhagem foi a causadora da morte de meu pai".

"Senhora", disse o rei Artur, "em verdade não poderei conceder-vos nenhuma dessas cabeças sem ferir minha dignidade. Portanto, pedi qualquer outra coisa que quiserdes e satisfarei vosso desejo".

"Não vos pedirei outra coisa", disse a dama.

Quando Balin estava pronto para partir, avistou a Dama do Lago. Com suas artes, ela matara a mãe de Balin e este a procurara por três anos. Quando lhe contaram que a dama pedira sua cabeça ao rei Artur, dirigiu-se diretamente a ela e disse: "O mal está convosco. Queríeis minha cabeça, portanto, perdereis a vossa". Com sua espada, sem esforço, decapitou-a diante do rei Artur.

"Vergonha!" exclamou Artur. "Por que o fizestes? Vós me desonrastes, e a toda a minha corte, pois eu era devedor de gratidão a essa dama, que veio para cá com meu salvo-conduto. Jamais hei de perdoar-vos por essa ofensa."

"Senhor", disse Balin, "sinto por vosso descontentamento, mas essa era a mais desleal de quantas damas existem; com encantamento e bruxaria, causou a destruição de muitos bons cavaleiros e por sua causa, por sua falsidade e perfídia, minha mãe foi queimada".

"Quaisquer que fossem vossos motivos", disse Artur, "deveríeis conter-vos em minha presença. Por isso – e não acrediteis no contrário – havereis de vos arrepender, pois nunca houve em minha corte tal ultraje. Retirai-vos da corte a toda pressa".

O cavaleiro apanhou então a cabeça da dama e cavalgou para fora da cidade.

Foi assim que sir Balin, banido ignominiosamente, mas de posse da espada encantada, partiu para a aventura. Em qualquer inimigo que encontrasse desferia um golpe mortal, mas, ao mesmo tempo, sem se aperceber, provocava com o mesmo golpe algum desastre. Abateu o filho do rei da Irlanda, que o enfrentara para vingar o assassinato da Dama do Lago, e a donzela que amava esse príncipe matou-se com a espada do amado ao vê-lo morto. Merlin apareceu, então, profetizando que no local onde os dois jovens amantes haviam sido sepultados, Tristão e Lancelote do Lago enfrentar-se-iam na "maior batalha já havida ou por haver entre dois cavaleiros". Merlin voltou-se para Balin: "Causastes a vós mesmo um grande mal", disse ele. "Por causa da morte dessa dama desferireis o golpe mais doloroso que homem algum já deu, exceto o golpe que recebeu Nosso Senhor; ferireis o mais legítimo cavaleiro, o homem de maior dignidade de quantos hoje vivem; por esse golpe, três reinos cairão em grande pobreza, miséria e aflição, durante doze anos, e por muitos anos o cavaleiro não há de curar-se dessa ferida."

Balin respondeu: "Se eu soubesse que é verdade o que afirmais, que serei o autor de tão perigoso feito, matar-me-ia, fazendo de vós mentiroso". Então, subitamente, Merlin desvaneceu-se.

O terrível Golpe Doloroso previsto pelo Sábio Ancião foi o resultado de uma aventura singular. Certo dia, Balin escoltava um jovem amante, quando este, que cavalgava a seu lado, foi atingido pelo golpe da lança de um cavaleiro invisível. "Ah!" disse o jovem, "mataram-me, sob vossa guarda; quem o fez foi um cavaleiro chamado Garlon. Tomai meu cavalo, que é melhor que o vosso, ide até a donzela, que vos conduzirá: por onde ela quiser levar-vos, continuai minha gesta e, quando puderdes, vingai minha morte".

"Assim farei", disse Balin. "Empenho nisso minha palavra de cavaleiro." Disse, e deixou o jovem cavaleiro, com grande pesar.

Balin encontrou a donzela e cavalgou em sua companhia para a floresta. Encontraram ali um cavaleiro que estivera caçando; este juntou-se a eles e, ao se acercarem de uma ermida situada ao lado do cemitério de uma igreja, passaram novamente por Garlon que, ainda invisível, feriu o segundo cavaleiro, Perin de Mountbeliard, atravessando-lhe o corpo com uma lança.

"Oh, não!", exclamou Balin. "Essa não é a primeira afronta que ele me faz!"

Balin, ajudado pelo ermitão, sepultou o cavaleiro e continuou cavalgando com a donzela. Depois de vários dias chegaram ao castelo do rei Pellam, "o mais digno homem vivo", que oferecia uma festa. Entre vários cavaleiros renomados ali estava Garlon, irmão do bom rei Pellam; seu rosto era negro. Apontaram-no a Balin, e, quando Garlon percebeu que aquele o observava, aproximou-se, esbofeteando-lhe o rosto com as costas da mão e dizendo: "Cavaleiro, por que me observais assim? Isso é vergonhoso para vós. Comei vossa refeição e fazei aquilo por que viestes".

"Dizeis a verdade", disse Balin. "Esta não é a primeira afronta que me fazeis; portanto, farei aquilo por que vim." Levantou-se impetuosamente e partiu-lhe a cabeça até os ombros.

Todos os cavaleiros ergueram-se da mesa, investindo contra Balin; o próprio rei Pellam levantou-se em fúria e disse: "Cavaleiro, matastes meu irmão? Tereis de partir ou morrer".

"Bem", disse Balin, "encarregai-vos disso vós mesmo".

"Sim", disse o rei Pellam, "nenhum outro homem além de mim litigará convosco por amor de meu irmão".

Então o rei Pellam tomou nas mãos uma arma apavorante e brandiu-a com ferocidade sobre Balin, que interpôs sua espada entre a cabeça e o golpe. A espada partiu-se em duas. Mãos nuas, Balin correu à procura de outra arma, indo de aposento em aposento sem conseguir encontrar nenhuma, tendo o rei Pellam sempre a persegui-lo.

Finalmente entrou em um quarto maravilhoso, ricamente decorado, onde se via uma cama coberta com o mais belo brocado de ouro que se possa imaginar. Alguém repousava nela e ao lado, numa mesa de ouro puro, sustentada por quatro pilares de prata, pousava uma fantástica lança, estranhamente forjada. Vendo-a, Balin tomou-a nas mãos e, voltando-se para o rei Pellam, feriu-o gravemente com ela. O rei caiu inconsciente, enquanto o teto e as paredes do castelo ruíram soterrando Balin, impossibilitando-o de mover mãos e pés. A maior parte do castelo, desabado devido àquele Golpe Doloroso, permaneceu sobre Pellam e Balin durante três dias.

Ao fim desse tempo chegou Merlin, tirando Balin de sob as ruínas; deu-lhe um bom cavalo, pois estava morto o do cavaleiro, e ordenou-lhe que fosse para longe daquelas terras.

"Gostaria de levar minha donzela", disse Balin.

"Ah!" disse Merlin, "ela jaz morta nesta terra".

Também jazia, porém ferido, o rei Pellam; ferido esteve por muitos anos; talvez nunca se tivesse curado completamente se Galahad, o príncipe altivo, não o tivesse tratado quando buscava o Santo Graal.

Balin despediu-se de Merlin e disse: "Não nos encontraremos mais neste mundo". Cavalgando através de belos países e cidades encontrou mortos por toda a parte, enquanto os vivos gritavam: "Ó Balin, causastes enormes danos a estas terras;

com o Golpe Doloroso que desferistes no rei Pellam, três países foram destruídos. Não duvideis: a vingança, finalmente, cairá sobre vós.

Que aventura impressionante! É o negro prelúdio da lenda da busca do Santo Graal. Sir Galahad, filho de sir Lancelote, repararia os danos infligidos ao rei Pellam, ao castelo e ao reino, pelo primeiro possuidor do poder mágico de sir Lancelote, contido e simbolizado na espada mágica. Esses mágicos poderes, somados aos poderes humanos, manifestam-se de maneira dúbia. Revelarão com Galahad seu poder redentor e curarão o rei Pellam, mas com Balin serão destrutivos. Sir Balin está para sir Galahad como a morte para o renascimento, o crepúsculo para a aurora, novembro para maio; entre as duas aventuras se estende a longa noite, o sono hibernal da alma, que é a nossa vida no pecado. Esse ínterim é o período de sir Lancelote, quando ocorre a missão da confraria da Távola Redonda para a salvação do mundo.

Graças ao poder demoníaco que adquiriu com a espada, Balin teve êxito onde outros fracassariam: libertou o mundo do maligno cavaleiro invisível, Garlon. Com essa conquista, porém, provocou destruição, pois o poder sobre-humano de que se apropriara só para si, ao negar-se a devolver a espada, estava além de seu controle pessoal. Elevou-o acima do nível do heroísmo humano normal, porém espalhou o desastre no percurso de suas façanhas, continuando a fazê-lo enquanto ele prosseguisse seu caminho, que se tornara terrível. A lacônica despedida do Sábio Ancião Merlin, o mago-profeta que o advertira, equivaleu à ruptura final da submissão ao aviso do inconsciente. Reiterava-se a mesma obstinação que o separara da donzela encantada, aparecida na corte com aquela espada que se revelara diabólica. Tal pretensa confiança em si mesmo era muito diferente da cortês aquiescência de sir Gawain às exigências das presenças misteriosas do reino transcendental; era algo que jamais poderia conduzir à bem-aventurança e à glória do herói eleito, mas apenas à destruição do mundo, à sua própria e à do homem mais amado do mundo.

Sir Balin afastou-se dos três países que destruíra e, deixando-os para trás, cavalgou por mais oito dias antes de defrontar-se com a aventura. Deparou então com um belo cavaleiro que, sentado no solo, lamentava-se profundamente, queixando-se de que sua dama faltara ao prometido encontro marcado naquele lugar. Estava a ponto de matar-se com a espada que ela lhe dera, mas Balin deteve-lhe a mão, prometendo ajudá-lo a procurá-la. Cavalgando, chegaram diante do castelo da dama. "Vou entrar", disse Balin, "para ver se está aí dentro". Foi o que fez, procurando-a de aposento em aposento. Chegando a um belo e pequeno jardim, encontrou-a recostada sob um loureiro, tendo entre os braços o mais feio cavaleiro que já vira. Ambos dormiam profundamente.

Balin voltou para junto do amante traído, contando-lhe que a descobrira e levando-o até o jardim. Quando o cavaleiro os viu, a boca e o nariz começaram a sangrar-lhe de tanto pesar e, com a espada, decepou-lhes a cabeça, para imediatamente desesperar-se. "Oh! Balin", exclamou ele, "que enorme infortúnio me causaste! Se não tivesses me mostrado essa cena, meu sofrimento passaria". Disse, e enterrou em si mesmo a espada até o punho.

Assim, mais uma vez, inocentemente, Balin causara um desastre. Onde quer que apareça, intervindo com boas intenções, onde quer que trave uma amizade ou preste ajuda em assuntos humanos, traz, não intencionalmente, o desastre ao mundo. Despedaçada a nova amizade, afasta-se mais uma vez da humanidade, em sua solidão de cavaleiro errante. Assim, aonde quer que vá, é conhecido agora como Balin, o Selvagem, pois a dádiva recebida do reino das fadas o segregara. É um possuído. Há tempo, separara-se de seu irmão Balan, seu reverso, que só usava uma espada; nunca mais pousara os olhos sobre ele. Agora é tão impossível para Balin livrar-se de sua arma fatal, como Abu Kasem de suas babuchas enfeitiçadas e enfeitiçantes.

Quando sir Balin viu mortos a dama e os dois cavaleiros, apressou-se a fugir dali, não fosse dizer-se que ele os matara. Continuou cavalgando; em três dias chegou a uma cruz, sobre a qual se lia, em letras de ouro: "Que nenhum cavaleiro solitário cavalgue até o castelo". Essa era precisamente a maldição de Balin: ser um cavaleiro solitário; por isso, foi um momento de terrível pressentimento aquele em que permaneceu diante da cruz demarcatória. Avistou então, dirigindo-se para ele, um velho de cabelos brancos – um duplo, ou um reverso, por assim dizer, do mago Merlin. "Balin, o Selvagem", alertou o personagem, "ultrapassastes vossos limites para chegar aqui. Fazei meia volta, que vos será proveitoso". E desvaneceu-se. Em seguida Balin escutou o som de uma trompa de caça, como que anunciando a morte de algum animal. "Esse toque é por mim", disse Balin, "pois sou eu a presa; no entanto, ainda não estou morto".

Ele era muito corajoso. O mesmo valor que o fizera desembainhar a espada de poder sobre-humano iria mantê-lo agora na senda da autodestruição, que sabia estender-se à sua frente. Não havia retorno para ele. Portanto, ultrapassou a cruz proibida, logo chegando a uma ilha, na qual se via um belo castelo guardado por um cavaleiro. Suas torres estavam repletas de damas – como o *Château Merveil* de sir Gawain. Chegara ao reino das Mães, o País sem Retorno.

"Sir", disse-lhe um cavaleiro que estava diante da balsa, "creio que vosso escudo não é bom; emprestar-vos-ei um maior".

Na Idade Média, o escudo e as armas identificavam o cavaleiro, que cavalgava e lutava mantendo a viseira abaixada. Os emblemas eram sinais e símbolos de sua personalidade, decorrentes de alguma grande e célebre façanha, ou alardeavam-lhe a linhagem, anunciando, portanto, os ideais pelos quais lutava. Representavam o racional de sua ação consciente. Diziam como era seu ego consciente, o aspecto tangível e visível de seu ser, com que se defrontariam amigos e inimigos. Balin, entregando seu escudo, transformar-se-ia num ser anônimo, no mesmo momento em que transpunha a esfera dos poderes mágicos. Abandonaria ali seu caráter pessoal e seu ser consciente.

Eis que Balin tomou o escudo desconhecido e deixou o seu próprio; a cavalo, entrou em um grande bote e rumou para a ilha.

Chegando ao outro lado, encontrou uma donzela que lhe disse: "Cavaleiro Balin, por que abandonastes vosso escudo? Por Deus, pusestes-vos em grande perigo, pois pelo escudo seríeis reconhecido".

"Arrependo-me de ter vindo a este país", disse Balin, "mas, porque seria vergonhoso, não voltarei atrás; qualquer aventura que venha, seja de vida ou de morte, eu a enfrentarei". Observou sua armadura, viu que estava bem equipado, fez o sinal da cruz e montou em seu cavalo.

Viu então aproximar-se, vindo do castelo, um cavaleiro cuja montaria era toda ajaezada em vermelho. Da mesma cor era seu traje. Era Balan, o irmão de Balin, mas este não reconheceu "o homem que mais amava no mundo", cuja destruição lhe fora profetizada pela donzela feérica ao recusar-se ele a devolver-lhe a espada. Como Owain no castelo da Dama da Fonte, aqui Balan servia, cumprindo o papel sacerdotal de senhor e prisioneiro do Santuário da Vida. E, a exemplo da negra armadura do Cavaleiro Negro, o vermelho era a cor da vestimenta de seu ofício. Balan, sacerdote e guardião da Ilha das Mulheres, não reconheceu o irmão, apesar de Balin portar suas duas espadas, "porque não viu seu escudo". "Assim, lanças em riste, atacaram um ao outro com maravilhosa força, mutuamente golpeando escudos..." Na força os dois eram exatamente iguais, dois aspectos de um só e do mesmo ser: Balan era o eu que Balin havia sido, antes de tomar e reter a espada prodigiosa. Ambos lutaram até faltar-lhes o alento. Todo o lugar da luta tingiu-se do vermelho do sangue.

Balan, o mais jovem, afastou-se ligeiramente e derrubou o irmão. Então disse Balin, o Selvagem: "Que espécie de cavaleiro sois vós? Nem antes nem até agora jamais encontrei algum que me igualasse".

"Meu nome é Balan, irmão do bom cavaleiro Balin", disse ele.

"Ai! Por que teria eu que viver para ver este dia?" – lamentou-se Balin, tombando inconsciente.

Balan, arrastando-se até ele sobre mãos e joelhos, arrancou-lhe o elmo, sem reconhecê-lo, tão deformado e coberto de sangue estava seu rosto. Quando Balin recobrou a consciência, disse: "Oh, Balan, meu irmão, tu me mataste e eu a ti".

"Ai!" gemeu Balan, "por que vivi para ver este dia?".

"Saímos ambos de uma mesma tumba, o ventre de nossa mãe; juntos estaremos na mesma sepultura."

A dama da torre sepultou a ambos no mesmo local onde a batalha se travara. Todas as damas e cavaleiros choraram de piedade. A dama fez uma menção a Balan, de como morrera as mãos do irmão; porém desconhecia o nome de Balin.

Os dois lados da personalidade cindida, o demoníaco e o inocentemente humano, tendo caminhado vida afora em rotas separadas, mesmo que ansiassem um pelo outro, eram, ainda assim, mutuamente irreconhecíveis e só se abraçaram ao cessarem de existir, reconciliando-se através da mútua destruição, unidos numa sepultura comum.

Balin, devido à sua intrepidez infantil e ao seu valor sem mácula, fora dotado de poderes sobre-humanos e tivera como privilégio sacar a espada encantada. Era a representação do homem perfeito. Mas, após sua obstinada recusa ao pedido da mensageira feérica, foi aprisionado e dominado pelas forças que poderiam tê-lo servido. O elemento extrapessoal e infra-humano que cada homem carrega dentro de si insurgiu-se e subjugou-lhe a personalidade humana consciente, levando-o, como uma onda, à destruição. Quando despojado do escudo de sua personalidade cavalheiresca, perdeu seu rosto humano e, arrastado anonimamente pela vaga dos poderes, chocou-se contra a presença também anônima de seu irmão, completamente encantado; no ato de matarem um ao outro, cada um matou a si próprio: Balin-Balan, dois aspectos de um ser, o demoníaco e o humano, anularam-se reciprocamente e sucumbiram à mútua condenação.

Merlin chegou na manhã seguinte e fez com que se escrevesse na tumba, com letras de ouro, o nome de Balin: "Aqui jaz Balin, o Selvagem, Cavaleiro de Duas Espadas, que desferiu o Golpe Doloroso". Merlin tomou a espada de Balin e retirou-lhe o punho, trocando-o por outro. Pediu então a um cavaleiro à sua frente que a manejasse. Ele tentou e não pôde. Merlin riu-se.

"Por que estais rindo?" indagou o cavaleiro.

"É porque nenhum homem, exceto o melhor cavaleiro do mundo, poderá manejar esta espada, e este haverá de ser Lancelote, ou, se não, seu filho Galahad. Lancelot, com sua espada, matará o homem que mais ama: este será Sir Gawain." Merlin fez com que tudo isso fosse gravado no punho da espada.[37]

3

Cada golpe que Balin desferiu com a espada, como se verificou, tornou-se, inadvertidamente, um Golpe Doloroso, pois quando a personalidade é invadida por forças extrapessoais, a liberdade de discernir e a capacidade de avaliar a ação, que distinguem a consciência racional, são aniquiladas. O indivíduo torna-se escravizado por uma irresistível fatalidade, a um só tempo vítima e agente das pressões que dele se apossam. Assim, Balin, o Selvagem, apesar de saber antecipadamente qual seria o final, viu-se obrigado a prosseguir até sucumbir ao seu destino.

O mesmo sucedeu a Lancelote. Como o Cavaleiro das Duas Espadas, de quem herdou a mágica arma, Lancelote teve uma natureza cindida: se por um lado era humano, era, por outro, um prodígio da magia do "Lago". Todo o seu ser foi impregnado pela magia de sua feérica protetora e, ele próprio um enfeitiçado, enfeitiçava a quantos o olhassem – a rainha Guinevère, o rei Artur, até mesmo os pobres Paolo e Francesca, de Dante. Mas esse poder é também um fator de isolamento. Como Balin, Lancelote foi excluído da vida humana normal e daquilo que requer a existência real de um homem. Nunca se tornaria um esposo ou um pai de família, sendo condenado a permanecer celibatário e galante. No papel imutável do amante perfeito, ele, embora não virtuoso, era ao mesmo tempo algo mais e algo menos que humano. Dominou a sociedade da Távola Redonda e até hoje consegue cativar-nos a imaginação. Apesar de sua derrota, sir Lancelote era mais interessante e mais humano que os cavaleiros de coração puro.

Apenas uma vez, e mesmo assim por bruxaria, Lancelote foi seduzido e afastado da fidelidade à dama de sua vida. Foi um episódio humilhante, ainda que dele resultasse alta glória para a confraria da real Távola Redonda. Lancelote estivera ausente, em busca de aventuras, logo depois do torneio com o grande amor da rainha Isolda, sir Tristão, e do resgate de uma agradecida dama que por cinco anos cozera-se em um aposento "quente como um guisado". Lancelote combatera um dragão que habitava um túmulo das vizinhanças. Vira sobre uma tumba uma profecia, escrita em letras de ouro: "Virá aqui um leopardo de sangue real, que matará esta serpente; esse leopardo engendrará, neste país, um leão que excederá todos os outros cavaleiros". Sem se deter para considerar as consequências, o cavaleiro da rainha Guinevère ergueu a lápide; saiu da tumba um dragão que cuspia fogo. Sacando a espada, lutou por longo tempo com o monstro. Quando o matou chegou o rei daquelas terras, bom e nobre cavaleiro, que lhe quis saber o nome.

"Senhor", disse, "sabei que meu nome é sir Lancelote".

"E o meu nome é Pelles, rei do país estrangeiro e descendente direto de José de Arimateia", disse o rei.[38]

Então ambos demonstraram deferência mútua e entraram no castelo para alimentar-se. Feliz ficaria o rei Pelles, se encontrasse meio de fazer com que sir Lancelote dormisse com sua filha, a bela Elaine; pois o rei bem sabia que sir Lancelote teria com ela um filho que receberia o nome de sir Galahad, o Bom Cavaleiro, que libertaria do perigo aquele país estrangeiro, e graças a quem seria conquistado o Santo Graal.

Eis que se apresentou uma dama chamada Brisen, que disse ao rei: "Senhor, sabei que sir Lancelote não ama, neste mundo, outra dama além da rainha Guinevère; portanto, segui meu conselho, e farei com que durma com vossa filha, pensando dormir com a rainha Guinevère".

"Ó bela senhora, dama Brisen", disse o rei, "acreditais que o conseguireis?".

"Senhor", respondeu ela, "por minha vida, permiti que o faça" – pois dama Brisen era uma das maiores feiticeiras do mundo, nessa época.

Imediatamente foi dito a sir Lancelote, por ordem da dama Brisen, que a rainha Guinevère estava visitando certo Castelo de Case, a cerca de cinco milhas dali. Sabei que, ao ouvi-lo, sir Lancelote sentiu-se feliz como nunca e pensou em ir até lá nessa mesma noite. A dama Brisen fez, pois, com que Elaine fosse enviada ao Castelo de Case. Sir Lancelote, ao cair da noite, cavalgou para lá, onde foi recebido com honras.

Quando desmontou, perguntou onde se encontrava a rainha. Respondeu-lhe a dama Brisen que ela estava em seu leito; logo se descartaram das pessoas presentes e sir Lancelote foi conduzido ao quarto. Deu-lhe lá, a dama Brisen, uma taça de vinho; assim que o tomou, ficou tão embriagado e enlouquecido que, sem mais esperar, foi imediatamente para o leito. E acreditou que a donzela Elaine fosse a rainha Guinevère. Sabei que sir Lancelote estava satisfeito, o mesmo sucedendo à dama Elaine por ter sir Lancelote em seus braços. Porque ela bem sabia que nessa mesma noite conceberia Galahad, que se revelaria o melhor cavaleiro do mundo. Permaneceram juntos até manhã alta; todas as janelas e frestas do aposento tinham sido vedadas para que não pudesse entrar a luz do dia. Sir Lancelote lembrou-se do acontecido, levantou-se, foi à janela, e assim que a abriu o encantamento se desfez; percebeu, então, o engano que cometera.

"Infeliz de mim que vivi até hoje", disse ele. "Agora estou desonrado." Empunhou a espada clamando: "Ó traidora, com quem passei toda a noite! Quem sois? Aqui morrereis, por minhas mãos!".

A bela Elaine, toda nua, saltou do leito, e disse, ajoelhando-se diante de sir Lancelote: "Belo e cortês cavaleiro, que vindes de sangue real, eu vos suplico, tende piedade de mim! Vós, que sois conhecido como o mais nobre cavaleiro do mundo, não me mateis. Trago em meu ventre, gerado por vós, aquele que há de ser o mais nobre cavaleiro do mundo".

"Ah! falsa e traidora!", disse sir Lancelote, "por que me enganastes? Dizei-me logo quem sois".

"Senhor", murmurou ela, "sou Elaine, a filha do rei Pelles".

"Bem", disse sir Lancelote, "perdoo-vos pelo que fizestes". Tomando-a nos braços, beijou-a, pois ela era uma linda moça e, além de jovem e cheia de viço, tão sábia como nenhuma outra de seu tempo.

Então sir Lancelote compôs-se em roupas e armas. Falou-lhe a dama: "Sir Lancelote, meu senhor, imploro que partais tão logo puderdes, pois submeto-me à profecia de que soube por meu pai. Por sua ordem e para que se cumprisse a profecia, entreguei-vos a minha maior riqueza, a mais bela flor, a de minha virgindade que nunca mais recuperarei. Gentil cavaleiro, concedei-me vossa compreensão".

Sir Lancelote, pondo sobre si roupas e armas, despediu-se ternamente da jovem dama Elaine. E logo partiu.[39]

Quando se soube que Galahad nascera, Lancelote precisou acalmar o ciúme e as suspeitas de sua dama. A grande crise foi quando Elaine, com vinte cavaleiros, dez damas, e senhoras nobres, todos montando cem cavalos, chegou a Camelot, a corte do rei Artur. Quando sir Lancelote a viu, de tão envergonhado não a saudou nem falou com ela – achando, ainda assim, que era a mais bela mulher que já vira. Elaine percebeu que sir Lancelote não queria lhe falar e seu coração, de tão cheio de pesar, parecia que ia partir-se – pois, sabei-o, amava-o desesperadamente. Disse Elaine à dama Brisen: "A indiferença de sir Lancelote está a ponto de matar-me".

"Tranquilizai-vos, senhora", acalmou-a a dama Brisen, "prometo-vos que esta noite ele dormirá convosco, e que ficareis em paz".

"Isso me fará mais feliz do que todo o ouro da terra", respondeu a dama Elaine.

"Deixai, pois, que eu aja", disse a dama Brisen.

Quando Elaine foi trazida até a rainha Guinevère, ambas se cumprimentaram efusivamente, por decoro, mas não de coração. Todos os homens e mulheres falavam da beleza da dama Elaine e de suas grandes riquezas.

À noite a rainha ordenou que a dama Elaine dormisse em câmara próxima à sua, ambas sob o mesmo teto. Fez-se como a soberana ordenara. A seguir, esta mandou buscar sir Lancelote e disse-lhe que fosse ao seu quarto naquela noite: "Ou então terei certeza de que estareis no leito de vossa dama Elaine, de quem tivestes Galahad", disse ela.

"Ah! senhora, não o digais novamente; o que fiz, fiz contra a minha vontade."

"Então, tratai de vir a mim quando eu vos chamar", exigiu a rainha.

"Senhora", disse Lancelote, "não vos faltarei, estarei pronto a atender as vossas ordens".

Desse trato feito entre eles, inteirou-se a dama Brisen por suas artes. À hora em que todos já estavam deitados, ela aproximou-se do leito de sir Lancelote e lhe disse: "Sir Lancelote do Lago, estais dormindo? Minha senhora, a rainha Guinevère, espera-vos em seu leito".

"Oh! gentil senhora", respondeu sir Lancelote, "estou pronto para seguir--vos por onde me leveis".

Assim dizendo, sir Lancelote vestiu uma longa túnica e tomou sua espada às mãos; quanto à dama Brisen, tomando-lhe um dos dedos, levou-o ao leito de sua senhora Elaine; saiu, deixando-os juntos no leito. Sabei que muito a dama se alegrou, e também sir Lancelote, pois este acreditava ser outra aquela que tinha em seus braços.

Deixemo-los aos beijos e abraços, que foi coisa muito terna; falemos agora da rainha Guinevère, que enviou uma de suas damas ao leito de sir Lancelote. Quando esta chegou, o que encontrou foi cama fria – ele, ausente. Retornando, contou à rainha.

"Ai de mim!", disse Guinevère. "Por onde andará esse falso cavaleiro?" Quase fora de si, agitou-se e debateu-se como demente, sem conseguir adormecer por quatro ou cinco horas.

Mas era normal a sir Lancelote falar durante o sono, coisa que vinha lhe acontecendo agora; e falava, com frequência, de sua dama. Assim, depois de ter permanecido acordado tanto quanto lhe agradou, adormeceu, obedecendo à natureza, e a dama Elaine também. Em seu sono o cavaleiro falou e conversou como uma gralha sobre o amor que existia entre ele e a rainha Guinevère. Falava tão alto que a rainha, deitada em seu quarto, escutou-o. Ouvindo-o palrar, quase perdeu a razão; fora de si de tanta raiva e dor, não sabia o que fazer.

Então tossiu tão alto que sir Lancelote acordou e lhe reconheceu a tosse. Soube logo que não dormia com a rainha. Como um louco, saltou do leito em camisa, e a soberana encontrou-o assim. Fora de si, disse ela: "Falso e traidor cavaleiro que sois, nunca mais retorneis à minha corte. Afastai-vos de minha câmara; nunca mais ouseis, ó falso e traidor cavaleiro, apresentar-vos à minha vista".

"Pobre de mim", disse sir Lancelote; as palavras dela deram-lhe tão grande pesar que caiu ao solo desfalecido. A rainha Guinevère retirou-se. Quando sir Lancelote recobrou a consciência, saltou de uma janela para o jardim, arranhando-se todo, rosto e corpo, nos espinhos. Pôs-se a correr sem saber para onde, tão raivoso e enfurecido como homem algum jamais estivera. Assim esteve por dois anos sem que ninguém nunca tivesse tido a graça de reconhecê-lo.

Quando a dama Elaine ouviu sir Lancelote ser repreendido daquela maneira, vendo-o desfalecer e mais tarde saltar pela janela, falou a Guinevère: "Minha senhora, muito mereceis que vos censurem por assim agirdes com sir Lancelote, porque o perdestes; por seu comportamento, vi e ouvi que enlouqueceu para sempre. Ah, senhora, que cometeis um grande pecado e a vós mesma fazeis grande desonra. Pois vós possuis um esposo e cumpre que o ameis, pois não há rainha no mundo que tenha um rei como o vosso. Não fosse por vós, eu poderia ter o amor de meu senhor Lancelote. Motivos tenho para amá-lo: ele tomou a minha virgindade e dele tive um belo filho cujo nome é Galahad, e que há de ser, em seu tempo, o melhor cavaleiro do mundo".

"Dama Elaine", disse a rainha, "quando nascer o dia, ordeno-vos que deixeis minha corte. E, pelo amor que tendes a sir Lancelote, não procureis saber-lhe o paradeiro, pois se o fizerdes será a morte dele".

"Quanto a isso", replicou Elaine, "ouso afirmar que ele está perdido para sempre. Fostes vós que o causastes; nem eu, nem vós poderemos confortá-lo. Ao saltar a janela, ele deu os mais dolorosos gemidos que jamais ouvi de homem algum".

"Ai de mim", disse a bela Elaine. "Ai de mim", disse a rainha Guinevère, "agora sei que o perdemos para sempre". Ao amanhecer, a dama Elaine despediu-se, sem querer demorar-se mais.[40]

Sir Lancelote vagueou por dois anos, louco. Sofreu e suportou muitos temporais, vivendo de frutos e que tais, quando os encontrava. Certo dia, chegou por acaso ao burgo e ao jardim do castelo do rei Pelles, e ali, quando dormia ao lado do poço, as donzelas da dama Elaine espreitaram-no a dormir e mostraram-no a ela. Quando o avistou, ela reconheceu-o como sir Lancelote e começou a soluçar tão sentidamente que caiu por terra. Depois de chorar por longo tempo, ergueu-se, chamou suas donzelas e lhes disse que se sentia doente. Saiu do jardim e foi diretamente ter com o pai.

"Senhor", disse a dama Brisen, "devemos ser prudentes ao lidar com ele; o cavaleiro está fora de si e, se o despertarmos bruscamente, não é possível saber o que fará. Mas podeis ficar ao lado dele; hei de lançar-lhe um encantamento e não acordará pelo espaço de uma hora". E assim fez.

Pouco tempo depois, o soberano ordenou que todos se afastassem do caminho, porque por ali passaria ele, o rei. Quando assim se fez, quatro homens de sua confiança, mais as damas Elaine e Brisen, sustendo sir Lancelote, levaram-no a uma torre. Nesta, numa câmara, estava o cálice do Santo Graal. À força, deitaram-no ao lado do cálice, que um homem santo, aproximando-se, desvelou. Por milagre e virtude daquele santo cálice, sir Lancelote curou-se e se recuperou. Ao despertar, gemeu e lamentou-se, queixando-se de muitas dores.

Sir Lancelote esteve prostrado por mais de quinze dias sem poder mover-se de dor. Então, certo dia, disse estas palavras à senhora Elaine: "Dama Elaine, por vossa culpa passei muitos trabalhos, cuidados e angústias. Não preciso relembrá-lo, vós o sabeis. No entanto, sei muito bem que agi mal ao sacar minha espada para matar-vos naquela manhã, depois de dormir convosco. Tudo aconteceu porque vós e a senhora Brisen me fizestes ficar ao vosso lado contra minha vontade; e, segundo afirmais, nessa noite vosso filho Galahad foi concebido".

"Isso é verdade", disse a dama Elaine.

"Ireis agora, então, por amor a mim, até vosso pai, e conseguireis um lugar para minha morada?", perguntou sir Lancelote. "Pois nunca mais voltarei à corte do rei Artur."

"Senhor", disse a dama Elaine, "viverei e morrerei convosco, e apenas por vós. Irei a meu pai, com a certeza de que nada há que eu deseje dele, que não consiga. Onde estiverdes, sir Lancelote, meu senhor, duvideis ou não, estarei convosco, servindo-vos tanto quanto puder".

"Bem, minha filha", disse o rei, "desde que tem como desejo permanecer por estas paragens, ele ficará no Castelo de Bliant, e, com ele, ficareis vós e vinte das mais belas damas da terra, todas da melhor linhagem; tereis também dez cavaleiros convosco. Sabei, filha, que todos seremos honrados pelo sangue de sir Lancelote".

Assim foi que sir Lancelote do Lago, o celibatário modelo, o cavaleiro de poderes maravilhosos, amaldiçoado e abençoado pela necessidade de amar, em pecado e para sempre, uma única e proibida mulher, passou certo tempo vivendo o que, para um homem normal, poderia ter sido o momento e a oportunidade da libertação. Com Elaine, que, como ela própria declarara, era a esposa apropriada para ele e mãe de seu filho, viveu por quinze anos no castelo de seu orgulhoso sogro, o rei Pelles, no Castelo de Bliant, numa ilha rodeada das mais belas águas. Quando ali estavam, sir Lancelote batizou-a de "Ilha Feliz". Mas nunca se afastou em pensamento da rainha que o banira. Uma vez por dia, a despeito de tudo que as damas e sua esposa pudessem fazer para alegrá-lo, ele voltava o olhar na direção do reino de Logres, onde o rei Artur estava com a rainha Guinevère, e chorava como se seu coração fosse partir-se. Abandonou seu nome, adotando outro, que secretamente atestaria a culpa de haver involuntariamente traído o amor dominante de sua existência. "Le Chevalier Mal Fet", o novo nome que escolheu, significava "o Cavaleiro que Transgrediu". Essa designação, sob a qual insistia terminantemente em ser chamado, destruiu, sub-repticiamente, seu liame matrimonial com Elaine. O idílio na Ilha Feliz, pois, apesar de toda sua doçura, não tinha validez. No momento em que dois companheiros da Távola Redonda chegaram para buscá-lo, enviados pela rainha Guinevère, que não suportava mais a saudade, ele montou seu cavalo e despediu-se sem demora.[41]

"Algo vos falta", dissera-lhe certa vez uma donzela. "Sois um cavaleiro sem esposa, que não amará nenhuma donzela ou dama, o que é uma grande pena. Mas é sabido que amais a rainha Guinevère e que ela conseguiu, por um encantamento, que não ameis mulher alguma além dela." Assim foi e continuou sendo até terem os dois idade avançada, quando as desavenças entre ambos já se faziam enfadonhas e a magia da juventude há muito lhes desaparecera dos membros.

A infeliz aventura relatada na bem conhecida história de Astolat, a donzela inocente, pronta para o amor mas desesperadamente casta – a segunda Elaine na vida desse velho guerreiro de inumeráveis torneios, agora já desgastado – testemunha a persistência, muito além do tempo fixado pela natureza, do miraculoso resplendor de seu *animas* e de seu encanto. Todo o tempo, sempre que sir Lancelote permitia, ela estava à sua volta, a olhá-lo com admiração. "Eu vos tomaria por esposo", suplicou ela finalmente, "mas se me desposásseis ou fôsseis ao menos meu amigo, teriam terminado meus dias felizes". Dedicou tanto amor a sir Lancelote que nunca pôde deixar de amá-lo e morreu por isso.[42]

A dedicação dele a Guinevère, a longa vida com e sem ela, tanto lhe preencheu o ser com o magnetismo do amor que Lancelote era como uma presença diabólica a transtornar as mentes. Mas ele próprio também desvairava, sob o feitiço da singular paixão que o possuía. Poder-se-ia dizer que as personalidades de Lancelote e de Guinevère, ambas, haviam sido inteiramente invadidas e encantadas pelos poderes do "lago" do inconsciente, possuídas e obcecadas por uma interconexão *animus-anima*, transpessoal, compulsiva, irracionalizada e racionalmente ingovernável. Suas individualidades conscientes tinham sido subjugadas, desde o primeiro momento em que se viram, por uma experiência mais arquetípica que pessoal. Cada um descobrira no outro não um companheiro humano devotado, mas o perfeito antagonista de uma etapa ideal e sobre-humana de paixão abstrata, porém fatal. Relacionavam-se não como seres humanos, mas como se estivessem em meio à descoberta de uma parte perdida, desejada e separada da alma. Não eram dois, mas um: cada qual, uma projeção do inconsciente do outro. Se suas biografias humanas normais foram aniquiladas por esse feitiço demoníaco, foram-no devido à atemporalidade de seu relacionamento, que reduziu a muito pouco o tempo dentro deles. Seu encanto manteve enfeitiçado o mundo que os rodeava. No entanto, apesar de semearem o cenário com desastre e desgraça, nem mesmo as pessoas mais íntimas ousavam repreendê-los. Diante de sua representação da atemporalidade dos dois sexos, em sua identidade vivida na experiência, todas as propriedades, convenções, ideais e virtudes da corte converteram-se em insignificância. O símbolo da Távola Redonda perdeu poder. A corte do rei cristão tornou-se o templo de um matrimônio divino que ignorava a histórica missão da cristandade, na santa alegria de um deus e uma deusa não cristãos em seu mistério de eterna união – algo similar à união dos hindus Shiva e Sati, que veremos nos capítulos posteriores do Romance da Deusa.[43]

4

Os poetas e cronistas da Idade Média parecem ter tido um leve vislumbre da santidade pré e não cristã do grande pecado de Lancelote e da rainha. Talvez não tivessem reconhecido ou dado crédito à interpretação psicológica que propusemos para o encantamento lançado sobre o mundo por seu amor culpado, mas conheciam a explicação sobrenatural. Expressavam-na em termos de seres feéricos e de encantamento. Com esse artifício, redimiram a culpa dos temerários amantes enfeitiçados, conservando-lhes os halos de divindade e permitindo que subsistissem traços do divino esplendor de outrora, mesmo no contexto dos dilemas e provações do amor cavalheiresco, cristão e medieval. Ambos foram justificados em suas culpas olímpicas não como *animus* e *anima*, mas como deus e deusa em veneração recíproca.

Podemos distinguir alguns antigos traços míticos na mais célebre e importante aventura de Lancelote e da rainha, num conto notável relatado em um dos primeiros textos escritos sobre o cavaleiro, o romance épico em verso de Chrétien, *O Cavaleiro da Carreta*.

Na verdade, Chrétien de Troyes era um poeta cortesão, um homem do seu tempo, muito refinado, nada interessado nos antecedentes míticos de suas narrativas, mas sabendo como utilizar o material dos mitos para entreter e edificar a audiência das cortes da época. Iniciara sua carreira traduzindo o poeta latino Ovídio para o francês do século XII. Inspirou-se na sofisticada psicologia do amor e da paixão, representados nas versões ovidianas de heróis e heroínas tradicionais como Píramo e Tisbe. O êxito de Chrétien na corte de Marie de Champagne e nas letras medievais de modo geral, parece fundamentar-se principalmente em sua habilidade de transmitir para o público da época cavalheiresca parte da complexidade e do sentimentalismo da interpretação helenística da paixão e galanteria amorosas. Mas a retenção e a maneira como foram empregados os elementos arcaicos sobrenaturais foi uma das sutilezas dessa arte complexa. Foi assim que nos romances de Chrétien, como também nos contos de Ovídio – embora, é claro, mais obscuramente –, sob a superfície dos trajes da época, do psicologismo contemporâneo e da problematização ética, o antigo veio da tradição mitológica fluiu, silencioso e furtivo, introduzindo numa nova época os símbolos atemporais das provações e vitórias da alma.[44]

O romance de Chrétien, *O Cavaleiro da Carreta*, *Le Chevalier de la Charrette* (Lancelote), inicia-se com uma aparição e um desafio tão sinistros como os que acontecem no início da história de Gawain e do Cavaleiro Verde. Um desconhecido, em armadura completa, bem aprestado, chegou à corte de Camelot no momento em que o rei Artur e a rainha Guinevère, à mesa, em meio a um banquete, celebravam o dia da Ascensão. O cavaleiro, sem saudar ninguém, dirigiu-se diretamente ao rei.

"Rei Artur, mantenho em cativeiro cavaleiros, damas e donzelas pertencentes ao vosso domínio e à vossa corte; mas não é por ter intenção de devolvê-los que os menciono. Pelo contrário, desejo proclamar e fazer-vos saber que não tendes força nem recursos para resgatá-los. Estai certo de que morrereis antes de poder socorrê-los."

O rei respondeu que era preciso suportar aquilo que não tinha poder para modificar; no entanto, tomou-o o pesar.

O cavaleiro fez menção de retirar-se, mas após alcançar a porta do saguão parou, voltou-se e falou novamente: "Ó rei, se em vossa corte houver um só cavaleiro em que depositeis tal confiança que ouseis permitir que ele escolte a rainha, seguindo-me até a floresta quando eu partir, prometo que lá o aguardarei, entregando-lhe todos os prisioneiros que mantenho em minhas terras, se for capaz de defender a rainha e de trazê-la de volta para cá".

A rainha era a vida e a alma da corte do rei Artur. O rei a conquistara, assim como à Távola Redonda, à força de grandes heroísmos, no início de sua carreira de cavaleiro, após provar seu direito ao trono da majestade soberana. Perdê-la significaria submeter-se a uma grande calamidade, tanto simbólica quanto pessoal. Mas recusar-se a aceitar o desafio também resultaria em calamidade, pois proteger a feminilidade e a inocência contra a agressão brutal era a missão e o sentido supremo da nobre confraria da Távola Redonda. Por conseguinte, a inigualável camaradagem estava nesse momento em eminente perigo de colapso. Muitos presentes nessa hora tinham ouvido o desafio, e toda a corte pôs-se em alvoroço.

Por infelicidade, o cavaleiro que primeiro se levantou para oferecer-se foi Kai, o senescal.[45] Era o mais idoso dos cavaleiros e compensava um justificado sentimento de inferioridade diante das estrondosas façanhas dos vigorosos cavaleiros mais jovens, abrigando e demonstrando, em todas as ocasiões possíveis, uma ridícula presunção. Sir Kai, por meio de um estratagema, forçou o consentimento do rei para que pudesse enfrentar o desafio. Em primeiro lugar, fingiu pretender renunciar à desonrada confraria. Tanto o rei como a rainha pediram-lhe que permanecesse. Então estipulou, como condição para ficar, que o soberano lhe concedesse uma graça, e quando o rei jurou fazê-lo, manifestou a pretensão de ser declarado o campeão da corte. Assim, confiou-se a rainha, com muita relutância, à sua proteção, e ele partiu, deixando todos a lamentar-se tão profundamente como se ela já estivesse morta num caixão.

A conselho de sir Gawain, o rei Artur e todos os cavaleiros seguiram-no à distância, após pequeno intervalo, para salvar a rainha, caso sir Kai fosse derrotado. Mas, ao se aproximarem da floresta, viram o cavalo de Kai fugindo em disparada e, dirigindo-se a galope ao local do combate, viram que não apenas a rainha e o estranho desafiante haviam desaparecido, como também seu temerário campeão. Sir Gawain disparou à frente dos demais, levando os dois cavalos que trouxera para a rainha e para Kai e, ao atravessar a floresta, viu aproximar-se um cavaleiro que não reconheceu, montando um cavalo ferido, completamente exausto e coberto de suor. O cavaleiro desconhecido saudou-o, pedindo-lhe cortesmente que lhe emprestasse um dos cavalos. Assim que foi atendido, saltou sobre o animal mais próximo e partiu, enquanto o seu próprio caiu morto de pura exaustão.

Gawain partiu atrás dele e, depois de percorrer certa distância, encontrou morto o cavalo que acabara de ceder ao cavaleiro e observou que o solo fora pisoteado, espalhando-se à volta escudos e lanças partidos, como se uma terrível batalha tivesse sido travada. Sir Gawain prosseguiu sua caminhada velozmente até novamente avistar o cavaleiro desconhecido; estava só, a pé, totalmente armado, elmo descido, espada empunhada, escudo suspenso ao pescoço. Estava prestes a subir a uma carreta.

"Naqueles tempos", explica o poeta Chrétien, "aquela espécie de carreta servia ao mesmo propósito agora desempenhado por um pelourinho. Em qualquer cidade importante onde existem hoje mais de três mil carretas, naqueles tempos havia apenas uma, que, como os nossos pelourinhos, era usada para todos os assassinos, traidores, para os culpados de qualquer delito. Também se destinava aos ladrões que tivessem se apropriado de bens alheios ou que, à força, os roubassem nas estradas. Os condenados por qualquer crime, ao serem postos sobre uma carreta, eram arrastados pelas ruas e perdiam, daí por diante, todos os direitos legais, nunca mais sendo ouvidos, honrados ou admitidos em nenhuma corte. As carretas eram tão assustadoras naquela época que foi então usado pela primeira vez o provérbio: 'Quando virdes e encontrardes uma carreta, persignai-vos e invocai a Deus para que nenhum mal caia sobre vós'".

Voltemos ao nosso cavaleiro, que estava para subir à carreta. O anão cocheiro sentava-se nos varais, na mão um longo aguilhão.

"Anão", gritou o cavaleiro desmontado, "dizei-me, pelo amor de Deus, se vistes passar por aqui minha dama, a rainha".

O miserável anão, nascido do populacho, não pôde dar-lhe qualquer notícia dela, mas respondeu-lhe: "Se subirdes à carreta que conduzo, amanhã sabereis o que sucedeu à rainha". E seguiu seu caminho sem dar mais atenção ao cavaleiro.

Este hesitou apenas por dois passos antes de subir à carreta. "Mesmo assim, foi a sua infelicidade", observa Chrétien, "essa hesitação diante da desgraça, que o impediu de subir à carreta imediatamente; mais tarde lamentaria essa demora". Aparentemente essa foi a primeira de uma série de provas com que se deparou, avaliadoras de sua capacidade para salvar a rainha, livrando-a do país que mantinha em cativeiro tantos antigos súditos do rei Artur. Dizia-se daquele país, ser "o país de onde nenhum forasteiro retorna":

Et si l'a el reaume mise
Don nus éstranges ne retorne,
Més par force el pais sejorne
An servitude et an essil:[46]

"mas, obrigatoriamente, o viajante tem que permanecer naquele país, em servidão e em exílio" – o que é o mesmo que afirmar que a rainha Guinevère, vida e alma do reino do rei Artur, fora raptada para o reino da morte. Assim como a deusa Perséfone, do famoso mito clássico, essa Rainha da Vida, musa e inspiradora de todo romance da cavalaria, fora arrastada para o ínfero, mundo do qual não se volta.

Na rota para resgatá-la, sir Gawain e o cavaleiro sem nome (que, mais tarde, num dramático encontro com a rainha, revelar-se-ia como o próprio sir Lancelote) iriam defrontar-se com uma sucessão de aventuras que caracterizam, em todas as mitologias, a passagem para o mundo inferior. "Há muitos obstáculos e trechos árduos", afirmou a donzela que mais tarde encontraram pelo caminho. "No entanto, a entrada é possível por dois caminhos muito perigosos e duas passagens bastante difíceis. Uma, chamada de a 'ponte de água' porque está sob a superfície, tem acima a mesma quantidade de água que abaixo, de maneira que a ponte permanece exatamente ao meio; tem apenas um pé e meio de largura e de espessura. Deve-se evitar essa escolha; no entanto, é a menos perigosa, A outra ponte é ainda mais impraticável e arriscada, nunca tendo sido atravessada por homem algum. É exatamente igual a uma espada afiada; por isso, chamam-na de 'ponte-espada'. Já vos contei toda a verdade que conheço."

A prova da carreta, portanto, foi a primeira de uma série de outras, de crescente dificuldade. Lancelote hesitou apenas por dois passos e saltou para a carreta, sem se importar com a vergonha, pois "tinha amor encerrado em seu coração". Sir Gawain, por sua vez, ao cavalgar até a carreta e ouvir a breve instrução do anão para que subisse, caso desejasse saber alguma coisa sobre a rainha, considerou a sugestão uma grande tolice e disse que não o faria, pois seria desonroso trocar um cavalo por uma carreta.[47] Acompanhou a carreta sobre a qual estavam Lancelote e o anão, resguardando para si mesmo a dignidade de cavaleiro, enquanto o povo da próxima cidade, grandemente espantado ao ver o outro na carreta, não se preocupou em ocultar seus sentimentos; grandes e pequenos, velhos e jovens gritavam sarcasmos pelas ruas.

O anão conduziu o cavaleiro a um alojamento, numa torre situada no mesmo nível da cidade e fronteira a ela; Gawain, seguindo o cavalo e a carreta, desmontou e entrou também na torre. Ali Lancelote e Gawain passaram a noite e foram submetidos à segunda prova. Uma cama fora preparada para cada um; ao lado das duas havia uma terceira, particularmente suntuosa, que "possuía todas as excelências que se pudesse imaginar de uma cama". Os cavaleiros foram avisados de que não deveriam tentar deitar-se naquele leito luxuoso. "Nessa cama", explicou a donzela que na torre os instruía, "ninguém jamais se deita sem que o mereça". Isso, porém, não deteve Lancelote. Despiu-se imediatamente e deitou-se para dormir. Mas, à meia-noite, por pouco o infortúnio não se abateu sobre ele. Nessa hora, uma lança desceu subitamente das vigas do teto, como se tencionasse cravar-lhe o flanco nos brancos lençóis. Pendia da lança uma flâmula em chamas e logo todo o leito incendiou-se. Mas Lancelote escapou à arma com um ligeiro arranhão; "cortou-lhe um pouco a pele, sem feri-lo seriamente". Continuando na cama, ele apagou o fogo e, tomando a lança, atirou-a no meio do saguão; voltou a deitar-se e dormiu.

Essa cama, sem dúvida, é mais um dos "leitos maravilhosos", *lits merveils*, como aquele que sir Gawain cortejou e subjugou em sua aventura na "Ilha das Mulheres" – o Reino das Mães –, essa outra manifestação do reino dos mortos. A aventura dessa noite, portanto, fora a prova para a coragem de Lancelote. A outra prova necessária – a prova do castelo da luxúria – seria a próxima.

Nesse ínterim, sir Gawain descansava em paz.

Pela manhã, os dois cavaleiros tiveram conhecimento das duas pontes através da donzela instrutora, e Lancelote deixou a escolha para seu companheiro. Sir Gawain preferiu aquela descrita como a menos difícil, e tomou a estrada que levava à ponte de água, enquanto sir Lancelote, agora a cavalo, tomou o outro caminho que lhes fora indicado e chegou finalmente a um vau, passando por um cavaleiro guardião e continuando seu caminho. Mas a estrada era longa. Ao cair da tarde, certa donzela, fina e ricamente trajada, muito loura e encantadora, saudou-o com discrição e cortesia. "Senhor, minha casa está preparada para vós", disse ela, "se aceitardes minha hospitalidade; mas só podereis nela abrigar-vos sob a condição de vos deitardes comigo. É nestes termos que proponho e faço meu oferecimento".

QUATRO ROMANCES DO CICLO DO REI ARTUR

O Primeiro Beijo

A CONQUISTA PSICOLÓGICA DO MAL

O Cavaleiro da Carreta

QUATRO ROMANCES DO CICLO DO REI ARTUR

A Ponte-Espada

A CONQUISTA PSICOLÓGICA DO MAL

Quatro Cartas do Tarot

"Não seriam poucos os que lhe agradeceriam quinhentas vezes por tal dádiva", diz o poeta; mas Lancelote se aborreceu muito e deu-lhe uma resposta diferente: "Agradeço-vos, donzela, pelo oferecimento de vossa casa e sinto-me honrado, mas, perdoai-me, sentir-me-ia muito pesaroso se me deitasse convosco".

"Por Deus", replicou a donzela, "retiro então minha oferta".

Diante disso, já que era inevitável, ele consentiu nos termos propostos, apesar de seu coração afligir-se; e a jovem conduziu-o à sua morada.

Era um castelo majestoso e fortificado, com grande número de belos aposentos e um espaçoso salão. A mesa estava posta; lavaram as mãos e sentaram-se para comer. Pouco antes de se deitarem, sir Lancelote descobriu que precisava resgatar sua hospedeira da agressão de um amante indesejável e violento. Quando superou essa prova, ela conduziu-o ao leito onde dormiriam juntos, e que fora preparado para eles no meio do salão principal. A jovem deitou-se primeiro e sir Lancelote, para cumprir o tratado, seguiu-a. Mas tomou o máximo cuidado para não tocá-la; já na cama, voltou-lhe as costas e deitou-se o mais distante possível, sem lhe dirigir uma palavra sequer, "como um monge que fez o voto de silêncio".

Depois de estar silenciosa algum tempo, disse-lhe ela: "Meu senhor, se não vos aborrecerdes, vou deixar-vos e retornar ao meu leito em meu próprio quarto, e estareis mais à vontade. Não creio que vos agradeis de minha sociedade e de minha companhia. Não me aprecieis menos por dizer-vos o que penso. Agora, descansai a noite toda, pois cumpristes tão bem vossa promessa que não tenho o direito de exigir mais nada de vós. Por isso, peço a Deus que vos abençoe, e parto". Ela compreendera a questão, isto é, que ele tinha nas mãos um assunto tão grave e perigoso como nenhum cavaleiro jamais tivera. "Permita Deus que ele tenha sucesso", rezou ela quando chegou à sua cama.

No entanto, esses haviam sido apenas problemas menores, iniciações preliminares; eram as primeiras provas pelas quais o eleito devia passar rumo à realização, à manifestação e à representação de sua perfeição inata. No dia seguinte, após dois ou três encontros de relativa pouca importância, o herói chegou a uma curiosa espécie de igreja com várias tumbas, e um monge, ancião muito idoso, levou-o a conhecer o lugar. Ele leu as inscrições: "Aqui haverá de jazer Gawain, aqui Louis, aqui Yvain". Inadvertidamente, Lancelote viajara para o País da Morte, onde há um local reservado para cada ser vivo. Voltando-se para o monge, o cavaleiro indagou: "A que se destinam esses sepulcros?". O monge replicou: "Já lestes as inscrições; se as compreendestes, deveis saber o que dizem e qual o significado das tumbas". Caminhando como num sonho, Lancelote chegou a um "enorme sarcófago, maior do que qualquer outro já feito; outro tão requintado e bem entalhado jamais fora visto". Ele perguntou: "Dizei-me, e este enorme, para quem é?". O eremita respondeu: "Não deveis preocupar-vos com isso, pois não vos fará nenhum bem; nunca lhe vereis o interior. Há nele uma inscrição dizendo que quem quer que consiga levantar-lhe a lápide apenas com suas próprias forças, libertará todos os homens e mulheres cativos desta terra de onde ninguém escapa, seja ele escravo ou nobre, a menos que seja natural da terra. Nenhum jamais retornou dela, mas estão detidos em prisões estrangeiras". No mesmo instante Lancelote aproximou-se da laje e levantou-a sem o menor problema, mais facilmente do que o fariam dez homens que empregassem toda a sua força. Vendo-o, o monge ficou abismado e quase caiu. Aparentemente a tumba se destinava ao próprio Lancelote, que perguntou ao velho guardião: "Contai-me agora, para quem está destinada essa sepultura?". "Senhor", replicou o monge, "àquele que libertará todos os cativos do reino de onde ninguém escapa".

Pouco depois desse episódio que prognosticava seu último triunfo, Lancelote encontrou, nas fronteiras do reino do rei Morte, o primeiro dos habitantes cativos. Estes o saudaram como seu salvador e aconselharam como deveria proceder. Guiaram-no até a terrível ponte-espada que defendia o próprio lar do rei e que deveria ser sua provação suprema. Todas as vozes louvaram-no a um só tempo, cheias de alegria:

"Este é aquele que nos libertará do cativeiro e da miséria nos quais estamos confinados há tanto tempo!", gritavam. "Devemos louvá-lo muito, pois, para libertar-nos, enfrentou muitos perigos e está pronto a enfrentar muitos mais." Seus louvores tinham um timbre muito semelhante ao salmo com que Adão, Eva e os outros antepassados da humanidade receberam Cristo na entrada da terra dos mortos, entre a hora de Sua Crucificação e o dia da Ressurreição, quando Ele desceu aos Infernos.[48]

Pois Lancelote, fundamentalmente, a despeito de seu aparato cavalheiresco, ele, este arqueiro do reino da morte, é um salvador mítico. Em vez dos "Dois Mundos" da Vida e da Morte, temos, no seu romance, reinos feudais e suas disputas; em vez dos mortos, reféns raptados; e como representante suprema da alma temos a rainha. Assim, ao libertar Guinevère, princípio feminino doador da vida, símbolo mais elevado de amor e vida cavalheirescos da Távola Redonda, força vital na sua visível encarnação humana, o cavaleiro sir Lancelote quebraria o poder da morte sobre a alma, ou seja, seria o restaurador da nossa imortalidade. Esse era o significado oculto do compromisso assumido pelo sinistro cavaleiro quando desafiou o rei e raptou a rainha: se viesse a ser dominado e a rainha Guinevère restituída, ele entregaria todos os prisioneiros do reino do rei Artur que mantinha em cativeiro. Eis, pois, como na pessoa de sir Lancelote o herói libertador seguia triunfante seu caminho, ultrapassando todas as barreiras.

"E disse Hades: 'Quem é esse Rei da Glória?'. E os anjos do Senhor disseram: 'O Senhor forte e poderoso, o Senhor excelso nas batalhas'. Imediatamente, às suas palavras, as portas de bronze se partiram, as barras de ferro se pulverizaram, e todos os mortos acorrentados viram-se livres de suas cadeias. E o Rei da Glória entrou, sob forma humana, e todos os cantos escuros do Hades se iluminaram."[49]

Após batalhas e provações, saindo vitorioso de todas elas, sir Lancelote chegou enfim à ponte-espada. "Se alguém perguntar-me a verdade", escreve Chrétien, "nunca houve ponte tão ruim, ou cujo piso fosse pior. Através da fria correnteza, a ponte consistia em uma polida e resplandecente espada, tão sólida, firme e tão longa quanto duas lanças. Em cada extremidade havia um tronco de árvore ao qual a espada se encontrava firmemente fixada". Sob ela, a água cascateante era "um rio de aparência perigosa, rápido e violento, tão negro, túrgido, feroz e terrível como o rio do demônio; de tão perigoso e profundo, qualquer coisa que caísse dentro dele estaria tão completamente perdida como se caísse no mar". Dois leões, ou dois leopardos, estavam amarrados a um grande rochedo do outro lado da ponte. A água, a ponte e os leões eram tão terríveis de se ver que qualquer pessoa, diante deles, tremeria de medo.

Essa ponte parece ter origem nas tradições mitológicas do Oriente.[50] Exatamente da mesma maneira, uma longa e afiada lâmina, cruzando o abismo da danação, constitui um dos principais instrumentos de provação na antiga mitologia persa do último julgamento. As almas são forçadas a atravessá-la: as pecadoras caem no abismo, enquanto que, para as piedosas, a lâmina se alarga em macio e agradável caminho que conduz ao Paraíso. Também "os leões, ou os leopardos" sugerem o Oriente.

Sir Lancelote, diante dessa barreira, preparou-se o melhor que pôde, de uma maneira talvez surpreendente: "Ele retirou a armadura. Estará em triste estado quando alcançar o outro lado. Vai apoiar-se com pés e mãos nus sobre essa espada mais afiada do que uma foice. Mas preferiu mutilar-se a tombar da ponte e mergulhar na água da qual não escaparia nunca. Cruzou a ponte com enorme sofrimento e agonia.[51] Arrastando-se, prosseguiu até alcançar o outro lado. Então se lembrou dos dois leões que pensou ter visto quando ainda no outro lado; mas, procurando à volta, não viu sequer um lagarto, ou qualquer outra coisa que pudesse causar-lhe algum dano... não havia ali qualquer criatura viva". Mas o sangue de seus ferimentos gotejava-lhe sobre a camisa e por toda a parte.

Foi quando viu diante de si um castelo, tão forte como nunca vira igual. Era o castelo da Morte. O rei e seu filho olhavam pela janela, tendo visto sua proeza. Exatamente como na história de Gawain e do Cavaleiro Verde, aqui a Morte nunca aparece desvelada e com seu próprio nome. Levantando a viseira, a Morte nomeou a si mesma, simplesmente, "Bernlak de Hautdesert" – um nobre, um ser humano. Aqui também a esfera mitológica reveste-se de uma reinterpretação cavalheiresca. O rei Morte é apresentado como rei Bademagu, "muito escrupuloso e preciso em assuntos de honra e justiça, atento à observação e prática da lealdade acima de tudo". Isso demonstra a soberana imparcialidade e franqueza da Morte, diante da qual são todos iguais: a profunda justiça e democracia da Morte. Mas, por outro lado, seu filho e alter ego, o príncipe Meleagant, aparece exatamente como o contrário: "ele encontra prazer na deslealdade, jamais se cansando de vilania, traição e felonia". A morte também é assim – ao desferir seu golpe súbito, ceifando um inocente, arrebatando a flor da juventude, enquanto poupa um patife para uma velhice mesquinha.[52] Meleagant fora o raptor da rainha Guinevère e é com ele que Lancelote terá que travar a batalha final da redenção. Meleagant será vencido, em um grande e solene torneio; a rainha, portanto, será salva, e todos os outros cativos habitantes do reino serão libertados.

Não desejo alongar-me nos detalhes da batalha entre os cavaleiros, nas numerosas refregas menores que se sucederam ao torneio, ou nos muitos e maldosos artifícios de Meleagant para impedir a partida final de Lancelote, da rainha e dos demais súditos para o reino dos vivos. Basta dizer que, por um ardil, sir Lancelote foi aprisionado certo tempo em um calabouço, precisando a rainha ser conduzida de volta à corte de Artur por seu antigo companheiro de aventuras, sir Gawain. Este, apesar de haver escolhido a menos perigosa das duas pontes, sofrerá um sério revés. Ao cruzar a ponte, a correnteza derrubou-o e arrastou-o. "Ora emerge, ora afunda; agora o veem, agora o perdem de vista." Mas seus ajudantes tanto forcejaram que terminaram por tirá-lo da água com o auxílio de galhos, varas e ganchos. Usava apenas a cota de malha às costas, o elmo bem preso à cabeça e suas grevas de ferro, enferrujadas pelo suor; pois ele suportara grandes provações e superara, vitorioso, muitos perigos e ataques. Seu corpo estava cheio de água, e, até livrar-se dela toda, não lhe ouviram uma só palavra. Mas assim que a fala, a voz e o caminho de seu coração se desobstruíram, e tão logo pôde ser ouvido e entendido, sir Gawain perguntou pela rainha.

O prisioneiro sir Lancelote foi logo libertado de sua torre solitária por uma agradecida jovem, dama a quem certa vez servira, e retornou a Camelot, onde mais uma vez encontrou o príncipe da morte. Desta vez, no combate final diante de toda a magnífica corte de Camelot, Meleagant foi morto. Completava-se assim a memorável restituição da rainha ao mundo da vida.

Há um detalhe deste romance que eu gostaria de lembrar, o da curiosa carreta que deu seu nome à aventura toda e fez ser chamado o próprio Lancelote de "Cavaleiro da Carreta". Os leitores de Chrétien devem ter estremecido de horror e admiração ao ler que o leal cavaleiro, "sem preocupar-se com a vergonha", saltou sobre o veículo que o desonraria para sempre aos olhos do mundo. De acordo com o ponto de vista dos senhores e damas da época da cavalaria, essa era uma façanha sem paralelo. Sua continuação é ainda mais deliciosa de ler-se. O poeta reservou-a para o grande momento no Castelo da Morte, quando sir Lancelote, tendo conquistado a liberdade da rainha, ia ser saudado por ela e esperava, expectante, pelo seu sorriso.

O rei Bademagu, benigno pai do príncipe Meleagant, conduziu Lancelote pela mão para dentro do castelo. Mas a rainha, ao vê-los entrar, levantou-se diante do rei, parecendo descontente, sem dizer uma palavra.

"Senhora, eis sir Lancelote, que veio ver-vos" – disse o rei. "Deveis estar contente e satisfeita."

"Eu, senhor? Em nada isso pode agradar-me. Não me interessa vê-lo."

"Vamos, senhora!", disse o rei, que era muito franco e cortês. "O que vos leva a agir assim? Estais sendo muito desdenhosa com um homem que vos serviu tão fielmente."

"Senhor, na verdade ele fez mau uso de seu tempo. Jamais negarei que não sinto a menor gratidão por ele." E, sem dizer mais nada, retirou-se para seus aposentos.

Lancelote ficou aturdido. Logo depois, tentou suicidar-se, e a rainha, ao ouvir que ele morrera, quase sucumbiu de tristeza. Seguiram-se muitas complicações, mas por fim os dois amantes perpétuos uniram-se novamente e a rainha explicou:

"Não hesitastes, por vergonha, em subir à carreta? Demonstrastes relutância em subir, hesitando por dois passos inteiros. Essa foi a razão pela qual não quis dirigir-vos a palavra nem fitar-vos."

"Poupe-me Deus de cometer novamente tal crime!", replicou Lancelote, "e que Ele não tenha misericórdia de mim se não tiverdes toda a razão!". Chrétien e seu público devem ter apreciado imensamente esse episódio. Era uma bela ilustração da extrema minúcia que regia o jogo do amor cortesão. Mas como, indaguemos, soube a rainha, em seu cativeiro, que seu cavaleiro falhara, nessa mínima circunstância da qual ninguém, a não ser o próprio Lancelote, se apercebera, e que ninguém, exceto sir Gawain e o anão, poderia ter presenciado?

Evidentemente ela é onisciente, portanto, o que acontecera tão longe estava presente à sua mente. Possui a onisciência de uma deusa porque é uma deusa. E, como verdadeira deusa, ressente-se da menor falha na reverência e subserviência que lhe são devidas. Inflama-se à mais ínfima afronta. No instante em que percebe que seu devoto falhou, por minimamente que seja, em sua perfeita e absoluta devoção, encoleriza-se, ressente-se. Em todo o mundo, são assim as divindades arcaicas e primitivas – é assim também esse ser ainda mais primitivo que todos trazemos dentro de nós. A deusa da vida, naturalmente, é ciumenta e exigente, e não tolerará, do servo piedoso a quem distinguiu com seus favores supremos, nada que não seja uma profunda e incondicional submissão. Por ela, ele deve sacrificar, sem senti-lo como sacrifício, ninharias como valores sociais e reputação. Não lhe deve devotar a própria vida? Chrétien e o público cortesão insistiram, ambos, nesse mesmo ponto de seu extraordinário código e do culto da divindade do amor. A realização do amor perfeito poderia até causar toda a sorte de desonra social; não importa: ele mesmo era o fim que enobrecia todos os meios.

O detalhe da carreta contém ainda outra importante carga de significado. Como dissemos, ao depararem-se com a carreta os dois cavaleiros se confrontam com a primeira das provas a que deverão submeter-se em busca da rainha. Lancelote já demonstrara sua maior disposição e devoção: cavalgara até matar sua montaria e vencera um primeiro combate, enquanto Gawain marchava em passo rápido, mas não desmedido. Gawain só o ultrapassa quando ele é forçado a caminhar penosamente a pé. Ambos os cavaleiros perguntam pela rainha ao zombeteiro anão da carreta e recebem idêntica resposta: se desejam saber dela, é preciso que se despojem de sua condição de cavaleiros, sacrificando o valorizado posto social de suas personalidades conscientes. Por este ideal social travaram incontáveis batalhas e torneios e ele constituiu-se em paradigma de suas vidas, em honra entre os homens, e em perene fama. Pede-se-lhes que troquem esse valor supremo da vida consciente pela vaga esperança de descobrir algum indício da rainha e do inimigo desconhecido que a fizera desaparecer. Gawain recusa-se a esse passo insensato; essa a razão por que fracassa na suprema aventura final. Continua sendo o perfeito cavaleiro de todos os momentos; é um cavaleiro mundano, que não está destinado à tarefa mais elevada de enfrentar e subjugar os demoníacos poderes sobrenaturais do reino da morte, que haviam tomado em suas garras a deusa da vida. Gawain, nessa aventura, não é um super-herói cuja estatura lhe permita a descida ao Inferno.[53]

Sir Lancelote é um exemplo da figura arquetípica do "Salvador" que aparece não apenas nas tradições das crenças cristãs, mas também em inúmeras pré-cristãs.

Jesus foi estigmatizado e escarnecido como criminoso antes de ser entregue ao cadafalso e ao pelourinho da Cruz; foi considerado pior que Barrabás, assassino que seria executado e que foi anistiado em seu lugar. E Jesus foi crucificado entre dois ladrões. Comparativamente, Lancelote, este "Salvador" disfarçado, precisa renunciar ao seu caráter social de imaculado cavalheirismo e incorrer na ignomínia do pelourinho antes de poder prosseguir a busca no reino da morte, resgatando dali a alma da vida. Sir Lancelote tem que submeter-se, simbolicamente, à morte civil; em seguida, mais uma vez simbolicamente, à morte física – quando passa pelo cemitério da capela onde encontra as tumbas vazias que esperam por seus amigos e defronta-se com seu próprio sarcófago. Esses dois passos, as mortes social e física, parecem representar dois estágios de algum ritual de iniciação esotérico, requerendo do candidato uma gradual submissão de toda a sua personalidade terrena em troca do dom de uma natureza espiritual superior e do *summum bonum* da experiência da imortalidade. O mesmo simbolismo, o que é bastante curioso, parece estar subjacente e ter inspirado as figuras um tanto desconcertantes dos baralhos medievais da França, o chamado Tarot (o *Tarot de Marseilles* data pelo menos do século XIV). Além dos quatro naipes – "espadas", "paus", "copas" e "ouro" – esse baralho continha uma série superior de vinte e duas figuras. Uma delas, "O Louco", não tinha número; era, aparentemente, o precursor do atual curinga. As outras vinte e uma eram numeradas configurando uma série crescente. Acredito que a linguagem pictórica dessas cartas figurativas representava os graus de uma ordem de iniciação esotérica, utilizando principalmente símbolos cristãos, dissimulando, porém, as fórmulas dos ensinamentos heréticos gnósticos, muito disseminados no sul da França até o século XV.[54] O iniciado, depois de ascender os vinte degraus de uma iluminação que ia se ampliando gradualmente, sendo assediado por outras tantas tentações características, atingia finalmente um estágio de união mística com a Santíssima Trindade, o que era simbolizado na imagem culminante da série, "O Hermafrodita Dançante". A alma era a noiva do Senhor; na figura do Hermafrodita, os dois eram um só. A figura sugere imediatamente o Shiva Dançante; Shiva reúne em si mesmo a fêmea e o macho.[55] Esse símbolo bissexual representa a encarnação, em uma forma única, de todos os pares de opostos, é uma transcendência das oposições fenomênicas e essa Forma das formas encarnada é então concebida como o Um, cuja dança é o mundo criado. O candidato tem que compreender, assumir e encarnar essa atitude como símbolo efetivo de sua suprema realização metafísica.

    Parece apontar para algo semelhante, o leito divino de sir Lancelote e da rainha: os dois amantes são um só, e cada um deles é ambos. Na realização dessa identidade, eles encarnam e manifestam a singular Forma das formas, que está além do espaço e do tempo; seu jogo amoroso é a dança do Hermafrodita Cósmico[56], e sua reunião no Castelo da Morte simboliza o momento renovador que restaura a vida do mundo.

    O meio do perigoso caminho dessa realização, tal como é representado na série de honra das cartas do Tarot, ou seja, na sinistra figura da carta XIII, nos mostra o inconfundível símbolo da Morte: o esqueleto com a foice, movendo-se entre as flores do prado da vida. Esta carta é precedida pela figura do "Enforcado", *Le Pendu* (carta

XII), na qual o iniciado está suspenso pelo tornozelo esquerdo, de cabeça para baixo, condenado à outra morte: a da desgraça social no cadafalso social. A carta XII é a contrapartida da iniciação de sir Lancelote da Carreta; a carta XIII corresponde à sua passagem pela tumba.

5

Para terminar este esboço bastante esquemático da mais interessante e inspiradora figura do *animus* da tradição ocidental, gostaria de sugerir que a encantada temeridade, a atitude enfeitiçada e feiticeira de Lancelote, provém de arcaicas origens pagas. Ele está indissoluvelmente ligado, cegamente e para sempre, à deusa da pura força vital, no papel de seu devotado salvador. Dessas origens devem vir--lhe também as características que o desqualificam para levar a termo a aventura cristã do Santo Graal. "Sir Lancelote", ordenou a voz admoestadora, "sois mais duro que a pedra, mais áspero que a madeira, mais descoberto e nu do que a folha da figueira; ide-vos daqui, retirai-vos deste local sagrado!". Não seria ele o protagonista dessa busca puramente espiritual. Poderia observar o mistério à distância, mas sem jamais aproximar-se. Ao percebê-lo, compreendeu então os limites de alguém consagrado não à Rainha do Espírito, mas àquela da Vida do Mundo. E já ouvimos seu lamento: "Ao buscar aventuras mundanas, movido por desejos mundanos, sempre as encontrei, e fui em toda a parte o vencedor, nunca sendo derrotado em disputa alguma, justa ou injusta. Agora, ao partir em busca de coisas sagradas, vejo e compreendo que meu antigo pecado me impede e envergonha, de tal modo que não tive forças para mover-me ou falar quando o sangue sagrado apareceu diante de mim".

No entanto, ele não ficou por muito tempo sem consolo. A voz da força vital, e o dinamismo do cosmos que lhe haviam saturado a personalidade quando, em sua juventude, habitara os domínios da feérica deusa das águas do "Lago", logo o confortaram. E lemos que "ele se lamentou até raiar o dia e, ouvindo os pássaros cantarem, sentiu-se mais aliviado". O alter ego de Lancelote, o filho cujo nome era o mesmo que ele próprio recebera, de seu pai humano, no batismo, (antes que a Dama do Lago o raptasse, iniciasse e o chamasse de "Lancelote do Lago"), será o realizador da sagrada aventura do Santo Graal. Como no simbolismo dos sonhos, a criança, o filho, tem a conotação, aqui, da mais elevada conversão da personalidade. A criança é o si mesmo renascido em perfeição primeva, o ser perfeito que deveríamos ser, que nos esforçamos por chegar a ser e no qual esperamos nos transformar, por assim dizer, quando entramos em nosso corpo atual. E o símbolo da enteléquia, ou o modelo secreto de nosso destino.

Assim, sir Galahad, o imaculado, é a redenção de seu ambíguo e brilhante pai, cujo nome "cristão" confirma e leva. Ele é a redenção porque é a reencarnação paterna. As virtudes desse santo filho triunfante são as da própria essência de seu pai. O pai – que é sir Lancelote do Lago, mas é sir Galahad da Fonte Batismal – é revelado como sendo a combinação, em uma pessoa, das energias das duas esferas, a mundana dos desejos, e a mais elevada, da aventura puramente espiritual. Esse é o segredo final de seu encanto.

IV – MERLIN

O crescimento das religiões pagãs do Norte da Europa foi cortado pela raiz quando os povos que as praticavam caíram sob a esfera de influência do Cristianismo. A Igreja fez mais do que a cultura romana para privar a mitologia dos celtas, teutões e da primitiva população pré-céltica das Ilhas Britânicas, do velho credo sob o qual viviam, moviam-se e conduziam sua existência. Apesar disso essa mitologia sobreviveu, porém sem fundamentos ou apoio, já não mais sob a forma de culto, despojada de seu antigo ritual. Como em outros lugares, sob circunstâncias semelhantes, ela se transformou em poesia e saga, secularizando-se e perdendo seu poder de atração e, como sob essa forma nada havia que a Igreja pudesse atacar, continuou a desenvolver-se por toda a Idade Média, oferecendo um rico alimento para a alma, enquanto a Igreja, com sua teologia de salvação, não tinha nada comparável para oferecer. O homem medieval vivia em sonhos sua juventude interrompida, através das imagens e figuras dos mitos e sagas celtas e pré-celtas; foram estes que, como lendas e romances do Santo Graal e do ciclo arturiano, tornaram-se as novelas mais apreciadas nos círculos cavalheirescos e nas cortes de toda a Europa.

No centro desse ciclo de sagas está a figura de Merlin. Ele representa para o Ocidente o mesmo que em outras culturas é recorrente sob a forma do atraente personagem do mago, na condição de mestre e orientador de almas. Pode ser comparado, por exemplo, ao guru, sacerdote doméstico e mestre das cerimônias de iniciação na Índia, ou ao feiticeiro, em sua atuação como oráculo e guia espiritual das tribos primitivas. Merlin vive na "floresta encantada", no "Vale sem Retorno", que é a Terra dos Mortos, o aspecto sombrio do mundo. A floresta mágica está sempre repleta de aventuras. Ninguém pode entrar nela sem se perder. Mas o escolhido, o eleito, aquele que sobrevive a seus perigos mortais, renasce e sai dela transformado. A floresta sempre foi um local de iniciação; nela se revelam as presenças diabólicas, os espíritos ancestrais e as forças da natureza. Ali o homem encontra-se com seu mais elevado si-mesmo, com seu totem animal. Lá o feiticeiro conduz os jovens da tribo ao renascimento, como guerreiros e homens, através de terríveis ritos de iniciação. A floresta é a antítese da casa e do lar, da aldeia e dos campos delimitados, governados pelos deuses domésticos, onde prevalecem as leis e os costumes humanos. A floresta abriga o obscuro e o proibido – segredos, terrores, que ameaçam a vida protegida daqueles que vivem no mundo ordenado da vida cotidiana. Seus abismos tenebrosos, repletos de formas estranhas e vozes sussurrantes, contêm o segredo da aventura da alma. Em alguma paragem dessa monstruosa região, desse domicílio das trevas, situa-se o castelo de Merlin. Suas muitas janelas abrem-se para os segredos que se ocultam em torno, as portas recebem viajantes de todos os recantos do globo; estradas partem do castelo rumo aos mais distantes rincões do mundo. O castelo é o coração das trevas; seus olhos inumeráveis veem e sabem tudo, oferecendo a cada eleito uma diferente possibilidade para aproximar-se do mistério.[57]

    Mas Merlin não é apenas o senhor da floresta, que atrai o escolhido ao campo das provas perigosas; é também fundador e guia da cavalheiresca Távola Redonda e mestre do rei Artur, seu senhor. Ou seja, no mundo diurno comum, Merlin convoca e reúne os eleitos, enviando-os, um a um, às trevas onde se confrontarão com as provações que irão transformá-los. Merlin é o senhor de todo o ciclo – aquele que transforma, misterioso, benigno e assustador pedagogo, o convocador, que submete às provas e que outorga a recompensa final; ele é Meleagant e o rei Bademagu, é Bernlak de Hautdesert, o anfitrião do Castelo da Abundância e o Guardião da Floresta.[58]

    Na tradição arturiana do século XII, Merlin era representado como o filho de um íncubo e de uma virgem. Trata-se, naturalmente, de uma versão e uma racionalização cristãs. Atribuía-se aos antigos deuses bretões, degradados em demônios, a geração de um Anticristo, no esforço de manter suas forças agonizantes contra o crescente poder do Salvador, o que provocou uma distorção propagandística do motivo mitológico universal do Nascimento Virginal. Pois o herói destinado a operar milagres, a matar o dragão e criar uma nova ordem no mundo, não pode possuir um pai terreno. É impossível que possa nascer de um casamento trivial, no círculo onde vivem, confortavelmente, simples seres humanos; sua semente tem que ser plantada por poderes celestiais. Sua mãe, porém, é terrestre e ele nasce, ao mesmo tempo, deus e homem. É assim que o eleito sempre reúne em si as duas esferas. Perseu, por exemplo, foi o fruto da semente de ouro que Zeus derramou no ventre da princesa Dânae. Conquistando a Medusa e resgatando Andrômeda do dragão marinho, ele libertou o mundo dos homens do poder dos monstros. Indra, outro matador de dragões e filho de uma virgem, elevou-se, em virtude de suas proezas cósmicas, à condição de deus. Merlin, no entanto, apesar de aparentado com essas e outras figuras semelhantes, por sua origem sobrenatural, não é, como elas, um herói guerreiro, mas um mago; suas armas são a magia e o conhecimento, não as façanhas. Não cria, ele próprio, a nova ordem do mundo, como fez Indra, mas encaminha a vida de Artur, o rei predestinado, e depois preside a fundação da Távola Redonda. Essa fórmula é uma expressão cultural pré-cristã das Ilhas Britânicas, cultura na qual os druidas, sacerdotes e videntes, com seus poderes e conhecimentos mágicos, protegiam, instruíam e governavam os reis, como fazem hoje os sacerdotes budistas no Tibete dos lamas.

A CONQUISTA PSICOLÓGICA DO MAL

A mãe de Merlin era uma princesa. Com total inocência ela sucumbiu ao demônio e concebeu seu filho feérico, dando-o à luz em um escuro calabouço, banida e só. Mas o recém-nascido aliviou as tristezas maternas; ele sabia de onde viera e por quê. Não o amedrontava a estrada que teria de percorrer. Provou de várias formas sua ascendência sobrenatural. Esse "evangelho da infância", em que milagres e ditos proféticos denotavam o alto destino da criança, pertence ao tradicional percurso mítico do eleito. No caso de Merlin, conta-se a história do rei Vortigern, que, após conquistar com sangue o trono, construiu uma torre para seu refúgio e esconderijo. Mas a torre começou a estremecer e nenhum de seus dois magos mostrou-se capaz de salvá-la. O rei, tendo sabido da existência de um menino versado em magia, mandou buscá-lo. Merlin revelou o segredo da torre; exatamente sob ela, nas profundezas da terra, dois dragões enfrentavam-se e a luta sacudia continuamente os alicerces. Isso desonrou os dois magos da corte. O menino maravilhoso prosseguiu, profetizando que, quando o dragão branco vencesse o vermelho, o reinado de Vortigern estaria terminado. Essa foi uma previsão da futura ordem do rei Artur, à qual essa criança nascera para conferir existência. Assim, triunfou não apenas sobre os magos, mas também sobre o rei. Esses poderes arrogantes que levantavam a cabeça em jactanciosa autoafirmação estavam condenados a fenecer e morrer. O próprio Merlin daria início à nova ordem. A Távola Redonda, com todo o seu esplendor, seria obra de suas mãos.[59]

O primeiro problema de Merlin foi a união do par real, dos futuros pais de Artur, o rei Uther Pendragon e Igerne, ou Igraine, na época esposa do duque de Cornualha. Conseguiu-a por artes mágicas.[60] A seguir, acompanhou pessoalmente a juventude de Artur, preparando-o em segredo para o momento de seu destino. Merlin criou a Távola Redonda (cuja cópia ainda pode ser vista em Winchester) e converteu-se em guia e inspiração da confraria cavalheiresca, como vidente – no sentido druídico e pré-cristão –, conselheiro real e mago, como o guru bramânico na corte de um príncipe hindu.

Terminada a Idade Média, Merlin permaneceu em seu refúgio de Gales como a figura profética do mundo celta. Era um costume habitual aos povos medievais formular pensamentos sobre sua época e seus sonhos acerca do futuro, num estilo sugestivo de misteriosas profecias pré-históricas – um tipo de revelação influenciada pelas profecias gregas da sibila, dos profetas hebreus do Velho Testamento e do Apocalipse. Em Gales, as canções de Merlin e suas conversas com a irmã tornaram-se uma cadeia de ditos folclóricos que se estenderam por centenas de anos; ainda no século XVI, tamanho era o seu poder que foram incluídos no *Index* pelo Concílio de Trento.[61] Assim, sob a máscara do mágico sem idade, o gênio do povo celta elevou a voz contra as forças e condições políticas da época. Ele era a representação do espírito profético da raça, como aqueles videntes e magos, druidas e especialistas primitivos na magia do tempo, que sonham os sonhos de suas tribos e os interpretam; ele permaneceu para seu povo como uma figura significativa, cujos poderes curativos e confortadores sobreviveram longamente aos anos míticos de sua vida terrena.

Merlin, Artur, Vortigern e os pais de Artur foram, todos eles, figuras reais da história britânica, nos tempos sanguinários em que os romanos abandonaram a ilha, que foi então invadida pelos escoceses ao norte, e pelos irlandeses a oeste, assim como pelos anglos e saxões vindos do continente. Vortigern foi o rei britânico que convocou os saxões para auxiliá-lo na defesa de seu país contra os vizinhos; depois seus aliados o enganaram, subjugando-lhe o povo permanentemente. Uma antiga crônica de Gales, *Brut Tysilio*, uma das fontes da *Historia Britonum* de Geoffrey of Monmouth, relata como Vortigern tentou infrutiferamente edificar um castelo contra seus inimigos, e como se encontrou com o menino sábio, Merlin.[62] Artur, filho de Uther – prossegue dizendo a crônica –, era um dos grandes líderes dos bretões contra os inimigos estrangeiros. Numa vitoriosa campanha marítima, rechaçou uma invasão viking e alcançou a Gália, onde ameaçou o tardio domínio romano; chegou a planejar uma expedição contra a própria Roma com a intenção de conquistar a coroa imperial, como fez Carlos Magno, três séculos mais tarde. Mas notícias de traição em seu reino detiveram-no.

É que na Bretanha – continua a história – Modred, sobrinho do rei Artur, levantara-se contra ele e raptara-lhe a rainha. Artur retornou, matou Modred e dispersou-lhe o exército, mas foi fatalmente ferido na batalha. Procurando uma cura milagrosa, ele visitou a fabulosa ilha-santuário de Avalon; porém, como na visita de sir Gawain ao *Château Merveil*, essa foi sua viagem ao País sem Retorno. A última jornada à ilha mágica foi o regresso ao lar de um herói mítico, não a viagem de um rei histórico. Artur foi transportado às Ilhas Bem-Aventuradas. A "morte" de Artur foi o retorno ao lar de um velho deus que, ao fim de sua missão, se retira do mundo, desvanecendo-se no além de onde viera.[63]

Como as figuras dos contos de E. T. A. Hoffmann, Merlin e Artur movem-se em dois planos – o histórico, registrado nas crônicas, e o do atemporal mundo mitológico. Às feições históricas sobrepuseram-se façanhas sobre-humanas e características provenientes da grande arca dos tesouros mundiais do folclore e dos mitos, convertendo-se o herói, ainda neste mundo, em um ser imortal, à semelhança do corpo transfigurado de uma ideia. Traços de antigos deuses desvanecidos recobrem a memória histórica, e personagens que na aridez das crônicas aparecem como pouco mais que nomes mudos principiam a falar na linguagem atemporal dos sonhos.

Um dos mais vívidos episódios míticos assimilados à história do chefe celta Artur é a façanha que o revela como rei predestinado. Morrera-lhe o pai, Uther Pendragon, e todos os poderosos senhores feudais do reino disputavam a coroa. A conselho de Merlin, decidiu-se, finalmente, deixar que os poderes sobrenaturais decidissem esse assunto conturbado. Defronte à maior igreja de Londres aparecera uma pedra na qual estava enterrada uma espada, à volta da qual, em letras de ouro, lia-se que aquele que conseguisse retirá-la seria rei. Muitos tentaram em vão. Finalmente, Artur, jovem desconhecido que fora secretamente educado sob a tutela de Merlin, dirigiu-se à igreja e, ignorando a magia do próprio feito, arrancou a espada.[64]

Esse símbolo impressionante da eleição e do sagrado poder do herói deriva do período pré-histórico correspondente ao final da Idade da Pedra. Até a descoberta do bronze e do ferro não se fabricavam espadas; antes dessa época só havia lanças, flechas e machados. Então, por quem o metal foi libertado da pedra? Pelo herói cultural, pelo ferreiro mágico que libertou o mundo da Idade da Pedra e ensinou à humanidade a arte de fundir o bronze e o ferro a partir do minério. O herói que pode tirar a espada de ferro da pedra pode não ser necessariamente um grande guerreiro, mas é sempre um poderoso mago, senhor das coisas espirituais e materiais; é um vidente, comparável, nos termos da Idade do Ferro, ao inventor moderno, químico ou engenheiro, que cria novas armas para seu povo. Assim como atualmente olhamos com respeito – e algum medo – o homem de ciência, era muito natural aos povos daqueles tempos remotos acreditar que aquele que libertara, para eles, o metal da pedra, fosse o mestre eleito dos segredos da existência.

O herói desses dias fabricava suas próprias armas, sendo literalmente o "forjador de seu próprio destino"; portanto, seu poder e prestígio ligaram-se, em grande parte, à habilidade de forjar uma arma que não se partisse em suas mãos. O guerreiro dependia, para a vitória, tanto da magia de sua espada quanto de sua coragem e força; magia e capacidade eram, portanto, equivalentes míticos e, em essência, idênticos ao segredo do superior equipamento técnico que a espécie humana acabara de descobrir. O milagre, o signo supremo, seria a espada imperecível, a maravilhosa arma dotada de poderes absolutos. O grande sonho da nova Idade do Metal era a posse dessa lâmina inquebrantável, exatamente como fora o sonho da Idade da Pedra possuir um projétil mágico que retornasse às mãos de seu lançador, como o martelo de Thor ou os raios de Zeus e Indra.

A virtude da arma forjada pelo herói, ou a ele concedida pelos deuses, é uma parte dele mesmo e o sinal de sua força mágica. A arma o acompanha ao túmulo, e só poderá outorgá-la a alguém capaz de brandi-la, pois ela é, de certa forma, uma réplica do próprio herói. Foi assim com o arco de Ulisses, que nenhum dos pretendentes pôde estirar. E também com a espada de Artur na pedra: a arma preservou-se para o herdeiro escolhido; ele emerge, jovem e desconhecido, em meio a nomes antigos e mais célebres: então, depois da façanha que revelou sua predestinação, descobre-se que é filho do velho rei falecido.

Artur conquistou uma outra espada, no combate com um gigante, o rei Rion.[65] A arma arrebatada a um adversário derrotado é o poder do vencido sob forma tangível, que é então transferido ao vitorioso; o ser humano que vence tal gigante e se apodera de sua espada é, portanto, "um homem gigante", um supergigante e, ao usar-lhe a arma em combate, assimila-lhe a força. Uma terceira espada foi entregue a Artur por uma fada; retirou-a das águas do "Lago", e deu-a a ele quando sua primeira espada se quebrou em batalha. Era a grande Excalibur. Mas, porque sua espada lhe falhara, ele não foi capaz de vencer o rei Pellinor e, em consequência, seu domínio foi condenado a continuar, por algum tempo, incompleto.[66]

A Távola Redonda fora originalmente confiada por Merlin ao pai de Artur, e com sua morte passou às mãos de um certo rei Leodogran de Camelot, pai da linda princesa Guinevère. Artur resgatou Leodogran de uma hoste de inimigos, sendo recompensado com a mão de sua filha, e tomando posse, no dia do casamento, da Távola Redonda. Os primeiros membros da confraria eram cavaleiros que haviam estado a serviço do rei Leodogran. Outros foram escolhidos por Artur a instâncias de Merlin. O último lugar vazio (excetuando-se o "lugar perigoso" que devia permanecer livre, à espera de futuros acontecimentos secretos) foi ocupado pelo invicto rei Pellinor, que assim voluntariamente se curvava à majestade de Artur. E o domínio do supremo rei da cristandade celta tornou-se perfeito.[67]

Raiara a aurora de um novo dia. Artur se casara com Guinevère, a confraria da Távola Redonda se completara e seus membros estavam prontos para feitos prodigiosos. A vida parecia repleta de promessa e significado. Os cavaleiros reunidos ergueram as espadas e juraram, um a um, enquanto passavam a taça de mão em mão, transformar o errado em certo, alimentar os famintos, auxiliar os fracos, cumprir as leis, e jamais recusar ajuda a uma mulher em aflição. Mas, ao lhe sair dos lábios o juramento, fatos estranhos começaram a acontecer.

Cães ladraram com grande alarido, trompas soaram misteriosamente, e uma horda selvagem irrompeu bruscamente no salão; vinha à frente um veado branco, e em seus calcanhares, perseguindo-o, um pequeno e ágil sabujo, ambos seguidos por uma matilha de cachorros. Todos correram à volta da Távola e subitamente, em desespero, o veado saltou sobre Gawain, derrubando-o de costas. O pequeno sabujo seguiu o animal, mas Gawain agarrou-o e, como se estivesse enfeitiçado, foi arrastado em meio à caçada, que disparou para fora do salão, perseguindo a presa.

Os cavaleiros da Távola Redonda sentaram-se; pareciam estar num sonho. Eis que surge à porta de entrada uma jovem montada num palafrém branco, chorando por seu cãozinho. "Não podem tirá-lo de mim", lamentou-se ela. "Lembrai-vos de vosso juramento, rei Artur; preciso de ajuda, e jurastes jamais recusar auxílio a uma mulher em aflição."

O rei permaneceu em silêncio, a mão sobre o punho da espada. Ao prestar o juramento, sonhara com façanhas bem diferentes dessa, de devolver o cãozinho de uma jovem queixosa. Antes que pudesse recuperar-se, entrou pelo salão adentro um sombrio ginete negro que tomou as rédeas do palafrém branco e, antes que os cavaleiros pudessem mover-se, foi-se embora com a jovem chorosa. Das colinas distantes vinha o som das trompas misteriosas.

Todos estavam atônitos e Artur, confuso, voltou-se para Merlin: "Qual é o significado de tudo isto, ó grande mago? Vieram de vossa floresta encantada? São espíritos?".

Merlin afastou para trás o capuz que lhe escondia o rosto vincado e suas feições transformaram-se, no instante em que se tornaram visíveis. O rosto familiar, de longa barba branca, com a coroa druídica de azevinho, transformara-se no rosto radiante de um menino de idade indefinida, com folhas de louro nos cabelos dourados. Ele sorria ao falar, numa voz cujo timbre era igual ao das trompas distantes.

"Essa não foi uma caçada mágica e aquela não era uma jovem fada?", disse ele. "Não sereis bastante homens para buscar aventuras com os espíritos, e para cavalgar em perseguição a seres encantados? Por que estais aqui reunidos, senão para seguir o exemplo de Gawain?" Disse, cobriu o rosto e desapareceu.[68]

Não se concedeu muito tempo a Artur e a seus cavaleiros para festejarem a completação da Távola Redonda, ou o casamento místico do rei e da rainha – também um símbolo da obtenção de certo grau de perfeição. Um vento convocado por Merlin soprou pelo castelo e tudo se transformou; os cavaleiros desalentaram-se; no entanto, ocorrera apenas a caça a um veado branco e uma desamparada moça aparecera a chorar. Essa resposta irônica a seu elevado juramento atormentava-lhes as mentes e oprimia-lhes os corações, pois era um sinal da vacuidade de seu esplendor.

Cada momento de realização na vida do eleito é um passo que conduz em si a semente da morte, pois no instante em que acredita ter alcançado o fim, o resultado é definhamento, monotonia e repetição. O mundo tangível, à medida que é conquistado, torna-se devastação; à medida que se torna seguro e bem ordenado, sem perigos e aventuras reais, torna-se inerte. Perigos surgem do desconhecido, da floresta mágica, do Castelo Perigoso, do Vale sem Retorno. Os cavaleiros agora tinham compreendido isso. Manter a perfeição cavalheiresca pode tornar-se um jogo, uma rotina complacente, o que pode também acontecer ao eleito, em qualquer fase de progresso espiritual, se ele se detiver nela, ao longo do caminho – ainda que, no nível de um mortal comum, esse ímpeto heroico possa ser o próprio sopro de vida, ordenado pela natureza. Onde não há mais suprimento de aventuras, o mundo civil nada mais tem a oferecer ao eleito além da condição de dignitário. O verdadeiro campo de ação tem que ser, então, a aventura da alma. O cavaleiro da Távola Redonda precisa preparar-se para a busca solitária do sobrenatural.

A floresta se ilumina, sob uma dupla e encantadora luminosidade; existem novos perigos, novas iniciações. A floresta celta não é um mundo oposto, como o Inferno da teologia cristã, mas o reino da própria alma, que ela pode escolher conhecer, buscando nele sua mais íntima aventura. Essa foi a rápida escolha de Gawain, ao seguir o cãozinho e o veado branco. Há uma força pura que preserva o herói, mas ele não pode esquecer o chamado do abismo. Tudo o que é obscuro e tentador no mundo será encontrado novamente na floresta encantada, onde brotará de nossos mais profundos desejos e dos ancestrais sonhos da alma.

A verdadeira tarefa dos cavaleiros está agora à frente deles. Merlin, o guia, revelou-lhes o significado da caçada. Estão face a face com a aventura para a qual tudo o mais foi um prelúdio destinado a cimentar o círculo da fraternidade dos escolhidos. Como membros, todos da Távola Redonda estão unidos por um vínculo comum, e seus caminhos, apesar de predestinados para cada um, separadamente, encontrar-se-ão, cruzando-se e entrelaçando-se. Através de perigos semelhantes, serão conduzidos a finais semelhantes. Como os feitos de Hércules, a viagem dos Argonautas, como a vida heroica de Teseu e as viagens de Ulisses, seus romances representarão e interpretarão diferentes caminhos de iniciação, transformação e realização da perfeição.

Os romances do ciclo arturiano são a réplica celta dos grandes mitos da civilização clássica. Estão entre as principais correções da cristandade medieval (outra foi o encontro com o Islam e suas antigas tradições), alçando-se acima da mais remota antiguidade e apontando o caminho, através de sofrimento e iniciação, para uma humanidade mais elevada. Sua magia, a mágica do druida Merlin, inspirou e enfeitiçou o coração do homem europeu até já estar bem adiantada a Renascença, quando o profundo simbolismo dos sonhos das jornadas e buscas cavalheirescas, desgastado nos romances populares, foi ridicularizado pelo engenho de Rabelais e recebeu o golpe de morte com a figura de Dom Quixote. O próprio Merlin, entretanto, retirara-se há muito do mundo no qual atuara com seus iniciados, primeiro unindo-os no círculo da Távola Redonda, e a seguir dispersando-os pelas veredas de suas muitas transformações.

É bem conhecido o fim de Merlin. Um dia, na floresta, ele encontrou a bela Niniane, que diziam ser filha de um rico nobre chamado Dyonas e de Diana, a sereia da Sicília. Sua mãe dotara-a de muitos dons maravilhosos graças aos quais estava predestinado que ela fascinaria Merlin. Ele a entreteve com um jogo mágico: quebrou um ramo e desenhou um círculo e de imediato apareceu uma companhia de cavaleiros e damas dando-se as mãos e cantando da mais bela maneira que se possa imaginar. Menestréis tocavam vários tipos de instrumentos, de tal forma que parecia ouvir-se a música dos anjos. Então, quando o sol chegou ao zênite, uma umbrosa e fresca sebe cercou-os, e apareceram flores e ervas sobre a relva espessa. Niniane não se cansava de ouvir a música, embora só compreendesse um de seus versos: "O amargo sofrimento é o fim das doces alegrias do recém-nascido amor".

Niniane fez com que Merlin prometesse ensinar-lhe suas artes, e ambos juraram amar-se eternamente. Abraçaram-se, e nos prazeres do amor Merlin ensinou-lhe muitas e singulares coisas. Eles mal suportavam separar-se e a cada encontro o mago se descobria mais fortemente ligado a ela. Continuava a ensiná-la mais e mais. Merlin sabia muito bem que um dia ela o encantaria completamente com sua própria magia. Não obstante, continuou. Despediu-se de Artur e, o mundo, de sua fama.

Retornando de sua última visita a Camelot, Merlin encontrou-se com Niniane na floresta mágica e ela recebeu-o mais sedutora e apaixonada do que nunca. "Ensina-me", suplicou ela, "como, sem grilhões ou muros de prisão, apenas com magia, poderei encadear um homem, de modo que nunca possa escapar, a não ser que eu decida libertá-lo". Merlin suspirou e inclinou a cabeça em consentimento. Sem nenhuma reserva, ensinou-lhe todas as artes e elementos desse encantamento tão poderoso. Niniane mal se continha de alegria, e lhe deu tão livremente seu amor que ele jamais voltaria a conhecer a felicidade a não ser com ela.

De mãos dadas, vagaram pela floresta de Broceliande e, cansando-se, sentaram-se sob um espinheiro branco carregado de flores que exalavam um doce aroma. Deleitaram-se mutuamente com meigas palavras e beijos até que finalmente Merlin deitou a cabeça no regaço de Niniane, que lhe acariciou o rosto e enredou-lhe os dedos nos cabelos, até que ele adormeceu. Tão logo teve certeza de que ele dormia um sono profundo, ela levantou-se suavemente, retirou seu longo véu e atou-o ao redor do espinheiro branco. Em seguida, usando as palavras mágicas que Merlin lhe ensinara, deu nove voltas em torno do espinheiro, dentro de um círculo que traçara, nove vezes murmurando as palavras mágicas adequadas, sabendo que depois disso o encanto não poderia ser desfeito. Logo sentou-se e novamente tomou a cabeça de Merlin em seu regaço.

Despertando, o sábio olhou em torno; pareceu-lhe estar deitado em uma cama, no interior de uma torre incrivelmente alta. "Se não ficares comigo para sempre", disse ele, "estarás me traindo, pois ninguém mais, além de ti, poderá libertar-me desta torre".

"Meu amor querido", respondeu Niniane, "muitas vezes virei repousar em teus braços".

Ela cumpriu a palavra. Muito poucos foram os dias ou noites que não passou com ele. Merlin não podia mover-se do lugar em que estava, enquanto ela podia ir e vir como quisesse. Dentro de pouco tempo, tê-lo-ia libertado alegremente, pela tristeza de vê-lo sempre aprisionado; mas o encantamento fora demasiadamente forte e não estava em seu poder anulá-lo. Permaneceu ao lado dele, tendo no coração uma tristeza perpétua.[69]

Esse romance, que irradia uma trêmula luminosidade, está repleto da doce nostalgia de Tristão e ensombrecido por uma suave melancolia; é o relato de um encantamento antigo como o mundo, provocado pelo encanto amoroso, colorido e retocado com o galante rococó da França medieval. O elemento cortesão aparece apenas na estilização; o material mítico, em si mesmo, é imensamente antigo.

Existe uma nuança especial nesse conto. O mago renuncia à sabedoria mágica, mas não a concede às suas criaturas prodigiosas, os cavaleiros da Távola Redonda, nem ao senhor destes, seu especial valido, o rei Artur. Pois, em última análise, dirigir o mundo não é trabalho para um círculo de homens sábios, um grupo de *mahatmas* de além-Himalaias, para Sarastros e Cagliostros saídos de seus templos, ou para nenhum grupo de iniciados perfeitos. Merlin é sábio demais para partilhar com pessoas como essas o sonho de desemaranhar os fios da meada do mundo, tecendo com eles um tapete de perfeição segundo um desenho ideal. Seus olhos de profeta podem ver desenrolar-se imagens do futuro e do presente, e ele sabe o que há de acontecer. Por isso, deita o poder da sabedoria mágica entre os dedos feiticeiros da adorável loucura, sua feérica amante. Ela é a personificação da energia fascinante da vida e recebe, irrefletida, esse dom, cujo poder supera qualquer imaginação. Tudo que lhe ocorre fazer com ele é enfeitiçar o próprio senhor da magia. Assim, o senhor da floresta encantada foi encantado, voluntária e involuntariamente, em seu reino, por uma encantadora criança feérica que é a encarnação das profundezas mágicas da própria floresta.

Ou seja, Merlin se retrai no interior do poder que é ele mesmo. É apenas aparente que tenha sucumbido a esse poder. Retorna voluntariamente ao lar, à sua existência silenciosa, perfumada e florescente, depois de ter sido, por tanto tempo, o poder atuante do mundo externo. Merlin era a face e a voz da floresta; mas a face agora se encobre e a voz desvanece-se no silêncio que a fez nascer, silêncio de onde partiu a mensagem transmitida ao mundo espacial. Também o inconsciente, quando revestido, temporariamente, de palavras e gestos, após ter governado por certo tempo sob a forma do consciente, retorna à sua silenciosa sonolência. A astúcia de Niniane é uma ilusão; o abandono de Merlin a ela é conhecimento. Nos olhos brilhantes da jovem ele reconhece a quinta-essência de seu próprio ser.

O abismo, com sua sabedoria e indiferença suprema, seduziu Merlin, submetendo-o ao encantamento que o afastaria do trabalho e dos triunfos do mundo. Merlin partira para o mundo; retornou ao seu lar, à floresta. O que é o mundo para a floresta? O que é a consciência para a inconsciência? São perguntas que somente Merlin pode fazer e que apenas ele pode responder. O que é, para o abismo, a história espaço-temporal? Mas ele nos responde. A resposta é que permite que floresta e abismo voltem a tragá-lo, transformando-se novamente na floresta mágica com todas as suas árvores. Pois ele é o senhor da floresta e de sua essência, ao passo que os cavaleiros da Távola Redonda são filhos de homens, senhores de castelos e heróis do mundo. O inconsciente, através de Merlin, manifestou-se ao mundo por meio de símbolos reveladores, submergindo em seu silêncio primevo.

Abandonando-se às artes mágicas de Niniane, que são muito peculiarmente dele, sabendo, a cada passo do percurso, o que estava perdendo e qual seria o final, Merlin eleva-se às tranquilas alturas de um deus hindu que se recolhe, após um período de manifestação, ao seu próprio silêncio; sabe que não desempenhará mais nenhum papel na salvação ou no julgamento do mundo. Tal foi o gesto de Shiva quando, em devoção silenciosa, abandonou-se à turbulência do amor, à terna insaciabilidade de sua deusa e, imóvel diante dela, perpetrou-lhe nas mãos criadoras o drama universal do nascimento, realização e decadência.

Artur e seus cavaleiros tomaram-se de infinita aflição à partida de Merlin. Esperaram em vão, vagueando muitos anos pelo mundo à sua procura. Certa vez, quando Gawain cavalgava tristemente pela floresta de Broceliande, pensou ter ouvido uma voz, mas fora apenas um leve sussurro, que não conseguiu descobrir de onde vinha. Ouviu-o novamente. "Não fiqueis triste, Gawain, tudo o que tem que ser, será."

"Quem sois, que me chamais pelo nome?", exclamou Gawain.

"Não sabeis quem sou, sir Gawain?", indagou a voz suave e zombeteira. "No entanto, houve tempo em que me conhecíeis bem. O antigo refrão deve ser verdadeiro: deixai a corte e a corte vos deixa. Quando servi o rei Artur, era conhecido e amado por todos. Agora sou um estranho, e isso não aconteceria, se existisse fidelidade ou lealdade sobre a terra."

Gritou então Gawain: "Oh, mestre Merlin! Reconheço agora vossa voz. Aparecei para que eu vos veja o rosto".

"Jamais me vereis o rosto", respondeu Merlin, "e sois o último a ouvir-me a voz; depois de vós, não falarei a nenhum outro homem. Ninguém jamais chegará novamente a este lugar, e mesmo vós aqui estais pela última vez. Não poderei nunca encontrar o caminho que conduz a vós, não importa quanto me pese ter de ficar aqui para sempre. Apenas aquela que me prende aqui tem o poder de ir e vir como quiser; é a única que pode ver-me e falar-me".

"Mas como, querido amigo?", gritou Gawain. "Estais tão preso que nunca vos libertareis? Como pôde acontecer isto convosco, a vós, o mais sábio dos homens?"

"Sou também o maior dos tolos", respondeu Merlin. "Amo a alguém mais do que a mim mesmo, e ensinei minha amada a subjugar-me; agora ninguém poderá libertar-me."

Tristemente, Gawain voltou-se e deixou-o, para dar a notícia à corte. Grande foi a consternação, quando contou aos cavaleiros que ninguém voltaria a ver ou ouvir Merlin, e que espécie de poder o mantinha cativo. Todos choraram ao ouvir como ele os abençoara: o rei e a rainha, os nobres e o reino.[70]

O que encontramos, como num relicário, e celebramos na história do fim de Merlin é o poder avassalador do mundo feérico – um motivo primevo dos mitos e sagas celtas. A magia do amor e dos sentidos, o poder da natureza e do inconsciente constituem uma força mais imperiosa do que a vontade e a renúncia, a consciência e a razão. Existe aqui uma nostálgica adoração da dissolução, um sentimento apaixonado pela misteriosa descida ao seio dos poderes geradores – esse retorno às "Mães", que já notamos nos romances anteriores, e que Richard Wagner celebra na canção do Amor-Morte, o *Liebestod* da fusão indissolúvel de Tristão e Isolda. É um tema maravilhosamente fascinante, mas, por outro lado, apavorantemente perigoso, pois essa simpatia pela morte pode crescer até tornar-se um perigo demoníaco, que persegue e enreda quem quer que lhe tente escapar das redes. No romance do fim de Merlin, assim como no de Tristão e Isolda, triunfam a moralidade dos elfos e das fadas, dos poderes da água e da floresta, a antiga religião da natureza e o misticismo essencial das tribos celtas.

O curso da história do mundo opôs-se à moralidade dos celtas, à divina autodissipação de Merlin, ao ato de abandono ao ser sedutor a quem confiou os dourados grilhões do próprio cativeiro. Os ingleses, não os irlandeses ou galeses, fundaram o maior império desde os tempos romanos, e o mundo, unânime, é favorável ao governo da Távola Redonda, às viagens de descobrimento e à aventura da intervenção bem-intencionada. Mas, imperecível, floresce a sebe de espinheiros brancos e nela Merlin continua vivo. Pode esse sábio, que tem na atemporalidade o seu lar – o vidente que vê o futuro como um fluxo mutável de cenas em uma bola de cristal, enquanto ele mesmo flutua, além desse fluir –, pode ele lutar contra as ondas do tempo?

O fim de Merlin nutre-nos o pensamento. Existem destinos piores para o corpo e para a alma. Ser constantemente arrastado à volta do mundo em aventuras intermináveis, não importa quão variadas possam ser, é, afinal, uma estreita monotonia, tão limitadora quanto o círculo mágico sob o espinheiro em flor. Ulisses, ao fim, se cansa de todos os monstros que subjugou, das dificuldades superadas, das Circes e Calipsos a cujo lado dormiu, dissipando sua alma; cansa-se das ilhas cujos rochedos e portos levantam-se à sua frente, hostis ou amigáveis, esmaecendo no crepúsculo que deixa para trás; cansa-se do vinoso mar e do silêncio do céu estrelado; anseia pela repetição constante das coisas cotidianas, por sua pequena ilha, sua casa e por sua esposa que envelhece. Porque dois mundos estão contidos no coração do homem. De um lado, há a selva virgem da experiência, que não mostra caminhos de entrada ou saída marcados; está repleta de monstros e aventuras, fadas e feiticeiras, de adoráveis seres encantados carecentes de resgate e que depois enfeitiçam seus salvadores. Do outro lado está o denso e perfumado espinheiro branco; toda a ânsia por espaços longínquos retorna para repousar sob sua nuvem de flores, dolorosa porém beatificamente apaziguada. A serpente enrosca-se em seu derradeiro sono. Esta é a véspera do dia da criação, a escura noite escura que antecede as miríades de formas e acontecimentos do mundo visível, que irromperão do santuário cujo véu jamais foi levantado por ninguém.

Merlin e Niniane parecem, no final, haver intercambiado os sexos. Ele está satisfeito por ser subjugado e por descansar pacificamente, enquanto ela, com o conhecimento que o sábio lhe dera, está livre para ir e vir. Sua presença o cativa e deleita. Nesse ínterim, a Távola Redonda, que por suas elevadas façanhas e nobres propósitos propiciara o surgimento de uma nova ordem no mundo, submerge no esquecimento, pois Merlin, mestre e guia, atirara fora sua varinha mágica. O princípio interno que concebera e sustentara a ideia de confraria da Távola Redonda, elegendo, dirigindo e prevendo o destino de seus membros, recolheu-se no interior de si mesmo, dissolvendo-se no crepúsculo de seu próprio ser atemporal.

NOTAS

1. *Gawain e o Cavaleiro Verde* chegou até nós em um único manuscrito do fim do século XIV (Cotton MS. Nero A.x., folio 91-124 v°, no British Museum), que contém outros três célebres poemas medievais: *A Pérola, Limpeza* e *Paciência. Gawain* foi editado pela primeira vez por sir Frederic Madden – *Syr Gawayne*, The Bannatyne Club, London, 1839 –, e a seguir por Richard Morris, para a Early English Text Society, em 1864. Foi traduzido para o inglês moderno por Jessie L. Weston, Londres, 1898 (Nova York, 1905); as compilações estiveram a cargo do rev. E.J.B. Kirtlan, Londres, 1912, e por K.G.T. Webster (W. A. Neilson e K.G.T. Webster, *The Chief British Poets of the Fourteenth and Fifteenth Centuries*, Boston, 1916). Um importante estudo das fontes e das variantes aparece em *A Study of Gawain and the Green Knight*, de George Lyman Kittredge, Harvard University Press, Cambridge, Mass., 1916. Ver também, de Ananda K. Coomaraswamy, "Sir Gawain and the Green Knight", em *Speculum XXI*, p. 104-125, uma análise do motivo da decapitação com paralelos orientais.

2. Nos poemas épicos irlandeses arcaicos, que aparentemente foram as fontes dos romances medievais ingleses de *Gawain e o Cavaleiro Verde, o* gigante não é verde, mas negro, ou melhor, veste-se de negro (*Fled Bricrend* 16:91 – 102. Cf. G. L. Kittredge, op. cit., p. 10-15). Sugeriu-se que a cor verde foi incorporada à lenda por um erro de tradução da palavra irlandesa *glas*, que tanto pode significar "cinza" como "verde" (cf. Roger S. Loomis, *Celtic Myth and Arthurian Romance*, Columbia University Press, 1927, p. 59). No entanto, apesar de ser um elemento tardio na história, a cor era apropriada ao caráter original do Desafiante, e assim deve ter sido vista tanto pelo narrador como por seu público. O original irlandês da figura do sinistro Desafiante era o deus e porteiro do "Outro Mundo", Curoi Mac Daire (Roger S. Loomis, op. cit., capítulo XI; ver também A.C.L. Brown, *Origin of the Grail Legend*, Harvard University Press, Cambridge, Mass., 1943, p. 71, 357, 378). Em uma das suas aparições Curoi era conhecido como "Terror, o Filho do Grande Medo" (*Fled Bricrend* 14:7578; G.L. Kittredge, op. cit., p. 17-18).

3. ["Vida" e "Morte" são igualmente *nomina Dei*. "Verde" representa qualquer dos dois ou ambos. A.K.C.]

4. ["O que é decapitar? Matar a alma carnal (*nafs* = hebreu, *nefesh*) na Guerra Santa" (Rumi, *Mathnawi* 2.2525). A.K.C.]

5. O herói supremo do ciclo épico irlandês, dos quais derivam em grande parte os romances da Távola Redonda, Cuchullin, protótipo de sir Gawain, também é conhecido por seu cinto mágico que o tornava invulnerável.

6. Seu caso lembra o do sonhador que não compreendia os símbolos apresentados por seu gênio criativo interior. Embora soubessem como unir, combinar e modificar os motivos tradicionais, de acordo com o espírito tradicional e as leis da arte de contar histórias que haviam herdado, geralmente isso não significava, absolutamente, que houvessem compreendido o sentido dessa combinação.

7. Para um estudo desse nome, cf. Roger S. Loomis, *Romanic Review*, XV, p. 275 e seguinte.

8. O poeta de Gawain aqui identifica a fada Morgana, meio irmã do rei Artur, com Niniane, amante de Merlin; em outras passagens dos romances arturianos elas foram diferenciadas. A história de Niniane e Merlin será vista em *Merlin*.

9. O *Conte del Graal*, de Chrétien de Troyes, *e Parzival*, de Wolfram von Eschenbach, oferecem as versões principais, mas alguns textos menores contribuem também para que conheçamos a lenda de *Le Château Merveil*. Cf. Jessie L. Weston, *The Legend of Sir Gawain*, London, 1897, p. 27-28.

10. Heinrich von dem Türlin, *Diu Krône.*

11. *Conte del Graal*, de Chrétien de Troyes.

12. Goethe, *Fausto* II-1, vv. 6213 e seguintes:
Göttinnen Thronen hehr in Einsamkeit,
Um sie kein Ort, noch weniger eine Zeit;
Von ihnen sprechen ist Verlegenheit,
Die Mütter sind es!

13. Em sânscrito: *Sanatkumara.*

14. Malory, *Morte d'Arthur*, XXI, 3.

15. Chrétien de Troyes, *Le Chevalier de la Charrette*, vv. 644-645 (Edição Foerster, Halle, 1899, p. 25). [Compare-se o ponto de vista do *Jaiminiya Upanishad Brahmana* 3.28.5: "Quem, tendo se libertado deste mundo, desejaria voltar a ele? Desejará estar apenas *lá!*". O retorno do herói à caverna (como na *República* de Platão) é uma descida deliberada, um *sacrifício* voluntário; não significa que ele prefira "permanecer somente *lá*". A Terra Sem Retorno = Brahmaloka (*Upanishad*, passim). Como diz Dante, no entanto, precisamos morrer para viver lá. A.K.C.]

16. *Hamlet* III, 1, 79-80.

17. S. N. Kramer, *Sumerian Mythology*, Memoirs of the American Philosophical Society, volume XXI, 1944, p. 90.

18. *Diu Krône*, vv. 17.329 e seguintes.

19. Weston, op. cit., p. 12-17. Como os animais dos deuses solares em outras mitologias (as vacas do Sol, por exemplo, nos mitos gregos e hindus), Gringalet era um animal cuja posse era muito preciosa e que estava em constante risco de ser roubado ou perder-se. A espada Escalibor (Excalibur) foi atribuída, também, pelos romances, ao rei Artur. No antigo *Roman de Merlin*, em francês, no capítulo XXI, Edição Sommer, p. 270, declara-se que Artur presenteou ao seu sobrinho a espada Excalibur, ao armá-lo cavaleiro.

20. Extraído de *The Wedding of Sir Gawaen and Dame Ragnell*, um poema do século XV, que está em um manuscrito de princípios do século XVI (Rawlinson C 86). A mesma história é contada, com variações, na balada *The Marriage of Sir Gawaine* (preservada no manuscrito in-fólio do bispo Percy, de meados do século XVII), onde o cavaleiro desafiante é descrito como "um ousado barão... com uma grande maça às costas, imóvel, firme e vigoroso" e o primeiro encontro dá-se por volta do Natal, sendo o segundo marcado para o dia de Ano Novo. Cf. o *Tale of Florent*, de Gower (*Confessio Amantis I*, 1396-1861), e o *Tale of the Wyf of Bathe*, de Chaucer.

Uma compilação útil deste material é encontrada em "The Wife of Bath's Tale", de Bartlett J. Whiting, publicado na obra de W. F. Bryan e Germaine Dempster, *Sources and Analogues of Chaucer's Canterbury Tales*, The University of Chicago Press, Chicago, 1941, p. 223-264. Os versos deste conto foram extraídos dessa edição do texto. Para um estudo das fontes irlandesas e dos antecedentes do ciclo de Gawain, ver G. H. Maynadier, *The Wife of Bath's Tale*, London, 1901, Jessie L. Weston, op. cit., e Roger S. Loomis, *Celtic Myth and Arthurian Romance*, New York, 1927. Ver também Ananda K. Coomaraswamy, "On the Loathly Bride", *Speculum XX*, outubro de 1945, p. 391-404.

21. Chrétien de Troyes, *trouvère* na elegante corte da condessa Marie de Champagne (filha de Eleonora de Aquitânia e do rei Luís VII da França), escreveu sua versão do romance por volta de 1173 (não se conhece a data exata). Chrétien parece ter sido o primeiro a relatar em francês a maior parte das aventuras dos cavaleiros da Távola Redonda. Cerca de 1300, seu *Yvain*, ou *Le Chevalier au Lion*, foi traduzido para o alemão por Hartmann von Aue, o mais proeminente dos

poetas-novelistas germânicos da época; e um pouco mais tarde para o inglês (sob o título de *Yvain and Gawain*), por um anônimo poeta do país do Norte, de talento extraordinário; e novamente para o alemão, durante o século XV, pelo bávaro Ulrich Furterer. Também se conhecem versões suecas, dinamarquesas e irlandesas.

No entanto, esta versão não se baseará em Chrétien nem em nenhum de seus tradutores, mas sim na versão gaélica, tal como foi preservada *no Red Book of Hergest* do século XIV. Embora a tradição continental dos cavaleiros da Távola Redonda, reagindo no pequeno país montanhoso de origem do rei Artur, tenha modificado as lendas locais, a qualidade e o espírito originais célticos se mantêm nessa história e as aventuras se sucedem com energia e compreensão vigorosas. Os romances do *Red Book of Hergest* foram traduzidos no início do século passado por Lady Charlotte Guest, e publicados sob o título *The Mabinogion* (1838-49); agora são encontrados no Everyman's Library nº 97. A história de Owain aí aparece como "The Lady of the Fountain".

22. Cf. Ananda Coomaraswamy, "Symplegades", in *Studies and Essays in the History of Science and Learning offered in Homage to George Sarton on the Occasion of his Sixtieth Birthday*", ed. M. F. Ashley Montague, New York, 1947, p. 463-488.

23. Sir James G. Frazer, *The Golden Bough*, 1890, reeditado em 12 volumes, 1907-15; nova edição, resumida em um volume, 1922. A passagem aqui citada (edição de um volume, p. 1) foi impressa com a permissão de The Macmillan Company, Publishers.

24. Ib., p. 139-142.

25. No caso de Parsifal, o clássico herói da busca do Santo Graal, encontramos outra vez o tema obscuro da culpa inconsciente. Criado no ermo por mãe viúva, distante da corte do rei Artur e desconhecendo o mundo da cavalaria, avistou um dia um grupo de cavaleiros e, porque os seguiu, a mãe morreu de tristeza. Foi o primeiro grande crime de sua inocência. O segundo ocorreu quando, no apogeu da carreira, chegou ao Castelo do Graal e recebeu o privilégio de assistir ao sagrado mistério. Deixou de perguntar o significado secreto do que ocorria diante de seus olhos, atraindo sobre si, por isso, a maldição do reino místico.

26. Cf. p. 41-48 supra.

27. Chrétien de Troyes, *Le Chevalier au Lion* (Yvain), versos 4533 e seguintes, editado por Foerster, Max Niemeyer Verlag, Halle, 1887; traduzido por W. Wistar Comfort, *Arthurian Romances by Chrétien de Troyes*, Everyman's Library nº 698, p. 239-241.

28. Chrétien de Troyes, op. cit., versos 6527-6813.

29. *Red Book of Hergest*, op. cit., p. 174-175.

30. Acredita-se que o filho de Heitor, Astyanax, ou Francillon, tenha escapado das ruínas de Troia para tornar-se o ancestral mítico da linhagem real dos soberanos da França. Do mesmo modo, supõe-se que Eneias tenha fugido para a Itália, fundando Roma.

31. La Hire, ou Etienne de Vignolles (c. 1390-1443), foi um dos principais dignitários da corte do rei Carlos VII da França. O rei Carlos, auxiliado por Joana D'Arc, pôs fim à Guerra dos Cem Anos; e foi este rei, ainda, que deu esses nomes às figuras humanas do baralho francês.

32. Malory, Morte d'Arthur, XIII, 19.

33. Sir Gawain é o herói *real* da cavalaria inglesa arcaica (como muitas vezes relembra J. L. Weston).

34. Em contraste com a escassez de figuras do *animus* nos romances arturianos, proliferam as representações do oposto, o arquétipo da *anima*. Aparições da "mulher dos sonhos" do homem

– essa amante de seu anseio inconsciente, ambígua, atraente e perigosa, perniciosa e benevolente – estão constantemente presentes, como as fadas do lago que atuam como auxiliares do herói, as rainhas más que o enfeitiçam e atormentam, as damas sedutoras e as belas donzelas que continuamente e por toda a parte imploram sua ajuda: Nimue, a Dama do Lago, que outorga ao rei Artur a espada infalível Excalibur e sua bainha, que torna invulnerável seu possuidor; a fada Morgana, que enfetiça o rei e vários cavaleiros; Niniane, que converte o sábio Merlin, a figura mais inspirada e inspiradora de todo o ciclo, num túmulo vivo.

    Aliás, Merlin é o exemplo perfeito do arquétipo do Sábio Ancião, a personificação da sabedoria intuitiva do inconsciente. Com sua inspiração e orientação secreta, ele dirige a personalidade consciente, representada pelos cavaleiros e pelo rei. A figura de Merlin descende, através dos druidas celtas, do antigo sacerdote e feiticeiro tribal, dotado de sobrenatural sabedoria cósmica e de poderes de feitiçaria, do poeta e adivinho que pode conjurar presenças invisíveis com a magia de suas canções. Como Orfeu, cantor e mestre dos mistérios e iniciações da Grécia antiga, cujas harmonias amansavam os animais selvagens e moviam as pedras mudas, que se agrupavam então em paredes e edifícios, Merlin pode comandar as pedras. Com sua magia, transportou o enorme círculo pétreo de Stonehenge, "a dança dos gigantes", da Irlanda para as planícies de Salisbury. Merlin é o senhor da Floresta Encantada, ou seja, do reino do inconsciente com todos os seus poderes e enigmas; seu castelo de incontáveis janelas se abre para um panorama que inclui a todos eles. Onisciente, conhece o passado e o futuro. Seu olhar penetra as profundezas ocultas da terra, e lá pode ver dragões escondidos, que abalam os alicerces de uma torre. Muitas vezes, sob o disfarce de um ancião de "quatro vezes vinte anos", inesperadamente aborda os cavaleiros e o rei Artur, seu pupilo especial, anunciando fatos futuros, dando conselhos ou alertando-os. Também pode aparecer como um garoto de quatorze anos, deitando uma sabedoria que transcende épocas e tempos. Lembra o ancião chinês Lao-Tse, "o Velho", cujo nome tem uma simultaneidade significativa: "o Menino Ancião". Nesse papel de supervisor e guia da carreira e da corte do rei Artur, Merlin lembra muito a figura hindu do guru ou sacerdote doméstico, mago e mestre espiritual dos pais de família e dos reis hindus. Ao criar a própria Távola Redonda e guiando Artur, da infância até a mais excelsa condição cavalheiresca, ele foi o princípio motor de toda a lenda.

35. Malory, *Morte d'Arthur*, X, 67-86.

36. *Inferno*, V, 129-238.

37. Malory, *Morte d'Arthur*, II.

38. A fonte de Malory, nessa aventura, é o *Prose Lancelot* francês; sua fonte para a história de Balin foi o *Prose Merlin*. Essas duas grandes produções do século XIII colhem suas lendas livremente do fundo vasto e nem sempre coerente da tradição medieval arturiana. Na história de Balin vemos que é destruído o castelo do rei do Graal; aqui ainda está intacto, mas sob maldição; pesa sobre ele uma espécie de "perigo". O nome do rei, na história de Balin, é Pellam ("Pellean", segundo a fonte francesa de Malory); aqui é Pelles. Ambos os textos, no entanto, descrevem a figura real como parente próximo de José de Arimateia. Este, de acordo com uma lenda do século XIII, recolheu o cálice da última Ceia (cálice que recebeu o sangue de Cristo na Crucificação) e a lança que Lhe trespassou o flanco, nessa capela-relicário do Santo Graal. Os tesouros sagrados foram lá preservados e guardados pelo rei do Graal, Pellam-Pelles, pelo bem da Cristandade.

    O Castelo do Graal é a cristianização do motivo pagão-celta do Castelo da Fonte da Vida, fonte do bem-estar e da munificência do mundo criado. Para análise dos antecedentes célticos da lenda do Santo Graal, ver Roger S. Loomis, op. cit., p. 139-270.

39. Malory, *Morte d'Arthur*, XI, 1-3.

40. Ib., XI, 7-9.

41. Ib., XII, 1-9.

42. Ib., XVIII, 9-20. A história da segunda Elaine é narrada novamente em *Lancelot and Elaine*, de Tennyson.

43. Infra, p. 163 e seguintes.

44. Quatro dos poemas épicos de Chrétien de Troyes são facilmente encontrados na edição da Everyman's Library, n° 698: *Arthurian Romances by Chrétien de Troyes*, traduzido por W. Wistar Comfort. Nossas citações dos parágrafos seguintes foram tomadas desse volume, p. 270-359. O velho texto francês do romance pode ser encontrado na edição de Foerster, 1899.

45. Senescal: poderoso membro das cortes medievais, que se ocupava da administração da justiça e dos assuntos internos do reino. Representava o rei na corte. (N.T.)

46. Chrétien de Troyes, *Le Chevalier de la Charrette*, ed. Foerster, p. 25, versos 644-647.

47. [Essa troca constitui uma grande degradação, representando metafisicamente a substituição do veículo solar pelo corpo humano, sendo este último uma "carreta", no sentido do "simbolismo da carruagem" platônico e hindu. Por essa razão, Gawain, como acontece uma vez com todos os heróis solares, "hesita" ("Que este cálice seja afastado de mim"; a hesitação de Buda antes de pregar; etc.). Daí a importância do que, para um leitor casual, pode parecer um ponto secundário. A.K.C.]

48. *The Gospel of Nicodemus II*: "The Harrowing of Hell", XXI.

49. Idem.

50. Cf. D. L. Coomaraswamy, "The Perilous Bridge of Welfare", *Harvard Journal of Asiatic Studies 8*, agosto/1944, p. 196-213.

51. "É difícil caminhar sobre o afiado fio de uma navalha; do mesmo modo, diz o sábio, é difícil o caminho da Salvação." (*Katha Upanishad*, 3:14.)

52. Comparem-se os reis irmãos Pellam e Garlon na história de Balin. Comparem-se também, na história de Gawain, os dois aspectos do Cavaleiro Verde e, no conto de Owain, o benévolo anfitrião do Castelo da Abundância e o monstruoso Guardião do Bosque.

53. Essa suprema e cósmica aventura é precisamente a típica aventura dos Amantes Divinos da Antiguidade. A deusa Ishtar, da mitologia babilônica, desceu ao mundo inferior atravessando sete portões sucessivos, para libertar Tamuz (Adônis), seu amante morto, da servidão da rainha do inferno Ereshkigal. Agora é Lancelote, o desonrado viajante da carreta, e não Gawain, o imaculado cavaleiro, que efetuará novamente a terrível jornada. Como Cristo, o divino aventureiro que desceu ao Inferno e libertou da morte eterna Adão, Eva e todos os patriarcas e profetas, cumpre a sir Lancelote saquear e redimir o abismo.

54. Foram propostas várias interpretações do simbolismo do Tarot. Quer-nos parecer que esta aqui relatada não foi apresentada anteriormente.

55. Para elucidação do simbolismo da Dança de Shiva, ver Zimmer, *Mitos e Símbolos da Civilização da Índia*. São Paulo: Palas Athena, 1989, p. 122-138.

56. Comparem-se as imagens orientais do deus e da deusa, in Zimmer, op. cit., ilustrações 34 e 35.

57. Para descrições da floresta de Merlin, ver Geoffrey of Monmouth, *Vita Merlini*, editado por John Jay Parry, University of Illinois Studies in Language and Literature, vol. X, nº 3, agosto de 1925, especialmente as linhas 74, 347, 533 (e seguintes). A casa com setenta portas e janelas é descrita nas linhas 555 e seguintes.

58. Um relato da transformação de Merlin no Guardião da Floresta aparece em *Livre d'Artus*, em francês arcaico, onde o jovem herói Calogrenant surge no papel que fora designado para Kynon e Owain, na versão que citamos – (p. 69 e seguintes supra) do livro galês *Red Book of Hergest*.

"Veio-lhe à mente (de Merlin) ir divertir-se na floresta de Broceliande e fazer algo em razão de que se falasse dele eternamente. Por isso, no dia em que os três mensageiros partiram de Calogrenant, transformou-se numa figura que nenhum homem havia visto ou de que ouvira falar até então. Metamorfoseou-se em um pastor, à mão um grande cajado, vestido com uma pele cujos pelos mediam mais que um palmo, nem branca, nem preta, mas curtida e escurecida, com a aparência de uma pele de lobo. Colocou-se em uma grande clareira à beira de um fosso, bem sobre a borda, e, apoiado a um velho carvalho musgoso, fincou o cajado no fundo do fosso e inclinou-se sobre ele. Sua figura era alta, curvada, negra, esguia, hirsuta, muito velha, e ele usava umas perneiras fantásticas que lhe chegavam à cintura. Estava tão desfigurado que as orelhas lhe pendiam até o peito, largas como um abano de joeirar trigo. Na cabeça tinha olhos grandes e negros – cabeça que era tão grande quanto a de um búfalo; o cabelo, tão comprido que lhe roçava o cinto, era eriçado, duro e preto como tinta. A boca era larga e escancarada como a de um dragão, alcançando-lhe as orelhas; os dentes eram brancos e os lábios grossos, sempre abertos, mostravam-lhe os dentes completamente. Tinha às costas, na espinha, uma corcova grande como um morteiro. Os dois pés ocupavam o lugar que deveriam ocupar os calcanhares de um homem terreno, e as palmas das mãos estavam onde deveriam estar as costas delas. Ele era tão medonho e feio de ver-se que nenhum ser vivente deixaria de sentir horror ao vê-lo, a menos que fosse corajoso e valente. Ao pôr-se de pé, ficava tão alto que um caniço de dezoito pés era menor do que ele e sua largura, proporcionalmente à altura, era a de um homem magro. Sua voz era tão forte que parecia um trompete, ao falar um pouco mais alto. Quando Merlin tomou essa forma e pôs-se na estrada por onde Calogrenant estava viajando, por meio de suas artes fez com que veados, corças, gamos e todas as espécies de animais selvagens viessem comer a erva à sua volta; havia-os em tal quantidade que ninguém lhes poderia dizer o número. Dominava-os de tal forma que, ao repreender um deles asperamente, este não ousava mais comer ou beber até que ele lhe ordenasse.

"Quando Calogrenant avistou o *hom sauvage*, assumiu uma atitude defensiva, mas voltou-se para ele, a fim de perguntar-lhe o caminho. A sua pergunta de que homem era ele, o pastor respondeu: 'Vassalo, que desejas? Sou como me vês, pois nunca sou outro, e velo pelos animais destas florestas e bosques; sou o integral senhor deles. Não há um animal atrevido a ponto de ousar comer ou beber enquanto eu não o permitir, após havê-lo repreendido ou admoestado. Eles vão beber a uma fonte que tenho aqui por perto, guardada por um amigo meu'. Segue-se uma descrição da fonte que provoca tempestades, e de seu defensor, Brun Sans Pitié (Brun Sem Piedade). 'Diz-me agora', pediu Calogrenant, 'de que vives. Possuis nas vizinhanças alguma mansão onde dormes ou para a qual te retires, onde fazes tuas refeições e o mais de que necessitas para viver?'. Ele respondeu que não comia nada além de ervas e raízes das matas, como os outros animais, 'pois não me interessam outros alimentos, e estas são todas as minhas artes, não desejo outra morada além de um rústico carvalho onde possa descansar à noite e, quando há frio ou tormenta, visto-me assim como me vês. Se faz frio e preciso aquecer-me, tenho um fogo que mantenho pelo tempo que quiser; se quero comer carne, tenho sempre quanta desejar'. 'Por Deus', disse Calogrenant, 'que és um senhor, se assim satisfazes teus desejos'. O *hom sauvage* indicou então a Calogrenant o caminho de uma ermida, onde foi bem atendido antes de seguir para a fonte." (*Livre d'Artus*, compilação de H. O. Sommer, *Vulgate Version of the Arthurian Romances*, VII, p. 124-126, citado e traduzido por Roger S. Loomis, op. cit., p. 131-132. Passagem reproduzida com autorização da Columbia University Press.)

Outra versão de Merlin como o aterrorizante guardião dos animais é encontrada no *Roman de Merlin*, 26-28, edição de Sommer, p. 38-40. Há vários exemplos das transformações de Merlin na *Vita Merlini*.

59. Geoffrey of Monmouth, *Historia Britonum*, VI-VII, Everyman's Library, vol. 577; também *Roman de Merlin*, 1-23, edição de Sommer, p. 1-34.

60. *Historia Britonum*, VIII, 19-20, *Roman de Merlin*, 50-72, edição de Sommer, p. 57-71; também Malory, *Morte d'Arthur*, I, 1-2.

61. Rabelais parodia e ridiculariza as profecias de Merlin em *Gargantua* e em *Pantagruéline prognostication certame, véritable et infallible*, escrito por volta de 1533.

62. O. Jones e outros compiladores, *The Myvyrian Archaiology of Wales*, Denbigh, 1870, p. 476-554.

63. Malory, *Morte d'Arthur*, XXI.

64. *Roman de Merlin*, 88-89, edição de Sommer, p. 84-92; *Morte d'Arthur*, I, 5-7.

65. *Roman de Merlin* 308-314, edição de Sommer, p. 245-251.

66. Malory, *Morte d'Arthur*, I, 23-25.

67. *Roman de Merlin*, 48-54, 177-206, 289, 410-414, edição de Sommer, p. 54-60, 150-169, 232-233, 320-324; *Morte d'Arthur*, III, 1-4.

68. *Suite du Merlin*, Hufh MS, folio 157-158, Gaston Paris e Jacob Ubrich, Paris, 1886, vol. II, p. 76-79.

69. *Roman de Merlin*, 277-280, 526, 554-557, edição de Sommer, p. 223-226, 451-452, 482-484.

70. *Roman de Merlin*, 558, 565-569, edição de Sommer, p. 484-485, 492-496.

O REI E O CADÁVER

1

Foi extraordinária a maneira como o rei se viu envolvido na aventura. Diariamente, durante dez anos, aparecia no salão de audiências, onde ele solenemente sentado ouvia petições e dispensava justiça, um asceta mendicante que, sem dizer palavra, lhe oferecia uma fruta. O soberano aceitava o presente trivial, passando-o, sem pensar nem um instante, a seu tesoureiro, que permanecia em pé atrás do trono. Sem fazer pedido algum, o mendigo se retirava. Perdia-se na multidão de suplicantes, não revelando o menor sinal de desapontamento ou impaciência.

Porém um dia, passados uns dez anos após a sua primeira aparição, um macaco domesticado, escapando dos aposentos das damas no interior do palácio, entrou aos pulos no salão e saltou sobre o braço do trono. O mendicante acabara de apresentar seu presente e o rei, brincando, entregou-o ao símio. Quando o animal mordeu a fruta, uma valiosa joia caiu de dentro dela e rolou pelo chão.

Os olhos do rei abriram-se de espanto. Voltou-se com dignidade para o tesoureiro: "O que foi feito de todas as outras frutas?", perguntou. O tesoureiro não soube responder. Sempre atirara aqueles presentes inexpressivos através da gelosia da alta janela da sala do tesouro, não se dando sequer ao trabalho de abrir a porta. Desculpando-se, correu para o subterrâneo do tesouro real. Abrindo-o, dirigiu-se à parte situada sob a pequena janela, onde encontrou, no chão, uma massa de frutas apodrecidas em vários estágios de decomposição. Lá estava, entre os detritos de tantos anos, uma grande porção de gemas incalculavelmente preciosas.

Muito feliz, o rei confiou-as ao tesoureiro. De espírito generoso, o monarca não era ávido por riquezas, mas sua curiosidade fora despertada. Por isso, quando na manhã seguinte o asceta apresentou em silêncio sua oferenda aparentemente modesta, o rei recusou-se a aceitá-la, a menos que o ofertante quisesse conversar um pouco. O santo homem respondeu que desejava falar-lhe em particular. O rei lhe satisfez o desejo e o mendicante formulou, afinal, seu pedido.

Disse ao rei necessitar da ajuda de um herói, que fosse homem verdadeiramente intrépido, para uma tarefa ligada à magia.

O rei interessou-se em saber mais.

"As armas dos verdadeiros heróis" – explicou o asceta – "são famosas nos anais mágicos por possuírem poderes de exorcismo muito especiais".

O rei permitiu que o suplicante continuasse.

O forasteiro convidou-o a ir, na noite da próxima lua nova, ao grande campo funerário onde eram cremados os mortos da cidade e enforcados os criminosos.

Sem se intimidar, o rei concordou; o asceta, cujo nome – bem adequado – era "Rico em Paciência", despediu-se.

Chegou a noite marcada, da próxima lua nova. Desacompanhado, o rei cingiu sua espada, envolveu-se em um manto escuro e, ocultando o rosto, rumou para a incerta aventura. À medida que se aproximava do campo de cremação, fazia-se mais visível o tumulto de espectros e demônios que pairavam pelo lúgubre lugar; em festim, regalando-se com os cadáveres, celebravam uma horrenda folia. Destemido, o soberano continuou seu caminho. Ao passar pelos crematórios, à luz das piras ainda fumegantes, seus olhos alertas meio viram, meio adivinharam, os esqueletos e crânios calcinados, dispersos e enegrecidos. Os ouvidos ressoando com o medonho tumulto dos *ghouls*[1], continuou caminhando em direção ao lugar do encontro; lá estava o feiticeiro, desenhando atentamente um círculo mágico no solo.

"Aqui estou", disse o rei. "Que posso fazer por ti?"

O outro mal ergueu os olhos. "Ide até o outro extremo do campo crematório", disse, "e encontrareis, balançando-se em uma árvore, o cadáver de um enforcado. Cortai a corda e trazei-o aqui".

O rei voltou-se e, cruzando outra vez o grande campo, chegou a uma árvore gigantesca. Sem luar, apenas o frágil tremular das piras meio extintas iluminava a noite cortada pelo ruído inumano dos duendes. Ainda assim, o rei não sentiu medo; encontrando o enforcado que, suspenso à árvore, oscilava quase imperceptivelmente, subiu e cortou a corda com a espada. O corpo, ao tombar, gemeu como se houvesse sido ferido. O rei, acreditando tratar-se de um vivente, começou a apalpar aquela forma rígida. Uma gargalhada estridente escapou da garganta e o monarca percebeu que o corpo estava habitado por um fantasma.

"De que te ris?", perguntou.

No momento em que falou, o cadáver voou de volta ao galho da árvore.

Subindo novamente, o rei cortou a corda e trouxe o corpo para baixo. Levantou-o, dessa vez sem uma palavra, colocou-o sobre os ombros e começou a andar. Não dera ainda muitos passos quando a voz no cadáver principiou a falar: "Ó rei, permiti que encurte vosso caminho com uma história", disse. O soberano não respondeu, e o espírito narrou seu conto:

Era uma vez um príncipe que foi à caça acompanhado de um amigo, filho do chanceler do rei seu pai. Extraviando-se dos outros companheiros, vagaram a esmo pela floresta até depararem com um lago aprazível onde se detiveram para descansar.

O príncipe viu uma linda donzela banhando-se na margem oposta. Sem que suas companheiras percebessem, ela lhe fazia sinais à distância. Não conseguiu entendê-los, mas o filho do chanceler compreendeu-lhes o significado perfeitamente. Ela estava lhe dizendo seu nome, o de sua família, o do reino onde vivia, e declarava seu amor. Quando se voltou e desapareceu entre as árvores, os dois jovens levantaram-se e lentamente regressaram ao castelo.

Dias depois, pretextando nova caçada, os dois amigos foram novamente à floresta, separaram-se dos demais caçadores e rumaram para a cidade em que a jovem vivia. Hospedaram-se na casa de uma velha mulher, a quem subornaram para que lhes servisse de mensageira. A jovem, bastante esperta, respondeu marcando um encontro, mas de modo a que a velha não o percebesse. Quem decifrou os sinais foi o astuto filho do chanceler. Por razões lunares, o encontro teve que ser adiado, e a jovem explicou, ainda por sinais, como o príncipe poderia entrar no jardim de seu pai e subir até o quarto dela, no piso superior. Seguindo as instruções, o príncipe entrou pela janela e os dois jovens amantes concederam um ao outro delícias recíprocas.

A moça, tão apaixonada como astuta, ao saber que seus sinais haviam sido decifrados não pelo príncipe, mas pelo amigo deste, teve medo de que sua aventura amorosa pudesse ser descoberta e decidiu envenenar o intérprete. Mas este, tão astuto quanto ela, previra que isso aconteceria. Arquitetou um plano que a ensinasse, de uma vez por todas, que ele sabia cuidar tanto de si mesmo como de seu príncipe.

Disfarçou-se de asceta mendicante, persuadindo o príncipe a fazer o papel de asceta-discípulo e, por meio de um sagaz estratagema, fez com que a jovem se tornasse suspeita de bruxaria. Convenceu o rei do país de ter sido ela a causadora da morte recente e repentina de seu filho recém-nascido, apresentando provas que, de tão convincentes, condenaram-na a uma morte desonrosa. Exposta despida fora da cidade, foi abandonada à sanha das feras das florestas vizinhas. Mas no momento em que a deixaram, os dois rapazes, montando os ligeiros cavalos que haviam conseguido, salvaram-na e fugiram com ela para os domínios do príncipe, onde este a tornou sua noiva e a futura rainha. Os velhos pais da moça ficaram tão acabrunhados pela desgraça da perda da filha que seus corações não resistiram e eles morreram.

"Dizei-me agora: quem foi o culpado da morte de ambos?" – perguntou bruscamente o espectro que habitava o cadáver. "Se souberdes a resposta e não a derdes, vossa cabeça se partirá em cem pedaços."

O rei acreditou que sabia qual era a resposta. Embora desconfiasse que, se pronunciasse uma palavra, o cadáver voaria de volta para a árvore, não desejava que sua cabeça explodisse.

"Nem a moça nem o príncipe tiveram culpa", disse ele, "porque estavam incendiados pelas flechas do amor. Tampouco o filho do chanceler foi o culpado: não agia sob sua própria responsabilidade, mas sim a serviço de seu senhor. O único culpado foi o rei daquelas terras, permitindo que tais coisas acontecessem dentro de seu reino. Não conseguiu ver o que havia por trás do hábil ardil que se aproveitou de sua natural dor de pai, atingido que estava pela morte de seu filho recém-nascido. Não se deu conta de que a aparência do asceta mendicante era apenas um disfarce. Nunca investigou as atividades dos dois forasteiros em sua capital, nem mesmo se apercebendo da presença deles. Portanto, ele deve ser julgado culpado por falhar em seu dever real; este exigia dele que fosse não apenas o olho onividente do reino como o protetor e governante onisciente de seu povo".

Quando a última palavra desse parecer deixou os lábios do rei, seu fardo, gemendo em fingida agonia, evaporou-se-lhe das costas, e o monarca presumiu que deveria ter retornado à árvore, pendendo-lhe novamente dos galhos. Voltando sobre seus passos, cortou a corda, recolocou o fardo aos ombros e tentou outra vez.

"Meu caro senhor", disse a voz, outra vez se dirigindo a ele, "incumbiram-vos de uma tarefa difícil e curiosa. Permiti-me entreter-vos, enquanto isso, com um conto agradável":

Era uma vez três jovens brâmanes que viviam, já há alguns anos, em casa de seu mestre espiritual. Os três se apaixonaram pela filha deste, que não ousava dá-la em casamento a nenhum deles por temer partir os corações dos outros dois. A jovem adoeceu gravemente e morreu; os três moços, igualmente desesperados, entregaram-lhe o corpo à pira funerária. Após a cremação, o primeiro deu vazão à sua dor vagueando pelo mundo como asceta mendicante; o segundo recolheu das cinzas os ossos amados e levou-os a um célebre santuário próximo às águas vivificantes do sagrado Ganges, enquanto que o terceiro, sem se afastar do local da pira, construiu uma cabana de eremita no lugar onde ardera o fogo e dormiu sobre as cinzas do corpo de sua amada.

Bem, aquele que decidira vaguear pelo mundo presenciou um acontecimento extraordinário. Viu um homem ler num livro um encantamento mágico com que devolvia à vida uma criança cujo corpo fora reduzido a cinzas. Roubando o livro, o jovem apaixonado apressou-se a voltar ao campo crematório. Chegou ao mesmo tempo que aquele que fora ao Ganges, e que mergulhara os ossos na corrente de águas vivificantes. Reconstituíram o esqueleto com os ossos dispersos entre as cinzas, leram o encantamento e o milagre aconteceu. A três vezes amada ergueu-se de novo sobre os pés, mais bela do que nunca. No mesmo instante a rivalidade recomeçou, ainda mais intensa. Cada um reclamava como seu o direito à moça; um, por lhe haver guardado as cinzas; outro, por lhe haver mergulhado os ossos no Ganges, e o terceiro por haver pronunciado as palavras encantadas.

"E então, a quem ela pertence?", indagou a voz que vinha do cadáver. "Se souberdes a resposta e não a derdes, vossa cabeça explodirá."

O rei acreditou sabê-la, sendo portanto forçado a responder. "Aquele que a trouxe de volta à vida com o conjuro mágico, coisa que lhe custou pouco, é seu pai", disse ele, "e o que prestou serviço piedoso a seus ossos cumpriu um dever filial. Mas aquele que dormiu sobre as cinzas, que não se separou dela e lhe devotou a vida, merece o nome de esposo".

Foi um sábio julgamento, mas, nem bem fora pronunciado, o cadáver desapareceu. Obstinado, o rei retornou, cortou a corda, e recomeçou a caminhada tão

O REI E O CADÁVER

pouco compensadora. A voz se fez ouvir de novo, propondo-lhe outro enigma, e outra vez forçando-o a percorrer o mesmo caminho. Continuaram assim: o inexorável espectro habitante do cadáver enredava conto sobre conto, entretecendo destinos, emaranhando vidas, enquanto o rei era conduzido de lá para cá. A existência em sua totalidade, com suas alegrias e horrores, foi sendo descrita. Os fios das fantasias iam se retorcendo constantemente em nós de justiça e injustiça, entrelaçando-se em pretensões conflitantes.

Foi contada, por exemplo, a história do filho póstumo de um ladrão, que se deparou com um problema delicado ao dirigir-se a um poço sagrado para uma oferenda ao pai morto. Sua avó ficara viúva ainda muito moça; defraudada pelos parentes, que haviam se apossado de toda a herança, viu-se obrigada a sair pelo mundo acompanhada apenas da filha pequena. Na noite em que deixou a aldeia encontrou um ladrão empalado, à beira da morte. Em terrível agonia, mal respirando, ele manifestou o desejo de casar-se com a menina naquele mesmo instante, sabendo que o casamento lhe daria direitos espirituais sobre o futuro filho dela, mesmo que fosse gerado por outro. Esse filho estaria qualificado a fazer as necessárias oferendas à alma do pai falecido. Em compensação, o agonizante revelaria à mãe da menina o esconderijo de certo tesouro roubado.

O casamento foi realizado de maneira informal, mas válida; morto o ladrão, mãe e filha tomaram posse de uma fortuna apreciável. A seu tempo, a moça apaixonou-se por um brâmane belo e jovem que consentiu em tornar-se seu amante, insistindo porém em receber um pagamento, com que pretendia retribuir os favores de certa cortesã. A jovem concebeu um filho e, seguindo as instruções de um sonho, colocou o bebê, junto a mil peças de ouro, no umbral do palácio de um rei. Acontece que o monarca, não tendo filhos e desejando um herdeiro para o trono, sonhara nessa mesma noite que uma criança lhe seria deixada à porta. Aceitando o sonho como sinal, criou e educou o enjeitado como seu filho e herdeiro.

Muitos anos mais tarde, quando o bondoso soberano faleceu, o jovem príncipe herdeiro do trono quis fazer uma oferenda a seu falecido pai. Chegando ao poço sagrado onde os mortos costumavam estender as mãos para receber os presentes, em vez de uma, três mãos apareceram para recolher-lhe a dádiva: a do ladrão empalado, a do brâmane e a do rei. O príncipe não sabia o que fazer. Até os sacerdotes presentes à cerimônia estavam perplexos. "Bem", desafiou o espectro que habitava o cadáver, "a que mão deveria o príncipe entregar sua oferenda?".

Novamente ameaçado com a explosão de seu crânio, o rei pronunciou o julgamento: "A oferenda deveria ser colocada na mão do ladrão, pois nem o brâmane que gerou o menino, nem o rei que o educou têm qualquer direito sobre ele. O brâmane se vendeu, e o rei recebeu sua compensação com as peças de ouro. Foi o ladrão o homem que tornou possível ao príncipe nascer; seu tesouro pagou-lhe a concepção e o sustento. Além disso, o casamento qualificou-o como pai da criança". Num momento o cadáver desapareceu e uma nova caminhada levou o rei de volta à árvore.

A seguir vem o curioso conto das cabeças invertidas, a história dos dois amigos de infância e da moça.[2] Esta casou-se com um deles, mas o casamento não foi dos mais felizes; pouco tempo depois das bodas, o casal partiu em viagem, em companhia do amigo solteiro, para visitar os pais da noiva. No caminho passaram pelo santuário da sanguinária deusa Kali, e o esposo, desculpando-se, manifestou desejo de ficar alguns instantes a sós no templo. Decidiu, ao entrar, num repentino arroubo de emoção, oferecer-se em sacrifício à imagem; com uma afiada espada sacrifical que ali encontrou separou a cabeça dos ombros e tombou em uma poça de sangue. O amigo, depois de esperar algum tempo com a noiva, entrou no templo para ver o que acontecera; ao defrontar-se com a cena, inspirado pelo exemplo do amigo, decidiu imitá-lo. Por fim entrou a noiva, apenas para fugir dali com a intenção de enforcar-se em uma árvore. A voz da deusa ordenou-lhe que se detivesse e que restituísse a vida aos dois jovens, recolocando-lhes as cabeças nos corpos. Distraída por sua perturbação, a moça cometeu um interessante equívoco: colocou a cabeça do amigo no corpo do esposo e vice-versa. "A qual deles, portanto, pertence a moça?" – perguntou o espectro que estava no cadáver. "Ao que tem o corpo do marido ou àquele que tem sua cabeça?"

O rei, acreditando saber a resposta e para salvar a própria cabeça da explosão, disse: "Àquele que tem a cabeça do esposo, pois pertence à cabeça a posição suprema sobre os outros membros, como à mulher, sobre os prazeres da vida".

Novamente o corpo desapareceu; novamente o rei caminhou, a custo, de volta à árvore fatal.

2

Quando findará o ordálio? Esta é uma prova, realmente, ou um jogo? Ao todo foram propostos vinte e quatro enigmas, e o rei conseguiu solucionar todos, com exceção do último.

Neste, conta-se uma história de pai e filho, ambos membros de uma tribo montanhesa de caçadores, da qual o pai era um dos chefes. Os dois, numa caçada, depararam com as pegadas de duas mulheres. Ora, o pai era viúvo e o filho ainda solteiro; o pai, triste com a morte da esposa, rejeitava qualquer sugestão de um novo casamento. Porém as pegadas eram particularmente encantadoras; segundo os olhos de ambos, que eram caçadores experientes, teriam sido feitas por mãe e filha, ambas integrantes da nobreza e fugitivas de alguma casa aristocrática – talvez, quem sabe, uma rainha e uma princesa. As pegadas maiores sugeriam a beleza da rainha e as menores, a fascinação da princesa. O rapaz ficou muito excitado, porém o pai teve que ser persuadido. O filho propôs que o pai se casasse com a mulher das pegadas maiores, e ele com a das pegadas menores, como requeriam a condição e a idade de ambos. Teve que insistir algum tempo, mas por fim o chefe aceitou e os dois juraram solenemente cumprir o combinado.

O REI E O CADÁVER

Apressaram-se a seguir o rastro, alcançando por fim as duas infelizes criaturas que eram realmente, como supunham, uma rainha e uma princesa a fugir, aflitas e ansiosas, de uma situação criada no lar pela morte inesperada do rei. Mas deu-se uma complicação decepcionante: a filha tinha o pé maior. Por conseguinte, em obediência ao juramento, o filho viu-se obrigado a casar com a rainha.

Pai e filho conduziram suas conquistas para a aldeia da montanha e tornaram-nas suas esposas; a filha casou-se com o chefe e a mãe com o filho. Ambas conceberam.

"Qual era o exato grau de parentesco entre os dois meninos que nasceram?", perguntou a voz do espectro habitante do cadáver. "Dizei-me com precisão: o que eram e não eram um do outro?"

O rei, carregando seu fardo, foi incapaz de encontrar um termo inequívoco que definisse a relação complicada. Finalmente fora encontrado um enigma capaz de emudecê-lo. Continuando a caminhar num passo notavelmente ágil, foi remoendo o problema em silêncio. Os meninos eram paradoxos viventes de um parentesco simultâneo que fazia deles várias coisas a uma só vez: tio e sobrinho, sobrinho e tio, pelo lado paterno e materno ao mesmo tempo.

Mas não é assim que acontece com todas as coisas, encaradas de um ponto de vista secreto? Todas elas não são, quando olhadas em profundidade, seus próprios opostos? Mesmo que o intelecto discriminador e que a lógica que categoriza a linguagem e o pensamento humanos possam recusar-se a aceitar o fato paradoxal, ainda assim cada aspecto e cada momento da vida incluem, de algum modo, qualidades diametralmente opostas àquelas que aparentemente abrangem. Na pessoa do rei pode ocultar-se, secreta, uma ausência lacunar de realeza, um traço de negligência que pode conduzir, em certas ocasiões, ao descuido na vigilância de forasteiros possivelmente perigosos, ou talvez à tendência de subestimar presentes que chegam em envoltórios humildes. Da mesma forma, a impiedade pode estar sob a veste de um religioso mendicante. Embora pareça ter renunciado ao mundo do poder e da ambição, o monge mendicante pode ser um adepto da magia negra e dedicar as noites às sinistras práticas da necromancia.

Teremos aqui atingido a lição oculta do aglomerado caótico desses vinte e quatro contos narrados pelo espectro no cadáver? É esse o sentido da insólita iniciação? O rei teria sido mais sábio silenciando do que na perspicácia de suas respostas?

Levado a refletir sobre o problema do próprio caráter e de sua situação atual, o soberano caminhava em silêncio, com admirável agilidade, sem que parecesse preocupá-lo o longo ordálio noturno. Aparentemente o espectro ficou impressionado, pois ao falar de novo a voz adquirira um tom respeitoso.

"Senhor", disse ele, "pareceis alegre, apesar destas penosas idas e vindas pelo campo funerário. Sois destemido; agrada-me a vossa determinação. Podeis ficar com este cadáver, portanto. Levai-o convosco. Vou deixá-lo".

Mas o fim ainda não chegara, ou teria sido pouco o mérito da aventura. Talvez tivesse sido uma prova de valor, com seu quê de pilhéria. Ou não teriam sido, as ocorrências do campo crematório e do espectro no cadáver, muito mais do que um macabro artifício literário, a emoldurar uma porção de contos sem relação entre si. Porém, se a coleção é engenhosa e divertida, é também solene e profunda; o rei e o espectro estão unidos por um significativo enigma da alma.

Antes de partir, a voz alertou que os projetos do mago asceta encerravam um terrível perigo para ambos; sob a santa vestimenta da renúncia ao mundo pulsava uma ilimitada sede de poder e sangue. O nigromante estava prestes a utilizar-se do rei para uma grande aventura de magia negra, primeiro como cúmplice, depois como vítima de um sacrifício humano.

"Ouvi, ó rei!", advertiu o espectro. "Atendei ao que devo dizer-vos e, se dais valor ao vosso próprio bem, fazei exatamente o que eu disser. O monge mendicante é um impostor muito perigoso. Com poderosos encantamentos vai forçar-me a retornar a este cadáver, que converterá em ídolo. Pretende colocá-lo no centro de seu círculo mágico, venerar-me como a uma divindade, e, durante essa cerimônia, oferecer-vos como vítima. Vai ordenar-vos que vos prosterneis em reverência, primeiro de joelhos e depois prostrado na mais servil atitude de devoção, tocando o chão com vossa cabeça, mãos e ombros. Tentará então decapitar-vos de um só golpe com vossa própria espada.

"Há apenas uma maneira de escapar. Quando ordenar que vos prostreis, deveis dizer: 'Por favor, mostrai-me como se faz essa prostração servil para que eu, um rei não habituado a tal, aprenda a assumir essa atitude de adoração'. Quando ele se estirar no solo, cortai-lhe a cabeça com um rápido golpe de espada. Nesse instante todo o poder sobrenatural que o feiticeiro tenta conjurar da esfera dos seres celestiais descerá sobre vós. E sereis verdadeiramente um rei poderoso!"

O espectro partiu e o rei, livre, prosseguiu caminho. O mago não traía qualquer impaciência por ter sido forçado a esperar: ao contrário, parecia admirar-se por ver cumprida a tarefa. Empregara o tempo completando os trabalhos rituais do círculo mágico. Este fora todo demarcado com uma repugnante matéria colhida nas proximidades, uma espécie de pasta composta de pó de ossos moídos misturado ao sangue dos defuntos. Iluminava, desagradável, o lugar, a luz trêmula dos pavios embebidos em gordura de cadáveres.

O feiticeiro retirou a carga dos ombros do rei, lavou o cadáver, enfeitou-o com grinaldas como se fosse uma imagem sagrada e colocou-o no centro do círculo mágico. Convocou o espectro com poderosos encantamentos, forçando-o a entrar no corpo que preparara. Principiou a adoração, como um sacerdote a celebrar uma divindade convidada a habitar uma imagem sagrada, na qualidade de hóspede augusta. Chegou finalmente o momento em que induziria o rei a prostrar-se, primeiro sobre os joelhos, depois com a face no solo; mas, ao dar-lhe essa ordem, seu nobre acólito pediu-lhe que lhe mostrasse como colocar-se na postura correta. O terrível monge pôs-se de joelhos. O rei observou e esperou. Quando o nigromante se inclinou, mãos, ombros e rosto sobre o chão, o rei, com um rápido golpe, decepou-lhe a cabeça. O sangue jorrou. O monarca colocou o corpo de costas sobre o solo e, com outro golpe certeiro, abriu-lhe o peito. Arrancou-lhe o coração, oferecendo-o e à cabeça, em oblação, ao espectro no cadáver.

Elevou-se de todos os quadrantes, na noite, um intenso rumor de júbilo; vinha da tumultuosa hoste de espíritos, almas e *ghouls*, a aclamar o vencedor. Com sua façanha este redimira os poderes sobrenaturais da ameaça do nigromante, que por pouco os enfeitiçara e reduzira à escravidão.

O espectro no cadáver elevou a voz lúgubre, agora exprimindo alegria e louvor. "O nigromante", disse, "pretendia o poder absoluto sobre as almas, *ghouls* e sobre todas as presenças espirituais do domínio sobrenatural. Esse poder agora será vosso, ó rei, quando terminardes a vida terrena. Por enquanto, ser-vos-á concedido o domínio sobre toda a Terra. Se vos atormentei, sereis agora compensado por isso. O que desejais? Manifestai-o, e vosso desejo será atendido",

O rei pediu, como compensação pelas fadigas havidas no decorrer da mais estranha noite que já vivera, que os vinte e quatro enigmas narrados pelo espectro e a própria história daquela noite fossem difundidos pelo mundo todo, tornando-se para sempre famosos entre os homens.

O espectro prometeu. "Além do mais", continuou a voz, "essas vinte e quatro histórias não apenas serão universalmente celebradas, mas até mesmo Shiva, o Grande Deus, Senhor dos Senhores, Senhor de todos os Espectros e Demônios e Mestre-Asceta dos Deuses, as celebrará. Demônios ou espectros perderão seu poder, em qualquer tempo ou lugar em que esses contos forem narrados. Quem recitar, com devoção sincera, um único deles, ficará livre do pecado".

Com essa grande promessa o espectro partiu abruptamente e no mesmo instante apareceu, cheio de glória, Shiva, Senhor do Universo, acompanhado por uma multidão de deuses. Saudou o rei e, sereno, agradeceu-lhe ter libertado os poderes do mundo espiritual das mãos impuras do ambicioso asceta. A divindade anunciou que os poderes cósmicos ficavam agora a serviço do libertador, como retribuição por ter evitado o uso maléfico que deles faria o mago – que pretendia exercer seu domínio sobre o Universo –, que o monarca tomaria posse total desses poderes quando findasse sua vida terrena e que no decorrer da existência governaria a Terra. Shiva confiou-lhe, com as próprias mãos, a espada divina "Invencível", que lhe conferiria a soberania do mundo; então ergueu o véu da ignorância que ocultara à consciência do rei a essência imortal de sua vida humana.

Abençoado por essa iluminação, o soberano ficou livre para deixar o sinistro campo de provações. A aurora vinha surgindo quando retornou aos amplos salões de seu palácio senhorial. Voltou como quem desperta de uma noite de sono intranquilo. Os contos do espectro no cadáver haviam sido como uma sucessão de sonhos torturantes, aparentemente intermináveis, embora comprimidos num espaço de tempo relativamente breve. A vítima, aprisionada na sequência infindável, a caminhar de lá para cá no campo crematório, cruzando o cenário de vidas passadas, assemelhava-se a alguém adormecido a revolver-se, agitado, no leito. Tal como se pode descobrir, ao acordar, que compreendemos agora o que parecia obscuro no dia anterior, sendo muito mais intrincado e profundo em sua obscuridade do que poderíamos supor – tão obscuro como o enigma da própria vida – assim o rei emergiu de sua experiência noturna transformado e repleto de conhecimento. Durante os anos seguintes realizou-se o miraculoso cumprimento do prometido esplendor e sua vida terrena transcorreu em virtude e glória.³

3

Os sonhos dotados de significado são recordados ao despertar; da mesma forma, esses contos encantadores, ainda que lúgubres, têm permanecido na memória dos povos. O que tanto nos atrai no rei? Qual o significado dessa curiosa e fantástica história da alma humana?

Um homem se comprometeu a pagar uma dívida que contraiu ao aceitar presentes, cujo valor ignorava ao recebê-los. Está disposto a fazer qualquer coisa que lhe for exigida e, bravo e generoso que é, apto para as funções da realeza, leva adiante sua horrível tarefa. Porém, não terá sido um tanto inconsequente, lançando-se nessa aventura misteriosa com um estranho? Parecia muito seguro de que nenhuma calamidade inesperada o atingiria e era enorme sua autoconfiança. Mas nem sua perspicácia foi muito aguda, nem ele tão prudente quanto um homem de sua condição deveria obrigatoriamente ser. Essa insuficiente circunspecção foi a lacuna da armadura de sua personalidade; essa lacuna daria à flecha do destino a possibilidade de atingir-lhe a existência interior. A fenda em sua aparente perfeição o expôs à influência da vida: exposto, foi submetido ao próximo e, pelo contato com um elemento alheio, transformado.

Que estranho, o comportamento do mendigo persistente, dia após dia, por dez anos! E que irrefletida, a resposta do rei, aceitando-lhe os presentes tão modestamente oferecidos, permitindo-lhe ir e vir, ano após ano, sem uma palavra de atenção sequer! E quanto a nós? Não recebemos a cada dia, do mendigo desconhecido, um fruto aparentemente sem importância que apenas menosprezamos, atirando-o de lado, negligentes? Acaso a vida, a cada manhã, não se nos apresenta à frente em roupas de trabalho, como um mendigo, sem se anunciar ou explicar-se, sem pedir nada, despretensiosa, concedendo-nos seu presente, dia após dia? E nós? Não deixamos quase sempre de abrir esses presentes triviais, comuns frutos de árvores comuns? Certamente poderíamos perguntar: "O que há dentro disto?". Deveríamos supor que poderia conter uma semente preciosa e essencial, e que seria preciso partir a fruta para descobri-la. Deveríamos aprender a separar do âmago radiante e imperecível a parte que amadureceu apenas para desfazer-se – parte que apodrece, que logo cairá sob o jugo da morte. No entanto, permitimos que o fruto e a joia que contém sejam postos de lado. O fruto valioso não somente nos é ofertado continuamente pela paciente mão da vida exterior, dia após dia, a cada momento; também é oferecido por nosso interior. Cada um de nós é uma espécie preciosa de fruto, como o da parábola: ainda assim, conseguimos, ou ao menos tentamos, libertar do pericarpo de nossa personalidade cotidiana a joia fulgurante de nossa semente essencial?

Tudo o que a história relata do rei, assentado distraído em seu trono, e do silencioso mendigo que chega diariamente ao salão oferecendo-lhe um novo fruto, ano após ano, sem nunca se queixar ou dizer a que vem, apenas se perdendo entre a multidão de figuras exigentes e cerimoniosas, partindo a seguir – isso somos nós, simplesmente; nós e nossa vida inescrutável. Aceitamos com indiferença o fruto de nossa existência, sem descobrir nele nada de particular ou notável. É recebido como coisa trivial, passiva e cegamente, e o passamos a quem está atrás do nosso trono.

Temos vários egos a gerir-nos os diversos departamentos da vida. Não somos total ou perpetuamente o personagem real que mostramos aos olhos dos círculos oficiais, mas sim uma variedade de personalidades, às vezes de extraordinária diversidade, a depender do aspecto de nossa natureza que no momento tenha sido convocado a atuar. Um desses egos é o "tesoureiro real", o administrador das riquezas das quais extraímos aquilo de que necessitamos. Está de pé bem atrás de nosso trono e apresenta, quando lhe pedimos, a riqueza que distribuímos com a majestade e liberalidade aparentes com que vivemos, espalhando o tesouro que nos transforma nos grandes ou pequenos reis que somos. Na parábola, ele não se preocupa mais do que o rei em examinar os frutos corriqueiros que cada dia concede misteriosamente. Não chega sequer a abrir a porta da sala do tesouro para a guarda de coisas tão comuns, limitando-se a atirá-las para a escuridão, através da janela aberta. Ali jazem, menosprezadas, apodrecendo, espalhando preciosa beleza sobre o chão abandonado.

Há porém um de nossos inúmeros egos – talvez o nono ou décimo – a quem permitimos atuar quando desejamos descansar do aparato com o qual demonstramos importância, deveres ou privilégios, e também a pompa que advém de nossa condição e circunstância. Temos nosso macaco. Ele não pertence ao salão do trono – estaria deslocado na câmara de nossa majestade. Seus gentis guardiães abrigam-se nos aposentos interiores de nosso ser, nos agradáveis serralhos onde nos entretemos em ócio de reis, com nossas mulheres e jogos. Enquanto isso a roda da vida gira e gira, entrelaçando, em seu incessante volteio, cada coisa com todas as outras. A seu tempo, até o macaco se liberta e entra, aos pulos, sem cerimônia, na câmara solene, saltando para o trono e intrometendo a pequenina face grotesca nos assuntos do rei.

O macaco recebe o presente inexpressivo do mendigo. O rei o desconsidera, mas o animalzinho está ávido por saboreá-lo. Com ímpeto desenfreado e gulosa curiosidade, esse macaco, que é todo disponibilidade para agarrar coisas e brincar com elas até que se quebrem, parte o fruto e desvenda aos olhos de todos o seu segredo. A curiosidade, esse desejo corriqueiro de fazer travessuras, de consumir e destruir as coisas, liberta a joia contida no âmago. Mas o animal brincalhão não podia compreender o que fizera. Seu ato fora apenas um divertimento inocente. Descoberta a gema, abandona-a, simplesmente, e salta, em outra cabriola simiesca, para fora da história.

A CONQUISTA PSICOLÓGICA DO MAL

Nosso destino eclode e se abre da mesma maneira: com um simples toque brincalhão, por uma artimanha do acaso, revela a nossos olhos atônitos seu conteúdo interior. Percebemos então que, com a longa e inadvertida história de nosso modo de ser, submetemo-nos involuntariamente a uma crise, e que esta terá consequências. As sementes de nossas ações irrefletidas foram silenciosamente se acumulando num tesouro situado em lugar escuro e oculto – no subterrâneo, por assim dizer, de nossa vida consciente. É como se um fio do destino, que há muito tempo viéssemos fiando, fosse nos envolvendo devagar, sem que nos déssemos conta e, acidental, abruptamente, se retesasse. Descobrimo-nos presos em uma rede de que não podemos fugir, na qual nos deixamos enlear, inadvertidos. Estamos envolvidos em uma aventura de dimensões ignoradas. Ainda que a enfrentemos com autoconfiança e com a mais intensa fé, ela provará ser muito diferente, muito mais complicada, perigosa e difícil do que esperamos. Desde que permitimos que nos escapasse em sua totalidade, é fatal que seus detalhes nos deixem perplexos.

O santarrão mendicante, dissimulando a certeza de estar fortalecendo cada vez mais seu direito aos serviços da vítima ingênua e negligente, permitiu que, depois da maturação havida com o tempo, a circunstância propícia levasse à realização de seu sinistro propósito. Lá está ele, por fim, no local do encontro e no momento do sacrifício. Quem é esse "Rico em Paciência", capaz de esperar um, dois, três, dez anos, aumentando um secreto desígnio com sua poderosa e inexorável inflexibilidade?

O guarda-roupa do destino está repleto de toda a espécie de disfarces com os quais ele se confronta conosco; para o encontro com o rei, aquele fora o traje escolhido. Coubera ao monarca a escolha; na verdade, ele mesmo o tecera e cortara à sua medida. Urdira-o com a invisível substância de seu próprio interior, como a aranha faz sua teia – tal como na história de Abu Kasem e de suas babuchas. Com a seda de seu aspecto negativo, da falha de sua realeza – a negligência de seu olho criterioso, o contentamento que lhe dava a pomposidade de sua personalidade pública –, foi tomando forma a roupa do impostor. O monge não monacal surge diante do rei como uma analogia encarnada de sua própria simulação de sabedoria onisciente; apresenta-se ao monarca dia após dia e, ao fazê-lo, dá provas de um equívoco que não é somente dele, mas também universal. O desafio, de dimensões ameaçadoras, é proporcional ao número de anos de falhas reais. Era justamente ao terrível e enganador feiticeiro que competia confrontar esse rei demasiadamente inocente: os dois eram um só. O próprio soberano lhe conferira existência. Fora criação dele, nascera como seu reverso, originário de sua própria cegueira espiritual.

Diz William Blake: "Meu espectro me ronda dia e noite". Para onde quer que olhemos, descobrimos, inexorável, nosso próprio eu. Por onde quer que caminhemos, uma porção de nosso ser desconhecido anda-nos à frente, de modo significativo, configurando-se e projetando-se de maneira misteriosa. Nosso destino, ambiente, inimigos e companheiros – todos são criados por nós. Desprendem-se de nosso ser profundo e essencial. É a razão por que, para a pessoa esclarecida, tudo o que encontra é uma manifestação do sacerdote iniciador, um guia espiritual que detém o poder de confiar-lhe a chave. As formas do poder iniciatório se alteram, sempre de acordo com nossas necessidades e culpas. Refletem-nos o grau de ignorância ou de maturidade espiritual. Anunciam as transformações necessárias e as tarefas que ainda teremos que enfrentar.

Colocando-se aparentemente a serviço de outrem, o rei descobre-se forçado a ir em busca de um cadáver; o mesmo ocorre conosco. A alma vivente vê-se forçada a perambular por um reino abraçado pela morte, em busca de algo extinto. Nessa noite, duas vezes negra e fumarenta, nenhuma lua derrama sua luz branda e confortadora; todos os demônios e *ghouls* infernais estão à solta, horríveis, ameaçadores, zombeteiros; apenas o bruxulear débil das chamas dos corpos calcinados ilumina-nos, com seu odor de carne ardente em decomposição, o perambular exausto. De maneira similar Dante vagou pelas covas dos mortos no inferno, tendo "perdido o caminho". Mas ele foi confortado. Apesar de seu pavor, de seu abalo profundo, sabia estar seguro nas mãos de seu guia, do santo Virgílio, piedoso vate, mestre de todos os grandes poetas, que lhe havia sido enviado por um ato de misericórdia celestial. O rei, porém, estava só – ele e o cadáver. Assim também estamos nós. Pois quem, hoje, pode clamar por tal orientação celeste, em meio ao labirinto do passado de nossa vida e de nossa alma?

Trazer um corpo morto: que tarefa curiosa! Cortar a corda da qual pende um enforcado desconhecido, sustentando-lhe o peso do corpo criminoso às costas! Aparentemente, o encargo do rei foi executado a serviço de outrem; entretanto, aquele fardo e aquela tarefa pertenciam-lhe. Comprometera-se com esse outro por uma dívida involuntária, ainda que não isenta de culpabilidade; tal como todos, pessoalmente, somos responsáveis pelo prodigioso fardo dos anos mortos que foram se acumulando sobre a vida de nossas vidas. Qual de nós não bendiria uma única oportunidade que fosse, de resgatar um momento perdido, de exumar secretamente na noite – mesmo que flamejassem em torno as orgias dos *ghouls* infernais – algo morto, a apodrecer no sepulcro?

No interior do cadáver resgatado existe uma vida fantasmagórica. De vitalidade nefasta, uma demoníaca insolência fala através dele, zombeteira e ameaçadora. O feiticeiro não é a única figura a comandar tiranicamente o mundo da noite do rei negligente; entre o momento em que este se submete à convocação e o da consumação do sacrifício, essa outra presença igualmente inexorável torna-se familiar a ele. E agarra-lhe a garganta com mão espectral.

Quem imaginaria que um corpo morto, estranho fruto da árvore de um campo fúnebre, abrigaria semente tão loquaz? Cada um de nós transporta aos ombros o mesmo fardo – o peso morto do passado. O cadáver, essa coisa em deterioração, é outro de nossos egos (qual é o seu número total? Quem o saberá?); é, portanto, uma porção – esquecida, moribunda e despedaçada – de nosso próprio ser. O fantasma oculto lá dentro é um outro ego, o mais estranho de todos. Habita além, no interior do régio "Eu" que conscientemente consideramos ser; o eco de sua voz levanta-se das formas mortas que o cercam, ameaçando-nos de morte súbita se nos recusamos a obedecer-lhe aos caprichos. Ordena que cumpramos tarefas, faz-nos perambular de um lado a outro com seu aguilhão, envolvendo-nos em um repugnante jogo de vida e morte.

A CONQUISTA PSICOLÓGICA DO MAL

O fantasma, para passar o tempo, para enganar-nos e, quem sabe, para colocar-nos à prova, começa a narrar contos enigmáticos. Somos forçados a propor respostas. Se as conhecemos, o corpo resgatado nos escapa, o que nos obriga a voltarmos sobre nossos passos. Se sabemos e guardamos silêncio, fará com que uma explosão nos despedace. Nosso régio ego diurno, nobre e poderoso personagem cuja palavra e desejo são lei (podendo ordenar que qualquer coisa prossiga ou se detenha, que se vá ou permaneça), está limitado agora por um indefinível poder superior, sendo forçado a perambular, sempre que esse espírito – extrínseco e obsedante – ordenar que o faça; vai e volta, de lá para cá, e outra vez torna à força de onde pende o cadáver. Tem que descobri-lo novamente, trazê-lo outra vez e carregar o peso daquela coisa morta, íncubo de vida desintegrada.

A noite parece infinita, como se o tempo, estagnado, desse lugar ao ritmo atemporal dessa estranha danação de Sísifo. Quando nos libertaremos novamente? Quando findará esse purgatório, essa noturna purificação? Quantas histórias contém essa noite terrível para nos revelar? Quantos contos fascinantes, insidiosos, fatídicos, deploráveis, com seu denso aglomerado de acontecimentos assombrosos? Desenrolam-se enquanto o espectro habitante do cadáver que carregamos às costas fala e fala. Após cada conto, o desafio: "Descobre a resposta do enigma que a vida aqui te propõe. Rasga o pericarpo que esconde a semente fulgurante".

É raro que culpa e inocência sejam óbvias. Não são ostensivamente evidentes, ligam-se de modo intrincado uma à outra, num desenho de volutas maravilhosas. Por exemplo, a quem culpar, se os pais morreram com o coração despedaçado pelo destino da filha difamada e raptada? Não aos amantes ou ao astuto conselheiro, mas ao rei, enganado pela hipocrisia de um falso asceta. Esse soberano lembra muito o outro rei que agora tenta solucionar o problema do cadáver; é muito semelhante ao governante que aceita das mãos de um impostor, oculto sob um manto de virtudes, fruto após fruto, sem examiná-los. O óbvio limita-se à semelhança; sob ela oculta-se o real. Quem se apega apenas à semelhança ver-se-á enredado por ela antes de dar-se conta. Quando der por si, terá submergido num inferno de inescrutáveis demônios; aguilhoado, andará a esmo de cá para lá, sem nenhum resultado. Como um cadáver, o fardo da omissão lhe pesará sobre as costas, ululando-lhe aos ouvidos, escarnecendo dele com um riso espectral, insultando-o por seu fracasso em distinguir a realidade que lhe estava à frente, em plena luz do dia.

O homem que, satisfeito com o que aparenta, tem-se por justo, íntegro e heroico, incorre, por isso, em falta, e esse fracasso caminha-lhe à frente; agora, sob o disfarce de uma conduta irrepreensível, este lhe faz uma exigência desmedida. A figura de aparência inofensiva (correspondente ao bom juízo que tem de si próprio) o conduz a uma noite exatamente oposta ao seu dia, encarregando-o de uma tarefa impura e despida de qualquer dignidade real – transportar cadáveres –, como um homem sem casta. O personagem refinado e régio, incumbido do trabalho de um pária! Executa-o não apenas uma vez e rapidamente, por um bom objetivo a ser alcançado de imediato, logo se esquecendo da humilhação, mas outra e outra vez. A frequência, na verdade, corresponde à frequência de seus pecados, e àquela com que negligenciara examinar o fruto, menosprezando-lhe o núcleo. Fruto que lhe resultaria, afinal, horrendo e amargo. Amargo como a noite infernal, tão oposta à suavidade e graça de um dia de rei.

Não se pode deixar de cumprir o ordálio. Esgotou-se o tempo das semelhanças exteriores. O problema do monarca consiste em tornar-se, verdadeira e plenamente, ele mesmo. Não lhe traria o menor benefício protestar que toda a horrenda confusão que jorrava da boca do cadáver nada tinha a ver com ele. Afinal, como mendicante, já se postara à espera diante dele por inumeráveis vezes, sob a doce luz diurna da sala do trono, na qual, como onisciente governador do reino, sentava-se para distribuir justiça. Esse inferno, essa confusão, são também a confusão de seu reino – reino de sua própria vida e também da nossa.

Nada está longe de nós. Nada podemos considerar como nos sendo alheio. Incorremos em falta, ao pormos distância entre nós e outra pessoa: sentiremos o peso das consequências disso. Portanto, é preciso voltar atrás outra vez, mais outra. Resgate o cadáver do passado suspenso à árvore, à forca à qual você o condenou. Ouça a voz do pequeno duende perseguidor: em sua noite nenhuma outra voz lhe falará para instruí-lo ou salvá-lo. Porque, de alguma forma, todos os heróis, vilões e heroínas das intrincadas histórias narradas por nosso inferno onírico somos nós mesmos; e somos a única solução para os enigmas propostos. O cadáver é uma concretização de nosso passado: daquilo que foi negligenciado e esquecido, do que não realizamos nem cumprimos, e que, sem estar morto por completo, tem que perseguir-nos, até que, na noite aparentemente infinita, aceitemos, reconheçamos e satisfaçamos o aspecto ainda não aceito de nossa existência.

A qualidade que salva, finalmente, o régio personagem, fio de Ariadne a guiá-lo através do labirinto da noite anterior, é a sinceridade de sua disposição de suportar a tarefa, a coragem diante das armadilhas que os poderes do demônio lhe prepararam. É o que o sustém diante das perguntas enigmáticas. Por ele ser puro, autêntico e capaz de transcender as limitações de seu ego régio, mesmo quando é necessário colocá-lo a serviço dos poderes das trevas; que magnífica consolação lhe está reservada! A iniciação é a via que nos leva ao inferno da provação indesejada mas autoinflingida, através do campo crematório de nossas omissões agonizantes, à transfiguração na realidade superior que durante todo o tempo estava imanente em nosso interior, como virtualidade a ser realizada. Os erros e as próprias culpabilidades são as asas com que alçamos voo até a morada dos poderes em seu zênite; por estes somos logo investidos de nossa missão. Entre esses poderes e nosso eu atual, entre a vitória e a banalidade de nossa complacência, interpõem-se o falso asceta e o espectro no cadáver, que têm que ser enfrentados e devem ser satisfeitos de forma absoluta.

Este último é o defensor, o guia, apesar de ser apenas o fantasma habitante de um corpo morto, não um vate magistral como aquele que guiou os passos do poeta Dante, ou o anjo protetor que orienta os passos de uma criança. Sim, porque esse rei não é nem poeta nem inocente. Entretanto, a voz inesperada é suficiente: no momento em que é ouvida, o homem até então irrefletido obtém, de súbito, aquilo que lhe faltava. Desperta para a reflexão. À medida que as histórias se desenrolam, sempre antigas, sempre novas, o rei é iniciado em uma ampla e penetrante compreensão. Ele, que já fora negligente, ingênuo, é agora capaz de confrontar o tortuoso e astucioso inimigo perfeitamente oculto. Quando o ensinam a compreender a realidade integral, essa intrincada teia de *luz e trevas*, torna-se capaz de discernir o personagem escondido atrás da máscara, adquirindo condições, por fim, de superar o arquidissimulador em seu próprio jogo de cínicas dessemelhanças; porque o solerte antagonista jamais poderia imaginar que o inocente se tornaria mais sagaz do que ele. É aqui que o herói se torna realmente o que antes apenas imaginava ser: um rei. O verdadeiro monarca pode aniquilar sua própria sombra, cada vez que ela se ergue para o intimidar e matar. Mas uma personalidade não é íntegra e real, o soberano não o é verdadeiramente, enquanto não tiver reconhecido o antagonista e descoberto o cadáver – fruto patibular da árvore de sua própria vida – aprendendo a lição da voz interior infernal.

    O espectro no corpo representa o juiz superior dentro de nós; mantém, conserva todos os registros e, com profunda sabedoria, prevê tudo. Com uma sutil insinuação, esse poder tem a capacidade de deter-nos à beira da calamidade em direção à qual, com toda a energia unilateral de nossa natureza consciente, caminhamos cegamente. É um ego mais sábio do que aquele que conhecemos, um poder maior que o rei que desejamos ser. No momento de nossa necessidade ele surge: vem a nós, adverte-nos com um riso de escárnio e desaparece. Mais uma vez, estamos sozinhos na noite de *ghouls* e cadáveres, noite que produziu a voz enigmática. Nada podemos fazer para que regresse a nós. Não tivemos defesa contra ela quando resolveu molestar-nos; agora não dispomos do conhecimento que a faria retornar.

    No entanto, estabeleceu-se uma relação entre o rei e o espectro, nessa noite de infindáveis enigmas, durante o deambular no campo da morte. Foi uma comunhão de algumas efêmeras horas. Apesar disso, deu-se um encontro atemporal. Ambos se aproximaram tanto um do outro, nesse período medonho, como jamais teriam podido aproximar-se no reino onde circula o sangue quente da vida. Como um "Eu" e um "Tu" viventes, entrelaçava-os um perigo comum, encadeava-os a mesma condenação. Um salvou o outro, e em virtude desse resgate mútuo todo o Universo foi redimido, redenção que abrangeu também o mundo do espírito superior.

    O rei corporal e o espectro incorpóreo, o reino tangível e o invisível, o "Eu" régio da luz diurna e a voz espectral das noturnas profundezas escuras (repleta de sagacidade e sabedoria intuitiva) são partes do mesmo todo. Um não pode existir sem o outro; separados, ambos seriam totalmente impotentes; juntos, compõem uma pulsante unicidade. Além disso, se suas atividades não tivessem sido sincronizadas, ambos estariam perdidos. Cabia ao rei realizar as ações, mas a inspiração veio do fantasma oculto nas profundezas. Portanto, um foi a redenção do outro. O espectro resgatou o soberano da condenação à qual estava sendo arrastado pela cegueira da mera consciência, e o monarca libertou o fantasma de seu passado em deterioração. É uma relação equivalente à do príncipe Conn-eda com a voz de seu alter ego encantado no cavalo hirsuto.

O REI E O CADÁVER

    Quando, por fim e de súbito, a voz se satisfez, reconhecendo que o rei atingira o ponto de conhecimento, tornou-se benevolente, apontou o perigo mortal em direção ao qual o soberano se encaminhava e ensinou-lhe o que fazer, no último instante, para que se salvasse. Porque o destino infernal preparado para nós é, na verdade, mais terrível do que aquele de que acreditamos ser merecedores. Por outro lado, o demônio celebrante não é muito difícil de ser burlado. Sugere-se um estratagema, o mais singelo possível, mas é o suficiente. O mestre da impostura é aniquilado, o ordálio converte-se num festival de alegria e o rei se investe da plenitude de suas forças.

    É importante observar como ocorre o resgate. Seguindo as instruções de seu guia, o corajoso rei decepa a cabeça e arranca o coração do maligno adepto da magia negra. Oferta-os ao espectro, que é temporariamente deificado e passa a habitar o cadáver ali exposto, como uma divindade habitante de uma imagem. Com isso desfaz-se o encantamento que une o monarca ao espectro. O primeiro, não mais obrigado a vagar, na noite de sua existência, pela área das execuções e pelo campo funerário de seu passado, recebe permissão para retornar ao seu palácio grandioso; o último, não mais condenado a assombrar o cadáver da vida irrecuperável ou a zombar, com enigmas e caprichos, da consciência régia, é liberado; permitem-lhe que deixe o campo da morte. Esse resultado é conseguido em virtude da oblação havida; a parte da personalidade até então orgulhosa e hostil foi humilhada em sacrifício – através de um ato deliberado do ego consciente – e submetida a uma autoridade interna, superior e invisível. O que quer dizer que era precisamente a cabeça o centro da falha real, e que sua perversão envolvera o coração. Sacrificados os dois centros contaminados, foram ofertados à misteriosa autoridade que, reafirmada, indicou o caminho para o ato de liberação, violento porém necessário.

    O fantasma, que parecia não menos sinistro e repugnante que o próprio cadáver ou o mago, termina por revelar-se como o salvador, espírito oracular que deseja o nosso bem. Essa quintessência esquiva e invisível de nossa falta de realização, espectro que dá voz à culpa que inconscientemente acumulamos, revela ser o único guia em todo o mundo que pode salvar-nos, nas trevas da noite da existência, libertando-nos do círculo mágico do mal que nós mesmos traçamos. É porque nos submetemos, por fim, a seus caprichos e vontade, que pôde salvar-nos. Porque cumprimos com paciência as tarefas que nos impôs, como provação e escárnio. De todos os componentes que nos irrompem do ser e que de muitas e diferentes formas nos rodeiam, ele é o mais sábio. Parece, em verdade, saber tudo, todo o acontecido não apenas a nós mas a todos os seres: reis, mendigos, criminosos, ou mulheres perenemente jovens e encantadoras de reinos longínquos. Com a mesma convincente persuasão dos sonhos – tão vagos e tão exatos – a voz espectral impele até nós essas figuras, que extrai como que por acaso do poço do passado – poço onde nada se perde, profundidade do esquecimento e da recordação – atirando-as, zombeteira, sobre a plana e vítrea superfície de nossa consciência. Nesta somos forçados a considerá-las. Somos obrigados a olhar, analisar e a compreender novamente.

A CONQUISTA PSICOLÓGICA DO MAL

Aconteceu uma significativa transformação ao espectro, no momento em que o rei superou a prova das perguntas enigmáticas. Quando ambos, descobrindo um ao outro, uniram-se num longo diálogo no trabalho mútuo de autossalvação, o espectro abandonou o cadáver e permitiu ao rei, encadeado à tarefa da árvore, que seguisse seu caminho. Com a personalidade modificada, o fantasma retornou quando o cadáver foi colocado no centro do círculo mágico, habitando-o como uma espécie de deidade merecedora de prosternações e do sacrifício supremo – a oblação de um ser humano. Além disso, o cadáver também se transformara. Convertera-se, de fruto da árvore patibular, em imagem consagrada, colocada no centro de um local de culto, rodeada de velas tremulantes. Transformara-se: antes coisa desprezível, merecia agora ser adorado; a abominação convertera-se em divindade, radiante de poder e eloquente em bênçãos.

"É um traço significativo presente em muitos contos de fadas", observa Novalis, poeta e filósofo alemão, num de seus aforismos inspirados e inspiradores, "que no momento em que algo impossível se torna possível, simultaneamente alguma outra coisa impossível se faz, inesperadamente, também possível: o herói, sobrepujando a si mesmo, subjuga ao mesmo tempo a natureza. Ocorre um milagre que lhe concede a coisa agradável e oposta, no mesmo momento em que o oposto desagradável se converte em agradável. Por exemplo, o encantamento de um príncipe transformado em urso se desfaz quando o urso é amado como tal. Talvez uma transformação semelhante ocorresse se um homem pudesse enamorar-se do mal existente no mundo. No momento em que pudesse persuadir-se a gostar da doença ou do sofrimento, abraçaria o mais encantador deleite, invadindo-lhe o ser o mais voluptuoso prazer positivo".

Esse conceito, tão ousado e paradoxal quanto profundo, revela um traço localizado nas profundezas de nossa estrutura psíquica. Aqui Novalis toca numa verdade – obscura porém verificável – da vida humana. É a verdade revelada por esse conto hindu do rei e do cadáver. Um triunfo decisivo no campo de batalha interior da alma opera uma metamorfose essencial e completa. O rei toma sobre si tanto o espectro como o cadáver, levando aos ombros o duplo fardo. Assume assim a tarefa aparentemente infindável de solucionar os enigmas propostos pelo espectro dual de sua noite interior. Aceitando a ambos, concede-lhes a atenção devida e eles se convertem, para ele, em imagem sagrada e em salvador. No momento em que se transformam, ele também se modifica. Até mesmo a escuridão circundante se faz aurora, resplandecendo com uma luz gerada pela luz do mundo.

Nesta história a paisagem sofre três transformações radicais, refletindo o estado espiritual do rei. Pois cada um de nós é seu próprio mundo: o mundo que conhecemos flui de nosso interior, confronta-nos e devolve-nos o reflexo. O pomposo salão da corte e tudo o que acontecia nele eram um reflexo da consciência do rei – da fragilidade, cegueira e apatia de seu ego autocomplacente. O negro campo funerário era o núcleo apodrecido de tal superfície brilhante. Como o mago assassino era o núcleo verdadeiro do santarrão asceta "Rico em Paciência", e como a noite era o núcleo do dia ilusório. Nessa noite o soberano foi forçado a caminhar às apalpadelas, aos tropeções. Nada restava de seu refinamento e segurança. Enfeitiçado, em perigo de vida, tropeçando, cambaleava de um lado para outro, indo, sem saber, em direção a uma morte traiçoeira. Mas todas as ameaças e aparições terríveis se desfazem com o amanhecer glorioso do Novo Dia: o dia da aurora do supermundo do Deus Supremo.

Modifica-te a ti mesmo (esta é a lição), e habitarás um mundo renovado. Sentados majestosamente na sala do esplendor, torturados por espectros e cadáveres do passado, ou comungando com os poderes supremos da existência, jamais ultrapassaremos a paliçada de nossa circunferência e personalidade. O mundo, todos os mundos, desde o céu até o inferno, são esferas externalizadas de nosso próprio ser. São produções, explosões da todo-poderosa e criativa Maya, que confere realidade à nossa forma de existência, mantendo-nos sob seu encanto, dentro dos limites de nossa vida. O caminho do rei conduz da pompa real mundana, através dos reinos da morte, até o píncaro da glória. A vacuidade da atitude do esplendor régio – frágil e efêmera – continha em si a semente da morte, mas o próprio caminho da morte é também o caminho da iniciação. Das tumbas, os demônios estendem as garras espectrais para a garganta vivente, e a vida, entregue à morte, se desfaz em sofrimento. A vida renasce, porém, ao final, íntegra e consagrada, isenta para sempre da morte.

Qual de nós será o príncipe eleito, abençoado pelo destino, que assim cantam as donzelas feéricas:

"Se Amor me tomasse os pensamentos,
este jovem, só ele, tocaria meu coração",

e a qual de nós a "Rainha da Noite", envolta no manto estrelado do firmamento, ofertará a Flauta Mágica que, subjugando a fúria do fogo e da água, vence todos os perigos? Quem – como Tamino, descrito por Sarastro – é "rico em virtudes, discreto e generoso"? Quem "deseja libertar seus olhos do véu da noite escura e descortinar o santuário da suprema luz"? Qual de nós será digno das boas-vindas do sumo sacerdote de Ísis e Osíris nos salões do templo – o mistagogo que, por direito divino, porta sobre o peito o radiante Círculo Solar Setenário d'Aquele Que Sabe?

No magnífico conto de fadas das vinte e cinco histórias do rei e do espectro no cadáver, o caminho da transformação do soberano transporta-o para além do mundo da mera aparência, conduzindo-o à realidade de seu ser régio. Aprendeu a integrar à existência aquilo que até então ignorara. Enfrentou e satisfez totalmente as exigências que a vida lhe propôs. Por conseguinte, ele, que anteriormente portara um diadema apenas porque, sentado no trono da vida, desfrutava os privilégios da realeza, agora o merecia. Convertera-se em rei autêntico, no olho da sabedoria que tudo penetra, em administrador e representante legítimo do poder e da justiça. Por isso lhe foi outorgada a espada "Invencível", equivalente à arturiana Excalibur do Lago.

4

A revelação excelsa, que levou ao clímax as iniciações dessa noite misteriosa, ampliadora de horizontes, foi recebida pelo rei quando Shiva, o Deus Supremo, retirou de sobre o monarca o véu da ignorância. Mostrou ao soberano que sua natureza era mais elevada do que supunha. Uma centelha do fogo empíreo descera à Terra, encarnando-se nele e tornando-o um avatar, uma manifestação no espaço e no tempo do Ser Infinito e Imortal. Depois de desfrutar seu período de vida terrena, seria dele o domínio sobre os reinos dos deuses, e ao final retornaria àquela suprema fonte ígnea de vida e poder, da qual originalmente emanara. Pois, apesar de sua forma humana, era divino em essência; estava, portanto, além de toda a servidão humana e Shiva, o Senhor do Cosmos, habitava nele. No âmago de sua essência, era eternamente uno com o Supremo. Essa é a verdade das verdades. É o fato interior, último, mais íntimo, que centraliza e dá princípio e fim simultaneamente a todos os outros fatos da existência do rei e à experiência desta. A fulgurante joia preciosa, localizada no interior do fruto que é o corpo – encerrada nos envoltórios de carne, sentimentos, faculdade racional e capacidade de compreensão –, é a identidade da essência da vida mortal com o Ser Imortal.

Shiva é o Senhor da Destruição: senhor da desintegração da polpa do fruto e revelação da semente imperecível. Shiva é o Senhor da Criação: senhor da manifestação, no interior da moldura de espaço e tempo, e do poder, majestade e serenidade do Transcendental. Shiva é o Mestre da Ioga: mestre da meditação, do recolhimento em si mesmo e do olho discriminador; sob o disfarce de mistagogo rompe com sua espada os véus da vida, as falsas aparências de Maya, até o cerne do Ser. Shiva é o Rei da Dança: os mundos da ação e dos eventos são os lampejos de seus membros que voam durante a cruel, implacável, delirante e sublime dança do Universo, que ele baila em êxtase, deleitado consigo mesmo.

O rei humano é um avatar, encarnação, ou manifestação, sob forma visível, da essência desse deus. Aparentemente, ambos estão separados no espaço; o rei tem estatura limitada; a do deus é ilimitada; o rei é mortal em sua forma de existência; o deus, imortal; o rei está confinado ao seu conhecimento; o deus, não; o rei tem caráter humano; o deus, divino. Apesar disso, o espaço que os separa é apenas um requisito da ilusão, o qual precede o espetáculo efêmero da criação. Além dele, não há lugar para a dualidade. O mortal e o deus, o conhecedor e o conhecido, o devoto e a imagem sagrada são apenas um.

Como o rei, temos que converter-nos em senhores do terrível mundo dos espíritos, os quais estão ao mesmo tempo dentro e fora de nós. Tudo o que nos é externo, quer o conheçamos em sua relação adequada conosco ou não, quer permaneça aparentemente sem significado ou não vinculado com nossa mente ou nosso coração, nos espelha e repete, na verdade, o ser interior. É o que se espera que aprendamos. Espera-se que, por essa via de conhecimento, aproximemo-nos da excelsa realização final. Esta foi concedida, por fim, ao rei: é aquela de nossa identidade divina com a substância, a consciência e a bem-aventurança a que chamamos "Deus". É a realização da natureza absoluta do Si-Mesmo. A descoberta da joia oculta no coração da fruta. A última experiência no longo percurso iniciação-integração. Acompanha-a o imediato conhecimento de que nós – e não apenas nós, mas todos os outros, os "tu", que encontramos na noite e no dia que nos rodeiam – somos avatares, disfarces, máscaras e lúdicas duplicações do Si-Mesmo do mundo.

Este é o despertar para a alegria.

Mas o rei, ao iluminar-se, não deixou logo a prisão de sua carne. Ao contrário, retornou ao trono mundano, no interior do palácio do "eu" régio. Também o herói do conto irlandês Conn-eda, após converter-se em partícipe do Reino das Fadas, voltou ao papel que lhe fora designado na Terra. Através de sua iniciação, o príncipe obteve a condição de governar com sabedoria entre os homens; o mesmo sucedeu ao rei hindu.

Depois de conhecer a si mesmo como encarnação da imortalidade – luz do Supremo, centelha ou raio do fogo solar do Universo, celestial, central e vivificante – ele converteu-se no portador, entre os homens, da espada "Invencível". Ambos os heróis estabeleceram a paz com a transitoriedade das formas do mundo fenomênico; pois embora os corpos, disfarces, máscaras e vestimentas do espetáculo possam ir e vir, aparecendo em cena para permanecer algum tempo e esfumar-se para sempre, o Si-Mesmo, núcleo adamantino e semente do Ser, nunca nasceu – e jamais morrerá.

NOTAS

1. *Ghoul* (do folclore oriental) – ser demoníaco que assalta os túmulos e se alimenta da carne dos defuntos. (N.T.)

2. Cf. Thomas Mann, *The Transposed Heads*, 1940. Em português, *Cabeças Trocadas*, Editora Nova Fronteira, 1987. A inspiração dessa pequena novela foi uma versão anterior do presente ensaio, "Die Geschichte vom indischen König mit dem Leichnam", que apareceu no volume comemorativo do sexagésimo aniversário do Dr. C. G. Jung, *Die Kulturelle Bedeutung der Komplexen Psychologie*, Verlag Julius Springer, Berlin, 1935.

3. Existem cinco versões em sânscrito de *Twenty-five Stories of the Specter in the Corpse* (*Vetalapancavinsati*): *Kathasaritsagara*, de Somadeva, 75-99; *Brikatkathamanjari*, de Kshemendra, 9, 2, 19-1221; a versão de Jambhaladatta, editada por M. B. Emeneau, American Oriental Series, volume 4; a versão da Sivadasa, editada por H. Uhle, Sachsische Akademie der Wissenschaften, Berichte, Philologisch-historische Klasse, Bd. 66, Heft I, Leipzig 1914, e uma versão anônima mais antiga, também editada por Uhle. Existem versões em quase todos os vernáculos hindus, bem como em tâmil e em télugo. Há também inúmeras traduções em outros idiomas. O monarca da história é o rei-herói hindu Vikramaditya ("Sol do Valor") que pode ter reinado por volta do ano 50 a.C. e de quem se contam inúmeras lendas.

PARTE II

QUATRO EPISÓDIOS DO ROMANCE DA DEUSA

1

A CRIAÇÃO INVOLUNTÁRIA

O envolvimento dos deuses na teia de sua própria criação, o que os torna, como Abu Kasem, vítimas atormentadas por suas criaturas, enredadas pelos laços de uma automanifestação involuntária, que faz delas objeto do sorriso zombeteiro de seu próprio juiz interior, refletido externamente: eis o milagre do Universo. Esse é o tragicômico romance do mundo. Deuses e poderes feéricos correm sempre o risco de encantar a si próprios. Como o mercador dos bazares de Bagdá que entesoura a si mesmo, ou como o jovem Narciso, eles são hipnotizados por suas próprias imagens – momentaneamente relutantes em acompanhar o passar do tempo, é absolutamente necessário que sejam sacudidos e abalados pelo golpe da catástrofe redentora. O homem é o pequeno criador do mundo; Deus, o grande. Rodeados pelas invenções de suas próprias profundidades refletidas, ambos conhecem e sofrem a autotortura cósmica. Enfeitiça-os o poder fatal da grande deusa Maya, a autoilusão, suprema criadora de todos os mundos.

Nos mitos populares da Índia, três preeminentes personificações masculinas da Cabeça Divina mantêm o equilíbrio do universo: Vishnu, Shiva e Brahma. O primeiro, repousando em uma solidão que apesar de transmundana sustenta toda a história do mundo, assegurando-lhe a continuação e periodicamente descendo até o seu tumulto para, na qualidade de salvador e redentor, restabelecer a justiça e a ordem. O segundo, em contraste, é o divino em estado de absoluta e distante imobilidade. Com o olhar voltado para seu interior, absorto no perfeito vazio de seu próprio ser, mantém sua consciência afastada da perpétua confusão do espetáculo do mundo, recusando-se a dirigir o olhar para essa ronda de prazeres e angústias que gera a si mesma, até que chegue o momento de dissolvê-la. Quanto a Brahma, é a fase criativa da totalidade divina. Em exaltado labor, ele desdobra o jogo do mundo, retirando-o do calor interno de sua absorvente autocontemplação.

Vishnu pode ser considerado como o aspecto que abrange a totalidade, tranquilamente mantendo tudo dentro de si mesmo, como alguém que a dormir calmamente sustém os espantosos incidentes de um sonho, enquanto que as outras duas figuras divinas denotam os dramáticos momentos opostos da dissolução e da criação. Porém os três, que são aspectos ou manifestações de um único Insondável, são, afinal, produzidos por Maya: unos em substância, são tríplices em forma e funções, devido ao artifício especular que divide o Todo em Múltiplo. Maya é a Mãe. Maya é o encanto pelo qual a vida está perpetuamente seduzindo a si própria. Maya é o ventre, o seio que alimenta, e a sepultura.

Uma biografia hindu dessa Grande Mãe, Tecedora do Mundo, consta do *Kalika Purana*, documento relativamente tardio da tradição hindu. O termo *purana* significa "contos e ensinamentos antigos transmitidos desde tempos imemoriais". Existem vários *puranas*. São livros sagrados compostos de material que veio flutuando na ampla e poderosa correnteza da sabedoria hindu desde os séculos primordiais dos cantores e videntes védicos, mitos veneráveis e ensinamentos oraculares levados ao caudal do rio por muitos tributários. Repletos de toda a sorte de sabedoria popular, todos se iniciam abordando o inexaurível problema da criação, embora o façam de diversas maneiras, a partir de vários pontos de vista e com diferentes manifestações significativas. O título, *Kalika Purana*, é derivado de Kali, "A Senhora Obscura", suprema manifestação hindu da Deusa-Mãe. Ela é, distintamente, a divindade dominante. A compendiosa obra desvenda, em seus capítulos de abertura, uma versão da criação e dos primeiros dias do universo, a qual, para alguém familiarizado com a tendência geral das tradições hindus, será surpreendente.[1]

Brahma, o Criador, aspecto demiúrgico e produtor do mundo, da cabeça divina, senta-se em meditação serena, trazendo das profundidades vivificadas de sua sagrada e abrangente substância o Universo e sua multiplicidade de seres. Certo número de aparições já brotara do abismo de seu estado iogue para a esfera do tempo e do espaço – visões puras como cristal, subitamente precipitadas sob forma encarnada. Foram dispostas à sua volta em um círculo sereno, enquanto ele continuava em transe criativo. Rodeia-o o grupo de seus dez filhos nascidos-da-mente, esses sacerdotes e videntes sobrenaturais, que se transformariam, mais tarde, nos ancestrais dos santos brâmanes. Além deles, ali também estavam os "Senhores das Criaturas", dez duplicatas menores do deus, que haveriam de assisti-lo nos estágios posteriores da criação e supervisionariam os processos naturais do cosmos. Brahma, submergindo ainda mais em sua límpida obscuridade interior, atinge uma nova profundidade: de súbito a mais bela mulher de pele escura brotou de sua visão, e ergueu-se desnuda aos olhos de todos.

Era Aurora, radiante e vibrante de juventude. Nada que se lhe assemelhasse aparecera ainda entre os deuses, nem tampouco outra semelhante jamais seria vista, quer entre os homens quer nas profundezas das águas, nos palácios cravejados de pedras preciosas das rainhas e reis-serpentes. As ondas de seu cabelo negro-azulado brilhavam como plumas de pavão, e seus escuros supercílios de curvas bem marcadas formavam um arco digno do Deus do Amor. De seus olhos, que eram como cálices de lótus escuros, vinha o olhar alerta e indagador de uma gazela amedrontada; sua face, redonda como a lua, assemelhava-se à púrpura florescência do lótus. Os seios intumescidos, com seus dois pontos escuros, poderiam ensandecer um santo. Esbelto como a haste de uma lança era seu corpo, suas pernas torneadas eram como trombas esticadas de elefante. A pele brilhava com pequenas e delicadas pérolas de perspiração. Ao descobrir-se em meio à sua assombrada audiência, fitou a todos tomada de incerteza, caindo repentinamente numa risada suave e cascateante.

Brahma conscientizou-se de sua presença; elevou-se, abandonando a postura de iogue, fixando nela um longo e intenso olhar. Com os olhos físicos ainda presos nela o Criador permitiu que sua visão espiritual retornasse à sua própria profundidade, onde procurou encontrar – também o fizeram os dez filhos nascidos-da--mente e os dez guardiões das idades, os "Senhores das Criaturas" – a função dessa aparição na evolução posterior do trabalho da criação, e a quem pertenceria.

Eis que se deu a segunda surpresa: da indagação interior de Brahma brotou outro ser – desta vez um jovem, esplêndido, escuro e forte. Seus membros eram poderosos, muito bem formados, o tórax heroico; os grandes músculos peitorais eram como um painel de mogno, os quadris, nítidos e bem torneados; as sobrancelhas sensíveis juntavam-se sobre a ponte do nariz. Exalava um aroma de flores e assemelhava-se a um elefante instigado por veemente desejo. Em uma das mãos trazia um estandarte ornado com um peixe; na outra, um arco florido e cinco floridas flechas. Ao vê-lo, um espanto intrigado assenhoreou-se dos dez filhos nascidos-da-mente e dos dez guardiões do mundo. O desejo começou a formigar neles. Começou a movê-los o secreto e ardente anseio de possuir a mulher. Foi assim que o desejo apareceu pela primeira vez no mundo. O recém-chegado, encantador, nada intimidado, voltou seu belo rosto para Brahma, curvou-se e perguntou: "Que devo fazer? Por favor, instruí-me. Um ser somente floresce quando executa a tarefa para a qual está destinado. Dai-me um nome apropriado, um lugar para morar e, desde que sois o criador de todas as coisas, uma mulher".

Brahma permaneceu silencioso por algum tempo, atônito diante da sua própria criação. Que é que emanara dele? O que era isso? Recolheu e subjugou a própria consciência, levando a mente outra vez para o centro. Dominou a surpresa. Novamente senhor de si, o Criador do Mundo dirigiu-se à sua notável criatura e designou-lhe o campo de ação.

"Sairás errando pela terra", disse ele, "enchendo de perplexidade homens e mulheres com teu arco e flechas floridos, assim propiciando a contínua criação do mundo. Nenhum deus nem espírito celestial, demônio ou espírito do mal, divindade--serpente ou duende da natureza, nenhum homem ou animal selvagem, criaturas do ar ou do mar, hão de ficar fora do alcance de teus dardos. Nem mesmo eu, ou Vishnu que a tudo impregna, nem mesmo Shiva, o pétreo asceta imóvel imerso em meditação. Nós três estaremos sob teu poder – para não falar de outras existências que respiram. Deverás atingir, imperceptível, o coração, e ali despertar o prazer, provocando a perpétua e renovada criação do mundo vivente. O coração há de ser o alvo de teu arco; tuas flechas levarão alegria e emoção embriagadora a todos os seres que respiram. Essa, portanto, é a tua missão: ela perpetuará o momento da criação do mundo. Recebe agora, ó Mais Elevado dos Seres, o nome que te pertence".

Voltando-se para seus dez filhos nascidos-da-mente, calou-se e retomou sua postura de lótus. Os dez leram-lhe a face e compreenderam. Conheceram, foram unânimes em seu conhecimento, e falaram: "Como agitaste o espírito do Criador, deixando-o emocionado quando surgiste, serás conhecido no mundo como 'O Agitador do Espírito'; teu nome será 'O Desejo de Amor' porque tua forma acorda o desejo amoroso; serás chamado de 'O Embriagador' pois que infundes a embriaguez".

Em seguida os "Senhores das Criaturas" designaram-lhe um lugar para morar e uma mulher. "Mais poderosos do que os dardos de Vishnu, Shiva e Brahma", recitaram, "são as flechas de teu arco florido. O céu e a terra, as profundezas do abismo e o fogo sagrado de Brahma hão de ser teu lar; tu és 'O Todo-Penetrante'. Onde quer que existam criaturas vivas, árvores ou pradarias, até mesmo no trono de Brahma, que está no zênite, ali morarás.[2] E o senhor Daksha, o primeiro 'Senhor das Criaturas', haverá de outorgar-te a mulher que desejas". Tendo manifestado sua decisão, voltaram-se em silêncio para a face de Brahma, em inclinação respeitosa.

Brahma é a divina consciência original de todas as coisas do Universo; portanto, é capaz de falar apenas e somente a verdade. Mesmo quando a verdade exige que ofereça a si mesmo como uma das vítimas do Deus do Amor, é sem hesitação ou coerção que o faz. Ele é pura luz, a luz do espírito – não um ser de natureza semi-humana como as divindades olímpicas de Homero, que temem o perigo e tomam precauções prudentes. Brahma é absolutamente divino, uma personificação da criativa luz da consciência, assim permanecendo mesmo quando subjugado pelo desejo pela mulher divina, encarnação do encanto irresistível.

Igualmente, o "Desejo", Kama, o Deus do Amor, é uma força pura, diretamente atuante, a despeito de quaisquer possíveis consequências. Ao ouvir as palavras de Brahma, dos dez filhos nascidos-da-mente e dos dez guardiões, ele levantou o arco florido cujo formato é o mesmo das sobrancelhas de uma mulher bela; preparou suas cinco flechas florais, que se chamam "Provocadora do Paroxismo do Desejo", "Inflamadora", "Embriagadora", "Abrasadora" e "Portadora da Morte", tornando-se logo invisível. "Aqui mesmo e sem perder um momento", pensou ele, "experimentarei, nestes sagrados personagens, e no próprio Criador, o divino poder que Brahma me atribuiu. Ei-los todos reunidos e aqui também está Aurora, essa magnífica mulher; todos, cada um deles, serão vítimas de minha arma. Não me afirmou o próprio Brahma: 'Eu, Vishnu e até mesmo Shiva cairemos em poder de tuas flechas'? Por que esperar, então, por outros alvos? O que Brahma anunciou, eu cumprirei".

Tendo-se decidido, colocou-se na postura do arqueiro, ajustou uma seta florida no arco florido e estirou-lhe a grande curva. Principiaram a soprar brisas embriagadoras, carregadas do aroma de flores primaveris, a espalhar arrebatamento. Todos os deuses, desde o Criador até o último de seus filhos nascidos-da-mente, enlouqueceram com as flechadas do perturbador. Naquele momento ocorreram mudanças de grande magnitude em seus temperamentos. Continuavam a fitar Aurora, a mulher, mas com olhos alterados, e o feitiço do amor crescia neles. A beleza da moça contribuía para aumentar e precipitar-lhes a embriaguez. Arrebataram-se todos a um só tempo, os sentidos turvados pela luxúria. O fascínio foi tão forte que, quando a pura mente do Criador olhou para a filha nesse ambiente exacerbado, despertaram e manifestaram-se diretamente, à vista do mundo, suas suscetibilidades e compulsões, com todos os gestos e manifestações físicas espontâneas. Nesse ínterim, a mulher exibia, pela primeira vez no grande romance do Universo, os sinais de sua própria agitação. Simulações de timidez se alternavam provocadoramente, sob a pálida luz do amanhecer do mundo, em evidentes esforços para estimular a admiração amorosa. Profundamente atingida pela flecha do Deus do Amor, lá estava ela, em pé, estremecendo sob os olhares que se fixavam em seu corpo com crescente desejo – ora envergonhada, escondendo o rosto com os braços, ora erguendo novamente os olhos dardejantes. O estremecimento de um tumulto emocional percorreu-a, como o ondular das ondas ao longo do curso do divino rio Ganges. Brahma, contemplando-lhe a atuação, começou a fumegar; o desejo por ela subjugou-o por completo. Os dez filhos nascidos-da-mente e os dez "Senhores das Criaturas" revolviam-se internamente. Foi assim que as emoções vieram ao mundo, acompanhadas de seus gestos apropriados e sinais naturais.

  O Deus do Amor observou tudo e ficou satisfeito ao ver que o poder que recebera como dom era adequado à sua missão. "Posso desempenhar a tarefa que Brahma me designou", decidiu, e uma esplêndida satisfação consigo próprio tomou-lhe conta do ser.

  Mas outra enorme surpresa estava reservada aos deuses. Enquanto o encanto do amor submetia ao seu domínio o Criador, a Deusa e a divina assembleia, e o Deus do Amor se congratulava pela eficácia de seu poder, Shiva, o distante e isolado deus arquiasceta, despercebido, fora despertado da quietude de sua autoabsorção. Imóvel, sentado ainda em sua postura iogue, aproximou-se flutuando pelas regiões do ar. Já perto do local da constelação do amor, ao ver a situação em que se encontravam Brahma e sua grei, explodiu numa estrepitosa risada de escárnio. Riu mais e mais e, como se não fosse suficiente, exclamou ironicamente: "Ora, ora, muito bem!". E envergonhou a todos com sua censura: "Brahma, o que se passa por aqui? Que foi que vos deixou nesse belo estado? A visão de vossa própria filha? Não fica bem ao Criador desprezar os preceitos dos Vedas: 'a irmã será como a mãe, e a filha como a irmã'! Isso é o que declaram os Vedas, em leis reveladas por vossa própria boca; tereis acaso esquecido tudo, num excesso de desejo? O Universo, Brahma, é fundamentado na estabilidade. Como pudestes perder assim o equilíbrio, apenas por um miserável desejo? Quanto a esses formidáveis iogues, vossos filhos nascidos-da-mente, e aos 'Senhores das Criaturas', seres sagrados capazes de contemplar a Cabeça Divina sem perturbação de suas faculdades, terão sido também subjugados pela visão de uma fêmea? Como pôde o Deus do Amor praticar esse ato contra todos vós, indolente e destituído de discernimento como é? Amaldiçoado seja aquele por meio de cujo poder a beleza da mulher provoca a perda da integridade, entregando o espírito aos vagalhões do desejo!".

Ao ouvir essas palavras, a mente de Brahma dividiu-se em duas: ao passo que sua natureza original novamente se recompôs, permaneceu, por outro lado, a pessoa possuída pela concupiscência. Correntes, ondas de calor desciam-lhe pelos membros. O anseio pela posse da encarnação de seu desejo gemia nele; ainda assim, dominou essa apaixonada modificação de caráter e deixou que partisse a imagem da mulher. Uma onda de transpiração cobriu-lhe todo o corpo, pois o desejo não pôde ser destruído, apesar de expulso. Dessas gotas de suor nasceram os chamados "Espíritos Daqueles que já Deixaram a Vida".

Estes Espíritos tornar-se-iam os progenitores da raça humana, presenças ancestrais que devoram as oferendas feitas aos mortos. Eles sentam-se sobre a palha. Seus corpos são tão negros como cosmético para as pálpebras, e seus olhos, como os lótus azul-escuros. São os Pais, cujas formas carnais são destruídas nas piras dos campos crematórios. No entanto, continuam ansiando por oferendas funerárias, porque sem elas e sem a reverência filial de seus descendentes deixariam de existir totalmente, sofrendo uma segunda morte, perdendo até mesmo a lamentável e desditosa aparência da sombra de vida carnal à qual tão tenazmente se agarram. Seu anelo é perdurar, apenas; no entanto, seu nascimento – nasceram das gotas da transpiração vertida por Brahma quando reprimiu seu desejo – denota que apesar de esse anseio ser a mais inferior e humilde manifestação do ímpeto universal da vida, é, não obstante, consubstancial com a poderosa força que dirige os amantes um para o outro, traz o garanhão à égua, e inspira até mesmo os deuses supramundanos.

Quando Brahma, o Criador, o Tetracéfalo, exsudava paixão através dos poros, as outras divindades se esforçavam também para purificar novamente seus sentidos. A transpiração de Daksha, o Dextro, o mais velho dos "Senhores das Criaturas", corria para o chão, e dela nasceu uma esplêndida mulher, resplandescente como ouro polido, de membros esbeltos, a irradiar beatitude. Seis dos filhos de Brahma nascidos-da-mente conseguiram dominar o jogo dos próprios sentidos sem qualquer problema; porém, o suor dos outros escorreu e transformou-se em outras várias presenças ancestrais: aqueles denominados "Os que Morreram Quando sua Hora Chegou", e "Os que Comem as Oferendas". Com eles completou-se a escala dos seres criados oriundos de Brahma, os quais povoaram o mundo. A bem dizer, foi pela mulher atingida pela seta do amor, Aurora, que foram chamados à vida, e sua criação não fora premeditada. Impusera-se involuntariamente à criação um novo passo, e a totalidade de seres predestinados a preencher o mundo se completara com a adição de uma multidão de criaturas até então não imaginadas: a hoste dos mortos. Seu número é maior que o dos vivos. Formam a "grande maioria".

Brahma estava livre de sua luxúria, mas as ferroadas das palavras de Shiva deixaram-no raivoso. Seu cenho se contraiu, e a irritação se voltou contra a divindade do arco. Percebendo-o, e apavorado tanto com Brahma quanto com Shiva, o jovem deus radiante logo se descartou de suas flechas. Brahma, no entanto, já o amaldiçoava, com voz terrível, de profunda cólera: "Já que o Deus do Amor, com seu arco e flecha floridos, desonrou-me diante de vossos olhos, ó Shiva", disse Brahma, "que ele colha as consequências de seu ato. Quando sua desmedida insolência vier a alcançar um dia tal proporção, que ele dispare um dardo em vossa direção, penetrando-vos a calma impenetrável, que seja convertido em cinzas pelo olhar de vosso olho médio!".

Num momento crítico de um capítulo posterior do romance do mundo, essa maldição haveria efetivamente de cumprir-se, provocando surpresas maiores no desenrolar da trama imprevisível. Por enquanto, permanecia sendo apenas uma terrível ameaça. O Deus do Amor não estava com disposição para pô-la à prova. Execrado pelo próprio Criador, e diante de Shiva, cujos cabelos cascateantes são a ampla expansão do éter, ele sentiu-se realmente amedrontado; para dominar a situação, fez-se novamente visível. "Por que, senhor, assim me maldizeis?", protestou. "Não é verdade que todo aquele que siga vossa divina lei é inocente de culpa? Tudo o que fiz foi o trabalho que declarastes ser minha tarefa. Afirmastes que vós mesmo, Vishnu e Shiva, haveríeis de ser vítimas de meu arco; apenas cumpri vossas palavras. Não é justo que me repreendais. Portanto, abrandai vossa terrível maldição."

O criador sentiu-se inclinado à misericórdia. "A donzela, Aurora, é minha filha", explicou. "Amaldiçoei-te porque me escolheste para teu alvo quando eu estava na presença dela. Agora minha ira extinguiu-se e dir-te-ei como terminará tua maldição. O olho de Shiva converter-te-á em cinzas com um olhar de raio, mas adquirirás outro corpo quando Shiva, o arquiasceta, unir-se a uma esposa." E Brahma desapareceu diante dos olhos de todos. Simultaneamente, Shiva, rápido como o vento, volveu ao seu lugar de meditação. Daska apontou para a esplêndida mulher que brotara do suor de seu excesso de emoção, entregando-a ao jovem Deus do Amor como sua companheira. Então, disse ao primeiro esposo do mundo o nome de sua mulher; chamava-se Rati, "Desejo".

Luminosa como um relâmpago, tinha os olhos de uma tímida gazela. O Deus do Amor mirou-lhe o arco das sobrancelhas e perguntou-se, em um momento de incerteza: "Terá o Criador colocado meu arco 'Suscitador da Loucura' sobre seus olhos?". Percebeu-lhe então os movimentos rápidos e o olhar penetrante e não achou mais que suas flechas fossem tão rápidas e afiadas. A doçura de seu hálito o fez esquecer-se das brisas perfumadas do Sul, que despertam no coração os anseios do amor. Seus seios projetavam-se como um par de dourados botões de lótus; os pontos negros assemelhavam-se a dois besouros negro-azulados nele pousados. Descia entre ambos, quase imperceptivelmente, em tênue linha até o umbigo, o brilho de uma penugem delicada que lembrou ao deus a corda de seu arco, formada por uma fieira de insetos a zumbir agudamente. As pernas eram tão torneadas quanto a haste de sua lança. "Como?!", pensou ele. "Estarei sendo fascinado por ela com minhas próprias armas?"

Atingido pelo fogo de suas próprias setas, com os sentidos seduzidos, ele esqueceu a terrível maldição lançada por Brahma. "Com esta mulher por consorte", disse ele a Daksha, "mulher de formas tão extasiantes, serei capaz de transtornar o próprio Shiva, o paradigma do autocontrole – sem falar em todas as outras criaturas do mundo. Para onde quer que aponte meu arco, esta Maya, esta ilusão – cujo nome é 'Mulher' ou 'Arrebatadora' –, mostrará seu lindo rosto. E quer ascenda eu à morada dos deuses, ou desça à Terra, ou penetre no último abismo do mundo ínfero, por toda a parte e para sempre, estará comigo este suave sorriso. Ela será minha companheira, a imperar sobre todas as criaturas do universo – assim como Lakshmi, a Rainha dos Lótus, é inseparável de Vishnu e como a dourada serpente-relâmpago está unida ao ser das nuvens".

O Deus do Amor tomou para si a deusa – como Vishnu à bela Lakshmi quando esta emergira das águas do Oceano Cósmico. Unido a ela, fulgurou como uma nuvem da tarde, que ao tombar no horizonte rebrilha à luz do sol. Tal como um iogue atrai para si o poder de seu conhecimento, assim o jovem Deus do Amor, repleto de exaltada alegria, recolheu-a em seu peito; e ela rejubilou-se no vigor do abraço de seu magnífico amor.

É assim que a Criação se desenvolve, de acordo com esse mito notável: através de surpresas, atos involuntários e inversões abruptas. A criação do mundo não é um trabalho já terminado, completado em determinado período de tempo (em sete dias, por exemplo), mas um processo contínuo, a prosseguir ao longo do curso da história, a remodelar incessantemente o Universo, impulsionando-o para que caminhe, tão novo a cada momento como no primeiro. Como o corpo humano, o cosmos é parcialmente reconstruído a cada noite, a cada dia; por um processo de infindável regeneração, ele permanece vivo. O modo como cresce dá-se por abruptas ocorrências, crises, eventos surpreendentes e até por acidentes mortificantes. Tudo está permanentemente em deterioração, mas por isso mesmo o miraculoso desenvolvimento ocorre. O grande todo move-se aos saltos, de crise em crise; é assim, mediante esse precário e terrível processo de autoimpulso, que ele avança.

A interpretação do desenvolvimento do mundo como uma crise contínua teria sido rejeitada pela última geração como uma visão pessimista e inautêntica da vida; no entanto, a atual situação internacional quase que nos impõe tal concepção. A calamidade é a circunstância normal; nela se sustenta tanto nossa luta pela ordem quanto a ilusão que alimentamos de que haja uma possível segurança, ao fim. "O que já foi paradoxo, agora o tempo vem comprovar." Não obstante, o mito hindu não pode ser tido como pessimista, ao contrário: ao apresentar sua sequência ininterrupta de crises críticas e mortificantes como acontecimentos banais, o mito, a seu modo, é amplamente otimista. Brahma, em seu absoluto conhecimento, deveria ter bem presente o risco assumido ao informar o Deus do Amor sobre o poder do arco florido, fazendo-o saber-se capaz de subjugar desde Shiva e Vishnu, até ele próprio, o Criador do Mundo. Contudo, foi absolutamente verdadeiro. Não poderia deixar de sê-lo, pois seu caráter não abrigava limitações. A verdade é a própria essência do Criador. Brahma (a Realidade Transcendental e a Verdade Encarnada) foi, portanto, fiel não apenas à verdade mas a si próprio, dando a conhecer o perigoso segredo do arco. O desejo e a humilhação poderiam ser, para ele, as consequências imprevisíveis da revelação, mas a possibilidade dessas eventualidades não foi suficiente para retê-lo; porque, também sem premeditação, algo deveria suceder para resgatá-lo. Ou seja, existe uma segurança secreta até mesmo na desordem das ocorrências naturais, um poder oculto que cria um surpreendente equilíbrio, mantendo a carruagem do destino a salvo de tombamento ou destruição. Durante todas as lutas que travaram ao criar o mundo, sustentando-o através de sua permanente e autorrenovada recriação, as forças divinas mantiveram-se sempre fiéis para com sua natureza essencial. Por essa razão, jamais são frustradas pela espantosa, enigmática e terrível violência dos acontecimentos.

Tal como estão personificados nas divindades dos mitos hindus que lhes demonstram as formas de atuação, os poderes que dão forma ao mundo são apresentados como confiantes na própria capacidade – ou como bons perdedores. Quando isto acontece sempre acreditam que o inesperado, que no momento parece desampará-los, virá socorrê-los, colocando seu peso e equilibrando os pratos da balança. Mas, embora ao final sejam resgatados, estão, no momento, sujeitos às mais duras provas e, incumbidos de difíceis e exasperantes tarefas, são forçados a suportar, além das mais incríveis descobertas sobre si próprios, também o desmoronamento de suas amadas personalidades e o sacrifício de seus corpos visíveis; ou são obrigados a assumir deveres que até então lhes eram estranhos, alguns dos quais se lhes afiguram em completo desacordo com seu papel universal. Brahma, por exemplo, é forçado a admitir não ser inteiramente o que julgava, isto é, a intuição divina e universal, transparente como o cristal, pura força de visão espiritual e sabedoria que tudo impregna. De fato, o poder pelo qual dá forma ao mundo e que projeta de si mesmo é totalmente oposto. Revela-se, de súbito, como o ofuscante encanto do sexo, como a encarnação da libido na forma sedutora da Mulher. Brahma conscientiza-se, assim, de sua profunda e absoluta rendição à força cega que propaga a existência e que zomba do puro espírito mergulhado em quieta meditação. O deus aceita essa revelação, esse fato surpreendente que se relaciona com a natureza de seu próprio ser, essa parte de si mesmo que se ergue, imprevista, de sua profundidade. Reconcilia-se com o Deus do Amor. E, apesar de este deus também ter de sofrer lancinantes consequências, inclusive a morte – ele, que pensava ser exclusivamente vida –, entretanto, como Brahma, também será restaurado.

A irônica interdependência dos poderes, os espantosos paradoxos de seus efeitos, tanto recíprocos como os que recaem sobre cada um deles, confluem na nítida constatação mostrada pela aventura subsequente do romance. Apesar de reconciliado com o Deus do Amor, era Brahma ardia ainda a ferroada que lhe dirigira a retidão de Shiva. Brahma desaparecera de vista, mas ainda assim sua chaga espiritual exacerbava-se. "Diante dos santos, meus filhos, Shiva ultrajou-me ao ver-me repleto de desejo pela mulher", cismava Brahma. "Mas estará o próprio Shiva tão acima de tal desejo que seja impossível criar uma mulher que o afete? Que imagem de mulher seu espírito guardará nas profundezas – a única capaz de ensinar-lhe o desdém por sua ioga, de levá-lo à confusão e de tornar-se sua desposada? Quem poderá ser ela, se nem mesmo o Deus do Amor pôde perturbar-lhe o equilíbrio? 'Mulher' é palavra incompatível com sua ioga imensurável; no entanto, como prosseguirá o mundo seu desenvolvimento, até atingir a plenitude e caminhar para a dissolução a qual ninguém mais, além de Shiva, pode fazer cumprir-se, sendo necessário para isso que ele tome uma esposa? Alguns dos grandes vultos da Terra serão mortos pela minha mão, alguns pelos poderes de Vishnu;

muitos, contudo, pelo ato de Shiva. Se ele permanecer indiferente, isento de toda paixão, não fará nenhum outro trabalho além de sua ioga."

Cismando, Brahma lançou os olhos, do alto de seu zênite, à Terra, onde Daksha e os outros ainda continuavam em pé, e ali viu o jovem Deus do Amor, jubilosamente unido à bela e feliz Rati. Desceu então à esfera inferior e fez-se novamente visível; aproximando-se do apaixonado casal, disse, conciliador, ao deus: "Como resplandeces, unido à tua consorte, e ela também, junto a ti! Como a lua e a noite, como a noite e a lua, assim é vossa luminosa união. Engrandecido por esse liame, serás o porta-estandarte de todos os mundos e de todos os seres. Pelo bem do Universo, dirige-te a Shiva: que ele seja presa de um desejo alucinante, que tome esposa para si e nela encontre sua bem-aventurança. Vai, transtorna-o, faz com que se apaixone, lá na pradaria verdejante, entre os penhascos das montanhas e cascatas, onde mora em solidão. Ninguém mais, além de ti, pode fazê-lo. Renunciando à mulher, ele conquistou o domínio sobre si mesmo. Mas, se o dom do amor chegar a despertar-lhe no íntimo, ele terá que permitir a essa inclinação que cresça. Terminará então a maldição que pesa sobre ti".

O Deus do Amor replicou: "Seja como ordenais! Procurarei Shiva, e ele será perturbado pelo desejo. Mas a principal arma é a mulher; criai-me uma mulher que interesse a Shiva, depois que eu o tenha despertado. Apesar de poder estimular no deus um anseio enlouquecedor, não consigo avistar em parte alguma uma mulher tão arrebatadora que possa consumar o encantamento. Produzi essa mulher, precisamos dela!".

Então Brahma, o patriarca do cosmos, pensando para si mesmo: "Criarei Ela, a feiticeira", deslizou novamente para seu próprio interior e mergulhou em outro estado de transe produtivo. Entretanto, não foi uma deusa, porém um jovem que se condensou da respiração tremulante de suas narinas – o mancebo chamado "Primavera". Acompanhava-o um vento carregado de perfume de flores e abelhas zumbiam-lhe à volta. Adornavam-no brotos de manga e de lótus. Era majestoso. Rosto radiante como a lua, seu cabelo negroazulava como a noite; seu físico era suntuoso e poderoso, as mãos implacáveis. No momento em que sua forma surgiu à luz, como o abrir dos botões, ventos fragrantes sopraram de todas as direções, as árvores começaram a florescer, lagos e lagoas se cobriram de lótus e os pássaros principiaram a cantar.

Brahma, tomando consciência da nova presença, olhou-o com sentimento de benevolência e falou em tom amigável ao seu jovem filho, o Deus do Amor: "Esse será teu amigo e companheiro para sempre e, como tu, lançará o mundo em estado de paixão. Com ele irão esses outros dois, o Vento Sul carregado de perfumes, e a Propensão Amorosa. Com Rati irão todos os Gestos de Amor, Frieza Provocante, Fascínio Involuntário e tudo o mais. Eles estão sob teu comando. Com este pequeno exército haverás de sobrepujar o Grande Deus, e com essa vitória permitirás que prossiga a contínua criação do mundo. Vai para onde quiseres. Eu, nesse ínterim, submergirei novamente e convocarei à vida a mulher que consumará o trabalho de teu encantamento".

Tendo falado o mais antigo dos deuses, o Deus do Amor, ao lado de seu pequeno exército de auxiliares, inclinou-se respeitosamente e partiu para observar

Shiva; Brahma, um tanto ansioso, aconselhou-se com Daksha e com os outros "Senhores das Criaturas", além de seus dez filhos nascidos-da-mente: "Quem", perguntou ele, "poderá ser, talvez, a futura consorte de Shiva? Que mulher lograra atraí-lo, fazendo-o emergir das profundezas de sua absorção?". Então, alheando-se em seus pensamentos, concluiu, após algum tempo: "Aurora! Só ela, nenhuma outra! Aurora! Maya: a Ilusão do Mundo do próprio Vishnu, que sustenta tanto a mim quanto ao cosmos! É ela o princípio motor do universo. Ela o seduzirá. É aquela que leva o inebriamento até mesmo à mais profunda visão iogue. É a geradora de todos os seres. Daksha, deves ir e, com oferendas e dádivas adequadas, persuadir a abençoada Mãe de Todos para que consinta, primeiramente, em nascer como tua filha e, depois, em tornar-se a desposada de Shiva".

Daksha reconheceu a sabedoria da decisão e prontificou-se a realizar seu papel. Transladou-se à outra margem do divino Oceano Lácteo, o infinito e imortal mar da felicidade de Vishnu, água eterna sobre a qual Vishnu, o supremo deus, dorme e sonha o sonho do mundo. Lá se preparou para as oferendas à deusa que é a soma e a substância do sonho de Vishnu. De início fixou-lhe a imagem na mente e no coração. A seguir, aquietou-se para um período de ascese prolongada e severa, a fim de gerar e concentrar o calor espiritual que lhe possibilitaria animar a imagem da deusa e contemplá-la corporalmente ante seus olhos. Por trinta e seis mil anos e por mais três mil, ficou ali, em prodigiosa concentração absolutamente direcionada para um ponto, reunindo calor à volta e dentro da visão da deusa; alimentava seu próprio corpo, nesse tempo, apenas com água, folhas e ar. Totalmente absorto, assim esteve ele, sentado, durante os longos milênios das primeiras eras milagrosas da aurora do mundo.

Neste mito, o inesperado constitui-se no princípio estrutural da trama.

O Criador, cujo espírito é na verdade um cristalino mar de contemplação (espelho divino, de todo imóvel, sem que o menor suspiro de uma inclinação humana lhe agite a superfície), é de súbito tumultuado pelo desejo. Todas as espécies de afeto irrompem abruptamente dele, ao mesmo tempo que as correspondentes expressões físicas compulsivas da superfície do corpo; elas aperfeiçoam o mundo que ele está criando, mas de um modo que não previra. Dão-lhe o impulso que coloca em movimento o desvairado romance de sua criação involuntária.

Não é Brahma, ao que parece, mas sim um belo, espantoso jovem deus, em seu cego e fervoroso impulso – o Deus do Amor, que é criação de Brahma, não obstante lhe cause evidente comoção –, é esse efebo que detém domínio sobre todos os seres, até mesmo sobre o Ser Supremo de quem se originou. Seria ele a encarnação da energia produtiva daquele Ser? Seria, todo o tempo, o poder secretamente operante dentro do Criador, enquanto este, de acordo com o plano eterno, gerava o mundo como um reflexo do conteúdo de seu próprio interior?[3] Por que, então, o jovem aparece como um adversário? Simplesmente – como de imediato percebeu Brahma – para possibilitar, pela interação dos sexos, a continuidade da criação do mundo?

O Deus do Amor teria sido impotente (na verdade, jamais teria vindo à luz), não fosse pela divina mulher que o precedera imediatamente em existência: Aurora, o primeiro florescimento do dia universal. Ela foi o início da Criação Involuntária. A primeira surpresa. Seria ela, pois, e não o jovem, a forma visível da energia produtiva desse deus e o poder ao qual serve, poder que o sustém durante seu trabalho de criação? Atraindo com seus muitos gestos sedutores, encantadora e cintilante, ela é o poder primordial da existência, a Mãe-Geradora universal da vida que tudo procria. Apenas com vê-la Brahma distende maquinalmente sua postura iogue, desperta da equanimidade concentrada, põe-se trêmulo a seus pés e, em autoindagação, busca dentro de si a explicação do enigma. Onde mais poderia encontrá-la a não ser em sua própria profundidade cristalina e crepuscular? A resposta que recebe é o Deus do Amor, fascínio que acompanha a forma feminina, desejo cego que enreda todos os seres em sua teia sutil:

> *A quell'amor che è palpito*
> *Dell'universo intero,*
> *Misterioso, altero,*
> *Croce e delizia al cor.*[4]

Aparentemente, a paixão amorosa sem limites é a manifestação elementar da única modalidade possível de relação com a forma feminina divina.

Portanto, o gênio que projetara a Sabedoria Criadora nem bem se aventurara por um momento além dos limites de sua imagem ordenada, quando se deparou face a face com o reverso – o impulso imprevisto sob o encanto da bela imagem da feminilidade –, o incorrigivelmente não intencional, o espontaneamente atraente, o encantamento encantado pela maravilha de sua própria natureza e pela inevitabilidade de sua própria sedução, encantando por sua vez todos os que concebem e que estão no ato da geração. Esse impulso atravessa os planos urdidos pelo Criador para o mundo, como a lançadeira atravessa os fios estirados de um tear. Mas é assim que se faz com os fios retesados, para que se transformem num tecido. O ziguezague alado dá o material e o desenho. Entrecruzando-se com os planos do espírito criador, tecerá o mundo de forma surpreendente. O entrelaçamento desses dois irreconciliáveis se constituirá na urdidura e trama básicas da tapeçaria dos acontecimentos.[5]

Desvia-se o curso do mundo, que com isso caminha diretamente para sua meta. O que lhe interrompe o progresso é a catástrofe do imprevisto mas, quando esta ocorre, vê-se que, desde sempre, era assim que tinha que ser. Ela é criativa, numa acepção mais profunda do que supunha o espírito planejador criativo. Transforma a situação, força o espírito criador a alterar-se, atirando-o em um jogo que o transporta além de si mesmo. Colocando-o, por assim dizer, verdadeira e propriamente, dentro de um jogo que envolve a integridade da criação. O planejador, o observador, é compelido a tornar-se aquele que suporta e sofre. Essa metamorfose em tal oposto, isto é, no absolutamente estranho, ata os nós que reticulam a rede do todo existente, entrelaçando no tecido os indivíduos viventes.

O elemento estranho aos poderes – já encarnado em Brahma e na realidade efetivo dentro dele, embora em repouso, atuando imerso na sombra, despercebido e evitado – emerge subitamente, sem ser convocado, na esfera das operações planejadas, cuja cena domina. Contudo, a resposta de Brahma – a Sabedoria – a essa força embriagadora que ameaça subjugá-lo com uma cegueira atordoante, preserva sua magnificência; a Sabedoria tem a seu lado todo o poder do conhecimento. A Sabedoria declara ao impulso o que ele é, e exatamente o que pode fazer, pois nesse aspecto o impulso é impotente. Nada sabe sobre si próprio; aliás, nem sequer é ele mesmo, ainda; não é mais do que o impulso para a sua própria realização. Seria incapaz de compreender e tornar efetivo seu potencial se este não lhe fosse indicado e não lhe fosse dado um nome que lhe delimitasse o poder; nome que, ao ser dado, lhe inaugure o poder, nome pelo qual possa ser invocado e venerado, chamado e conjurado. A sabedoria de Brahma atribui ao Deus do Amor seu nome; faz-lhe saber claramente o que deve fazer para tornar-se eficaz desde as raízes de seu ser, não se furtando, nem mesmo sob o menor subterfúgio, ao poder consequente a esse surpreendente nascimento. O medo, tal como é sentido por cada criatura, é desconhecido para a Sabedoria de Brahma. Nenhuma defesa se levanta contra o feitiço, a ignominiosa queda nessa voluptuosa debilidade que ameaçará tanto a Brahma como a toda a sua criação. As palavras do Deus Criador não enganam ao outro nem lhe impõem limites, pois o conhecimento puro desconhece intrinsecamente o medo. É uma branca chama de luz, firme língua de fogo a arder em perfeita quietude, sem estremecer ao sopro do vento. A sabedoria é a luz que ilumina a si mesma, espalhando luminosidade à sua volta através da densa escuridão. O medo da verdade que ele próprio irradia e produz é incompatível com o caráter fundamental de Brahma, tal como a piedade é incompatível com a natureza do gênio do desejo, gênio portador do arco, que só por medo não despede contra Brahma suas flechas floridas. Brahma anuncia a completa verdade e nada pode fazer para impedir-lhe a realização, em si mesmo e em seu mundo. É capaz de louvar a força que colocará em questão seu caráter e vai ameaçá-lo com o aniquilamento. É capaz mesmo de conduzir essa força à consciência de si própria, com suas palavras despidas de subterfúgio, em vez de limitá-la com um decreto. Essa é a marca da grandeza de Brahma, o Criador.

  Nessa situação mitológica, os dois grandes princípios antagônicos, Sabedoria e Desejo, defrontam-se na plena simplicidade de sua inumanidade elementar, ainda não transformados em personagens literários que mesclam traços divinos e humanos, como os gregos Zeus e Afrodite, ou os germânicos Wotan e Freya. Aqui cada uma das potências está enraizada em si mesma, e a declaração de sua própria natureza lhes estabelece tanto o motivo incondicionado quanto o conjunto de limitações. Como elementos primordiais, estão distantes de quaisquer medidas de senso comum, vantagens políticas e interesses divididos que governam a conduta das criaturas compostas pelos dois princípios, nas quais energias absolutas se expressam unicamente através de colisões.

  Brahma, o Criador, incuba o mundo da matéria e o extrai de si por meios espirituais, mergulhando em sua profundeza, em estado de meditação iogue; mas não pode controlar ou determinar as aparições que produz então. Elas o surpreendem, espantam e desconcertam. Entretanto, enfrenta-as e se sustém, sondando as próprias profundezas sem nenhum egoísmo; afinal, tais aparições são produções de sua própria substância, por mais antagônicas e estranhas que possam parecer: tanto a mulher que se ergue diante dele, em perpétuo incitamento à geração e expansão contínuas do mundo, como o Deus do Amor, que é a encarnação do encanto dela. Cada uma das figuras provoca sua própria cadeia de efeitos – uma horda selvagem de sentimentos e agitação, acompanhada de toda a simultaneidade de expressões faciais, compulsões à gesticulação e formas espontâneas de manifestação carnal.[6] Talvez Brahma pensasse que o mundo já estivesse completo sem essas coisas; mas ele não seria a espiritualidade pura e altruísta, a claridade totalmente difundida, se não lhes houvesse apreendido de imediato o significado para o prosseguimento do jogo cósmico e se não as tornasse cônscias de sua natureza, de seus campos de ação e das leis de seu ser. É capaz de reconhecer na totalidade (ainda que composta de oposições das quais ele mesmo é o produtor involuntário e o solo gerador original) uma plenitude de elementos que, ricamente significativos em suas mútuas contradições, estão destinados inevitavelmente a dirigir o curso do mundo.

  Essa criação involuntária se abre sem empecilhos em direção ao futuro. Não se trata de uma constelação de fatos firmados para sempre, de acordo com determinadas leis interiores fixas. Alimenta-se das surpresas que causa a si própria. Pois a Criação é um processo contínuo que assegura a permanência do Universo; acompanha a ação do mundo do início ao fim, impulsionando-o permanentemente, em investidas sempre renovadas. A Criação e a Conservação não constituem, portanto, duas fases distintas da biografia do mundo, cada qual escrita em seu estilo peculiar. O meditativo esforço do princípio, a surpresa que abruptamente o interrompe, a compreensão que dá sentido e une o inesperado à trama ao designar-lhe o lugar adequado, são elementos que concorrem para a constante continuidade do curso cósmico, da "permanência" cósmica que é a "contínua criação". Cada casal flechado pelo Deus do Amor renova a "contínua criação do mundo"; é essa a razão por que os sentimentos dos amantes, em certos momentos, são tão solenes, fervorosos e mortalmente sérios. O eterno princípio pulsa ao longo do percurso que vai se desenvolvendo, sempre em progresso.

  Por outro lado, o curso total já está implícito no início: a mulher divina e o Deus do Amor estão, desde o começo, impalpavelmente vivos na profundidade de Brahma. Na realidade, eles são seu poder criativo, erguendo-se tangíveis à sua frente, perturbando-lhe o repouso da autoabsorção apenas ao serem precipitados na forma, extraídos do mundo-lago cristalino de sua ioga. Tudo estivera ali todo o tempo; as coisas não fizeram mais que tornar-se visíveis, assumindo formas e modificando-as. O que estivera em repouso no interior do deus, como um sonho fechado em si mesmo, a encerrar todos os seus elementos, desperta, adquire formas e confronta-se de várias maneiras, a fim de produzir efeitos sobre si mesmo. É assim a contínua criação, o jogo do mundo.

  O encanto do Deus do Amor é quebrado por Shiva – com uma risada. O riso do grande não capturado abala o túrgido silêncio dos poderes geradores do mundo, apanhados em seu impulso procriador. Shiva é a autoabsorção do princípio transcendental, para além de todo o acontecer e das possibilidades de acontecimentos.

Afastado do mundo, ele medita sobre sua própria sublimidade; como plenitude livre de agitação – isto é, como Vazio prístino –, ele fita a imobilidade infinita e, tal como uma pedra, queda-se na contemplação do mar interior da perfeita quietude. Apenas por um momento se desliga, quando os poderes criativos, ao mergulhar, são apanhados em um momento de pressões excessivas; uma vez recolocadas as coisas em seu lugar, novamente se recolhe.

O verdadeiramente maravilhoso quanto ao poder de Brahma é como ele pode descobrir o infinito significado de cada uma das formas e dos acontecimentos que lhe espumam das profundezas – o Deus do Amor e sua investida, a horda de sentimentos que dele se apossa, despojando-o de sua majestade; até mesmo o desdém e a repreensão de Shiva, sabe valorizar. Mas compreende que o atordoamento que o atingiu deve tocar também o Grande Solitário, para que a "contínua criação" não cesse. Ele percebe que a tarefa e a função mais elevadas do Deus do Amor consistem em envolver Shiva, o supremo isolado, na roda geral, na loucura da dança que conquista a todos, desenhando suas figuras com os deuses e seres criados. Foi-lhe fácil converter a divindade das flechas ao seu grande propósito: o jovem Deus do Amor o teria feito por vontade própria, tão embriagado estava pela posse de sua apaixonada deusa Desejo. Mas onde – e esse é agora o maior problema de Brahma –, onde encontrar a mulher que, ao absorvê-lo, perpetue o anseio de Shiva, quando suscitado?

II – O CASAMENTO INVOLUNTÁRIO

A antiga história prossegue contando que, enquanto Daksha, sentado sobre os rochedos das montanhas para além do Oceano Lácteo, meditava sempre e sempre, a rebrilhar de calor interno, alimentando-se apenas de água, folhas e ar, o poderoso Brahma transferiu-se para a sagrada montanha Mandara e ali se instalou, dedicando-se também à tremenda tarefa da meditação concentrada em um só ponto. Por trinta e seis mil anos permaneceu em perfeita atenção e recolhimento, exaltando com sílabas potentes a nutridora Mãe do Mundo, a quem se dirigia como àquela cujo ser quintessencial é a iluminação redentora da vida, transcendendo o mundo e sua ignorância, que seduz e aflige as criaturas. Louvou-a como Rainha que recusa o repouso, porém permanece imóvel por toda a eternidade, Senhora cujo corpo participa da tangibilidade do mundo e da sutil matéria suprassensível de céus e infernos. Chamou-a de "Eterna Divina Embriaguez do Sonho", ou seja, letargia cósmica de que se origina a matéria de todo o mundo vivente – matéria onírica de Vishnu, existência adormecida e consumada; e chamou-a de "Tudo Aquilo que Repousa Além do Reino da Vida

Configurada". "Sois o espírito original", orou, "cuja natureza é o êxtase; sois a derradeira natureza e a clara luz do céu, que ilumina e desfaz o auto-hipnotismo da terrível roda do renascimento, e sois aquela que abriga para sempre o Universo em vossa própria obscuridade". Assim glorificou o encanto de Maya – ilusão do mundo que atua em todas as criaturas, aprisionando-as à carne e unindo-as, com os grilhões do nascimento e da morte, à roda da agonia e do prazer –, encantamento que envolve a "criação contínua" do mundo.

    Ao raio de conhecimento que desfaz o encanto de Maya, só o conhece o olho espiritual do indivíduo iniciado e, mesmo este, apenas nos mais raros e extraordinários momentos da vida. Sua centelha transporta-o, sublime e solitário, às esferas cristalinas, enquanto o mundo continua caminhando, escravizado ao transe que enreda em si todos os espaços e seres mundanos – como se o mundo e os seres fossem protagonistas de um sonho. O poder desse sonho – essa letargia cósmica, eterna embriaguez divina e onírica do organismo universal, a recobrir tudo e cada coisa – faz com que o cosmos se desenvolva, perpetua-o e traz seu fim. Este é o poder atuante na Trindade – Brahma, Vishnu e Shiva –, pois toda a oposição e toda a identidade procedem de Maya. A Grande Maya é sabedoria e incremento, estabilidade e pronto auxílio, compaixão e serenidade. Rainha do Mundo, ela vive em cada nuança de sentimento e percepção; sentimentos e percepções são os seus gestos. Sua natureza pode ser sentida apenas por quem tenha compreendido que ela é a unidade dos opostos. É a rainha que produz a ronda da ilusão mortal; entretanto, por esse mesmo poder, abre caminho à liberação. Reúne em si sabedoria e ignorância, é autoiluminação em luminosidade intrínseca. Todas as mulheres são sua automanifestação, especialmente as duas grandes deusas: Lakshmi, consorte de Vishnu, padroeira da fortuna, e Savitri, deusa das palavras resplandecentes da sabedoria da revelação e tradição divinas – esta última esposa de Brahma. A este, em solidão e orando a ela, a praticar suas devoções por um século inteiro de anos celestes (cada ano celeste corresponde a trezentos e sessenta anos da contagem humana), não permitindo à sua mente que vagueasse nem uma só vez durante a árdua meditação sobre a natureza da Grande Maya, que envolve Vishnu na letargia do sono, e em cuja visão vive como o sonho do mundo, a deusa finalmente apareceu. Escura e esbelta, cabelos soltos, estática, vinha sobre o dorso de seu leão cor de bronze. O deus saudou-a. E Kali, "A Escura", dirigiu-se a ele com a voz de uma nuvem tempestuosa: "Por que razão me chamaste? Que eu conheça o teu desejo. Mesmo que fosse inalcançável, meu aparecimento asseguraria sua realização".

    Brahma respondeu: "O Senhor do Mundo, o Senhor dos Espíritos, Shiva, permanece solitário. Não há nele anseio por uma esposa. Seduzi-o, Senhora, movei-o para que venha a possuir uma mulher! Nenhuma, exceto vós, pode arrebatar-lhe o equilibrado intelecto. Assim como, sob a forma de Lakshmi, vos constituís na alegria de Vishnu, extasiai também Shiva, pela salvação do mundo. Se ele não tomar uma esposa, como haverá de a criação do mundo seguir seu curso? Ele, o isento de paixão, é causa de seu início, meio e fim. O poder de Vishnu não é suficiente para envolvê-lo. Tampouco é possível a Lakshmi, ao Deus do Amor e a mim, reunidos, movê-lo à ação. Portanto, ó Mãe do Universo, encantai-o! E, assim como sois a bem-amada de Vishnu, atraí também Shiva para a vossa servidão!".

A mágica e poderosa Kali deu sua resposta: "O que dizeis é verdade. Sou a única mulher que pode perturbar esse paradigma de paz, e mesmo para mim isso não será fácil. Mas, assim como Vishnu faz comigo segundo sua vontade e está sob meu poder, assim também será com Shiva. Sob a forma de uma bela mulher, sob a aparência da filha de Daksha, vou à sua procura e o farei meu. Por isso os deuses me chamarão, a mim, que sou Maya e a embriaguez do sonho de Vishnu e que daqui por diante tornar-me-ei a noiva de Shiva. 'A Mulher do Modelo da Paz'. Assim como enredo o recém-nascido lançando-o à vida desde o primeiro hausto, assim também tomarei esse Deus dos deuses. E assim como todos os filhos da terra são suscetíveis ao encanto da beleza feminina, assim também será com ele. Quando em sua meditação ele fender o núcleo mais íntimo de seu coração, vai encontrar-me ali, fundida a ele, pois posso unir-me a todos os seres e mundos; e, enfeitiçado, ele me incorporará a si".

Ela desvaneceu-se diante dos olhos perspicazes de Brahma, que pensou consigo mesmo que atingira a meta pretendida. Repleto de felicidade, dirigiu-se ao Deus do Amor, ainda engajado em sua longa campanha pela conquista de Shiva, e informou-o de que a Divina Embriaguez do Sonho Iogue já estava preparada para fascinar o inexpugnável objetivo. O Deus do Amor quis saber, no entanto, que espécie de ser era esse novo aliado, indagando como pretendia realizar a impossível tarefa. Ouvindo-o, Brahma de súbito desalentou-se. "Ah!", suspirou profundamente, "talvez Shiva não possa em absoluto ser comovido".

O hálito do suspiro de Brahma condensou-se em um tropel de figuras medonhas: tinham cabeças de elefante e de cavalo, mandíbulas de leão e de tigre. Noutros viam-se focinhos de cão ou de gato, cabeças de urso, focinhos de burro, caras de rã e bicos de papagaio. Gigantes, anões, esqueléticos ou barrigudos, caminhando em pernas múltiplas ou desprovidos de pés, mostravam caras de vaca e formas de serpente. Havia todas as modalidades de existência animal, exibindo os mais ousados cruzamentos de formas e membros: muitos olhos ou nenhum, corpos de homem com mandíbulas de crocodilo, centopeias ou ornitórdeos; eram um imenso vômito de cega compulsão vital, essas gárgulas presunçosas de imprevisível fecundidade. Batendo tambores, brandindo toda a sorte de armas, esses exércitos, cuja força habitava a divina embriaguez do sonho, gritavam: "Matai! Lutai!".

Brahma desejou falar-lhes, mas o Deus do Amor interpôs-se com uma série de perguntas: "Para que servem eles? Que nome dar-lhes? Onde, na criação, lhes dareis funções?". Brahma replicou: "Desde que, apenas recém-nascidos, já gritavam: 'Matai!', serão chamados 'Os Matadores', 'Portadores da Morte'; matarão os seres que não lhes mostrarem o respeito que merecem. Deixa que se juntem a teu grupo. Eles enlouquecerão as vítimas de tuas setas, e mais: interceptarão o árduo caminho dos que buscam a iluminação redentora. És o comandante deles. Quem lhes medirá as forças? Sem esposas nem descendentes eles renunciaram à vida!".[7]

Brahma começou a descrever ao Deus do Amor o fantástico poder da Encantadora do Sonho Universal, que exerce a soberania sobre Vishnu como sua Maya: de que maneira ela domina cada criatura desde o momento em que deixa o corpo da mãe, fazendo com que chore para ser alimentada, a contorcer-se, ávida e raivosa; depois, fazendo com que ame, de modo a ser, dia e noite, aguilhoada pelo desejo e mortificada pela apreensão, atormentada pela ansiedade e pelo prazer. "Seus estratagemas são inúmeros. É a criadora de todas as formas. Mantém sob sedução Vishnu, aquele que sustenta o mundo, e enreda todos os seres com suas atraentes personificações do feminino. Agora está preparada para seduzir Shiva. Vai depressa, já, acompanhado de tua noiva, Desejo, da maravilhosa divindade Primavera, e de teus exércitos; emociona-o para que tome a deusa como esposa. Triunfaremos, e o romance da criação não se interromperá."

O Deus do Amor confessou que até então suas tentativas com Shiva haviam sido inúteis. Os encantos de Primavera, com seus pares amorosos em ternas expansões e extáticos prazeres sob os olhos do solitário absorto, os casais celestiais transfigurados em infinitos abraços, gazelas, pavões reais entretidos na dança do amor – nada disso lhe arrancara a mínima centelha. Os sentidos sob controle, ignorava-os, cego a suas deliciosas loucuras. "Jamais pude perceber nele a menor fissura ou falha na qual pudessem penetrar minhas flechas. Vosso discurso, no entanto, dá-me novo alento. O que esses exércitos demoníacos e mortalmente ameaçadores não conseguirem, a ilusão do sonho cósmico certamente conseguirá. Tentarei mais uma vez com Shiva." Assim disse e despediu-se de Brahma, que o aconselhara e instruíra a devotar a noite e um quarto do dia a todas as criaturas do Universo, dedicando os restantes três quartos de cada dia ao trabalho da grande sedução.

Enquanto isso, Daksha, no rochedo distante, orientara seus poderes, em prodigioso esforço, à adoração da deusa; ela, finalmente, viera a ele. Com seu corpo muito escuro e os fortes seios, apareceu sobre seu leão. Em uma das quatro mãos, ostentava um lótus; em outra, uma espada; a terceira mão fazia o gesto "não temas", e a quarta abria-se no gesto chamado "outorga de dádivas". Daksha inclinou-se cheio de beatitude e reverenciou a grande Maya que, beatífica em essência, enleva o mundo e sustém a terra. A força primordial cuja florescência é o Universo ordenou-lhe que manifestasse seu desejo e, quando obedeceu, fez-lhe uma promessa: "Pelo bem da criação vou converter-me em tua filha e no amor de Shiva. Mas se, pela mínima coisa, me faltares com o respeito que me é devido, abandonarei meu corpo imediatamente, esteja ou não contente com ele. Seduzirei Shiva. Eu o farei para que ele possa ser incorporado à trama do romance do mundo".

Desapareceu da visão de Daksha e este, feliz, retornou à sua casa. Dedicou-se a produzir criaturas, não através do contato carnal com mulheres, mas dando-lhes forma em sua profunda meditação. Brotavam-lhe do espírito e ingressavam no mundo, milhares de filhos, brâmanes sagazes, que errariam pelo mundo, até os confins da terra, por tempo infinito. Depois, tomou para si uma esposa, para engendrar com ela uma nova prole. Seu nome era Virani, e era a bela filha da perfumada erva chamada

Virana. Quando a primeira visão-desejo de Daksha, emanada de sua alma, caiu sobre ela, Virani concebeu, e sua filha foi a Deusa Maya. Daksha o soube e rejubilou-se. No dia do nascimento de sua filha tombou do céu uma chuva de flores, águas límpidas fluíram do firmamento claro, e os deuses fizeram retumbar seus tambores de trovão. Virani não percebeu que seu esposo, em devoção fervorosa, saudava na filha a Senhora do Universo, a Mãe cujo corpo é o mundo. A Grande Deusa enganou a todos os presentes; nem sua mãe nem os amigos que a visitavam ouviram quando elevou a voz e falou a seu pai: "Daksha", disse ela, "cumpriu-se o desejo pelo qual lutaste para conseguir minha graça". A seguir, com suas artes mágicas, retomou a forma de criança recém-nascida a chorar no colo da mãe. Virani cuidou dela e ofereceu-lhe o seio.

    A pequenina deusa cresceu rapidamente na cabana dos pais; sobre ela afluíam todas as virtudes; era como a foice da jovem lua crescente que a cada noite perceptivelmente se expande buscando a plenitude. Seu grande prazer ao brincar com os amiguinhos era desenhar-lhes o retrato de Shiva, dias após dia, e ao cantar canções infantis as letras sempre se referiam a ele, ditadas pela devoção de seu coração. Daksha chamou à sua filha Sati, "Aquela Que É"[8]. Brahma observou-a certo dia ao lado do pai. Percebendo o deus, ela fez-lhe a reverência apropriada e ele abençoou-a com estas palavras: "Aquele que vos ama e a quem já amais como esposo, o onisciente Senhor do Mundo, como consorte o possuireis. Aquele que jamais possuiu nem possuirá outra mulher haverá de tornar-se vosso esposo – Shiva, o Incomparável".

    Era arrebatadora sua beleza, quando ela deixou a infância, e Daksha planejou como faria para casá-la com Shiva. Ela própria não tinha outro pensamento e, por sugestão de sua mãe, principiou a oferecer devoções especiais a seu senhor. Começou a meditar em solidão e a dedicar-se a grandes austeridades. Passaram-se doze luas. Cumprindo seu voto, ela jejuara, velara toda a noite, apresentara oferendas e meditara continuamente, devotando-se ao deus com todo o ardor. Brahma, ao aproximar-se o final desse período de submissão, transportou-se com sua deusa-consorte – divina encarnação de seu poder – até onde Shiva vivia sua paz, nas distantes alturas do Himalaia. Também Vishnu e sua consorte Lakshmi manifestaram-se na agreste morada. Milagrosamente, quando o deus asceta tomou conhecimento da presença dos dois radiantes casais, o levíssimo vestígio de um sinal de desejo por uma mulher e pelo próprio estado conjugal fez-se perceptível no espírito solitário sem idade. Ele saudou os dois poderes-díades e indagou-lhes a razão da visita.

    Brahma replicou: "Viemos pelo bem das divindades, pelo bem de toda a criação. Eu sou a causa criadora do mundo; Vishnu, a causa de sua continuação; quanto a vós, provocais o aniquilamento de todos os seres. Em união convosco, sou capaz de, sem interrupção, consumar o ato criador, assim como Vishnu encontra em mim o fundamento e a sustentação para sua função conservadora. Da mesma forma, sem nós ambos jamais estaríeis em condição de realizar o fim. Portanto, para o equilíbrio de nossos poderes dependemos um do outro, mutuamente, e devemos desempenhar nossos diversos trabalhos em cooperação; se não o fizermos, não haverá mundo. A muitos gigantes e antideuses que de modo permanente disputam com as deidades o controle do cosmos, ameaçando vetar vossa ordem celeste, terei que matar; alguns outros deverão ser vitimados por Vishnu, outros por vós. Nossos filhos, porções e encarnações físicas de nossas potências, subjugarão outros mais dessa multidão diabólica; outros tantos ainda estão destinados a ser mortos pela Deusa Maya. Porém, se permanecerdes para todo o sempre distante do curso da história, submisso à vossa ioga, isento de toda a alegria e dor, não podereis cumprir vossa parte no traçado do quadro. Como poderão integrar-se criação, conservação e destruição, se os diabólicos poderes absorventes não forem perpetuamente mantidos sob controle? E se nós três, com nossas diferentes atuações trinárias, não agirmos um em oposição ao outro, que razão haverá para possuirmos três corpos distintos, assim diferenciados pela Deusa Maya? Somos um na essência primordial de nosso ser, apenas separados pelo contexto de nossa ação. Somos uma divindade idêntica, diferenciada na triplicação; o mesmo ocorre com a força divina que se move em nós, também tripartida nas deusas Savitri, Lakshmi e Aurora, cada uma concorde com a tarefa que lhe cabe desempenhar no desenvolvimento do mundo.

    A mulher é a raiz da qual germina a necessidade; da posse da mulher florescem o desejo e a cólera. Quando prevalece a necessidade que causa esse desejo e essa cólera, as criaturas apressam-se a livrar-se dela. O apego ao mundo é o fruto da árvore da paixão, o qual provoca o desejo e a cólera; a liberação dessa árvore e o desprendimento do mundo vêm como reação contra o sofrimento ou estão presentes por si mesmos, sendo que o ser individual, neste último caso, está absolutamente afastado de cada faceta mundana, desligado por completo de tudo. Está repleto de compaixão e de paz interior. Não causa dano a nenhum ser vivente. Apenas o atraem a ascese e o caminho da perfeita concentração mental. Vossa raiz, ó Shiva, está nessa quietude iogue; a nada estais ligado e sois pleno de misericórdia. Para todo o sempre, vossa atribuição será a paz da alma que não inflige dor a nenhum ser. Não é vossa atribuição vos preocupardes com existências, desde que vos abstenhais de lhes desejardes a sorte. Apesar de tudo, se persistirdes na recusa de cooperar no trabalho do desenvolvimento do mundo, vossa falta será essa que terminei de descrever. Pela salvação do Universo e dos deuses, pois, tomai por esposa uma gloriosa mulher, que seja como a consorte de Vishnu, a Lakshmi do trono de lótus, ou como Savitri, minha esposa".[9]

    Um sorriso angular moveu os lábios de Shiva, e ele condescendeu em responder: "Tudo é como dizeis. Porém, tivesse eu que retirar-me – não por mim mas pela salvação do Universo – desta minha quietude de contemplação sem mácula da realidade última, onde encontraria a mulher capaz de absorver meu poder incandescente, impacto após impacto, a iogue feminina modelada para o meu desejo, que pudesse ser minha esposa? No interior de meu próprio espírito cristalino contemplarei para sempre a suprema e imperecível eternidade do Ser Verdadeiro, testemunhada pelos sábios; para sempre imerso na meditação dele, hei de mantê-lo presente em minha consciência; e nenhuma mulher impedirá minha dedicação. Não somos, essencialmente, nós três, outra coisa além dessa Una Existência Suprema. Somos seus membros; portanto, devemos unir-nos a ela com nossa atenção total. Mostrai-me, nesse caso, a mulher consagrada ao meu trabalho, e que compartilhe de minha mais elevada visão".

Sorrindo também, Brahma estava exultante. "A mulher que pedis existe", disse ele; "é Sati, filha de Daksha. Por vós, arde em imensuráveis austeridades". Ao que Vishnu acrescentou: "Fazei como vos aconselhou Brahma". Ambos partiram acompanhados das esposas; aproximou-se então o Deus do Amor, seguido de sua deusa Desejo e, repleto de uma nova confiança (pois ouvira as palavras de Shiva), ordenou ao mancebo divino, Primavera, que iniciasse as operações preparatórias.

A lua outonal do voto de Sati aproximava-se da plenitude. Na oitava noite do crescente, ela jejuava e cultuava, com incansável devoção, concentrada num ponto único, o Senhor dos Deuses, quando Shiva apareceu. No momento em que percebeu que ele estava fisicamente diante dela, seu coração inundou-se de júbilo; curvou a cabeça modestamente e adorou-o, prostrada a seus pés. Ela conduzira ao final seu voto extremado, e o deus, que não se recusava à ideia de aceitá-la como esposa, disse-lhe: "Teu voto agradou-me; vou conceder-te o que desejas". Ele sabia bem o que lhe ia no coração, mas pediu: "Fala, então, agora", pois desejava ouvir-lhe a voz. Mas ela não pôde vencer o grande pudor que a impedia de declarar o que lhe movia o coração desde a infância. A humildade velou seu segredo.

Foi nesse instante que o Deus do Amor entreviu uma fissura em Shiva. O Grande Deus não se indispunha a tomar esposa e quisera fazer com que Sati falasse porque desejava ouvi-la. O Deus do Arco lançou a seta suscitadora de agitação. Shiva olhou a donzela, estremeceu e esqueceu a visão espiritual do Ser Celestial. O Deus do Amor lançou a flecha inspiradora de ardor.

A jovem, nesse ínterim, conseguira superar seu pudor. "Concedei-me a graça, ó vós, que outorgais as graças..." – principiou ela. Mas o deus, em cujo estandarte está o emblema do touro, não pôde esperar pela conclusão do pedido. Exclamou, súbito: "Sê minha esposa!". Ela ouviu e, com o coração intensamente tumultuado pela fulminante realização do que anelava, mais uma vez emudeceu. Apenas um doce sorriso e um gesto de devoção revelaram seus sentimentos à divindade que se erguia diante dela, inundada de desejo. Estavam os dois emocionados, impregnados de amor. Sati conservou-se em pé; diante de Shiva ela era como uma nuvem escura, em submissa condensação sob a cintilação cristalina da lua. "Deveis ir a meu pai", disse ela, "para receber-me de suas mãos". Ela reverenciou-o – preparava-se para partir; mas, atingido pelo fogo das flechas ardentes, ele continuava repetindo: "Sê minha esposa!".

Sati nada mais disse. Inclinando-se em profunda reverência, voltou-se e partiu, rápida, para a casa dos pais, trêmula de felicidade. Logo depois Shiva retornou à sua ermida; sofrendo com a separação de Sati, permitiu que a mente lhe contemplasse a imagem tal como se a tivesse em seu coração. Recordou-se da exortação de Brahma para que tomasse esposa. Dirigindo-se-lhe em pensamento, no mesmo instante Brahma e Savitri, sua esposa, apareceram diante dele. Chegaram velozes como o pensamento, atravessando o espaço etéreo na carruagem puxada por celestiais gansos selvagens. Brahma sentiu que seu mais profundo desejo estava a ponto de realizar-se e queria fazer todo o possível para que acontecesse.

"Vossa sugestão de que eu deveria tomar esposa", confessou-lhe Shiva, "parece-me agora muito sensata. A piedosa filha de Daksha tem me prestado veneração ardente e dedicada e quando surgi diante dela para conceder-lhe uma graça, o Deus do Amor atingiu-me com suas flechas. Desde então Maya tem brincado comigo, a tirar-me o senso. Sinto-me impotente! Por ser como é o coração de Sati, sei que terei de tornar-me seu esposo. Pelo bem do universo – e agora também pelo meu –, fazei com que o pai dela me convide à sua casa e que me dê a mão da filha em casamento. Apressai-vos, fazei todo o possível para pôr fim à nossa separação". Olhou para a esposa de Brahma e a dor de sua solidão cresceu, à vista do casal tão unido.

  Brahma prometeu desempenhar sua missão e voou até Daksha em sua veloz carruagem. Este já ouvira todo o relato da filha e conjeturava como poderia realizar, o mais discretamente possível, as cerimônias preliminares, algo embaraçosas. O Grande Solitário já o visitara certa vez, partindo graciosamente; retornaria agora, em busca da jovem? Poderia Daksha enviar uma mensagem ao Grande Deus? Pareceria um tanto impróprio, já que se supõe que caiba ao varão iniciar a corte. Bem, deveria então o próprio Daksha principiar a invocação da grande divindade, com árduas meditações, para obter dela a graça de tomar Sati por esposa? Mas, se parecia que o deus nada mais desejava a não ser possuí-la!

  Foi nesse dilema, pois, que Brahma encontrou o pai de Sati. A chegada da rápida carruagem tomou-o de surpresa. Brahma narrou-lhe, encantado, a radical mudança de Shiva. "Atingido pelas setas ardentes, a meditação já não o absorve. Só consegue pensar em Sati. Está tão confuso com o tumulto de seus sentimentos como qualquer pobre criatura nas ânsias da morte. A Sagrada Sabedoria – aquilo que lhe é mais intrínseco – fugiu-lhe por completo da consciência e tudo que consegue dizer, não importa o que faça, é: 'Onde está Sati?', agoniado de desejo. O que eu e todos nós há muito esperávamos, por fim aconteceu: vossa filha encontrou o caminho do coração de Shiva; só a ela ele deseja, e quer fazê-la feliz. Assim como, fiel às suas promessas, Sati lhe dirigiu sua adoração, agora Shiva venera-a. Portanto, entregai-a àquele para quem foi destinada e preparada. Entregai-a a seu destino."

  Daksha concordou, jubiloso como se torrentes de néctar lhe fluíssem no interior do ser. Rápido, Brahma retornou com as felizes novas para Shiva, que o aguardava com impaciência nas alturas do Himalaia. No instante em que o avistou, o deus gritou-lhe de longe: "O que foi que respondeu vosso filho? Dizei, ou o Deus do Amor despedaçará meu coração! A dor do desejo de todas as criaturas do Universo está sendo vertida dentro de mim. A mim e a mim apenas, inunda a dor de todos; aproxima-se a explosão. Penso em Sati sem cessar, não importa o que faça. Por isso, auxiliai-me a tê-la o mais depressa possível!".

  Brahma transmitiu as notícias a Shiva e pelo pensamento convocou Daksha, que chegou com igual rapidez, sendo logo preparado para acompanhar o noivo à sua casa. Coberto apenas pela tanga de pele de tigre dos iogues, descendo-lhe do ombro esquerdo uma serpente viva que, em vez do tradicional cordão brâmane, cruzava-lhe o tórax até o quadril direito, Shiva, o poderoso deus, montou seu magnífico touro.

A foice da lua nova a pousar-lhe nos cabelos espargia sobre ele um suave resplendor. As hostes de seus espíritos (pequenas e grotescas réplicas do deus precipitadas na atmosfera pelo prodigioso poder de sua presença elétrica) soavam, em alegre tumulto, trompas de caramujo e flautas de junco, batendo palmas, marcando o compasso com tambores e pandeiros, e balançando o grande carro com gritos agudos de alegria, enquanto sulcavam os ares. Todos os deuses, em desfile festivo, chegaram para o séquito do noivo. Ressoava o ar à volta, com as melodias dos músicos divinos e das dançarinas celestiais. O Deus do Amor fez-se visível: ele e seu acólito Sentimentos encantaram e alucinaram Shiva. Em todo o firmamento alegre e brilhante sopraram brisas perfumadas; as árvores floriram, o ar espargiu saúde sobre as criaturas e os aleijados e doentes curaram-se, quando Shiva, celebrado com música por todos os deuses, dirigiu-se à casa de Daksha. Cisnes, gansos selvagens, pavões, lançando doces gritos de júbilo, voavam-lhe à frente.

Daksha atarefava-se com a imensa recepção a seus ilustres convivas, pedindo que se sentassem, oferecendo-lhes água para lavar os pés, trazendo-lhes presentes para entretê-los. Consultou os dez filhos nascidos-da-mente de Brahma, os Santos, e, seguindo-lhes os conselhos lidos nas estrelas, fixou a hora auspiciosa para o casamento. Solenemente, Shiva recebeu dele a mão de sua bela filha. Os deuses entoaram-lhes louvores, com estrofes, provérbios e com as melodias dos santos Vedas; o anfitrião de Shiva deixou à vontade seus convivas tumultuados; as dançarinas celestiais começaram a girar; reunindo nuvens no céu, fizeram tombar uma chuva de flores.

Vishnu e sua consorte Lakshmi chegaram de suas etéreas e remotas distâncias, velozmente transportados por Garuda, o Pássaro do Sol de plumas douradas. Vishnu saudou Shiva: "Unido a Sati", disse ele, "a resplandecer negro-azulada como um escuro unguento para os olhos, constituís agora um casal que, ao reverso, corresponde exatamente ao par que formamos, eu azul-escuro e a alva Lakshmi. Unido a Sati, sede uma proteção para os deuses e para os homens; sede um bom augúrio para todas as criaturas apanhadas na torrente circular do nascimento e da morte. Matareis os inimigos à medida que forem surgindo no curso da história. Mas se jamais alguém permitir que seu desejo se dirija a Sati, vós o fulminareis, ó senhor dos Seres, sem pensar um só instante".

"Amém", respondeu Shiva radiante, "assim será feito". E, com olhos alegres, sorriu ao feliz deus.

Ao ver isso, Sati riu um riso encantador que atraiu para sua face os olhos de Brahma, em cujas veias entrara o Deus do Amor. Brahma esqueceu o olhar sobre a beleza do rosto de Sati, pousando-o nele por tempo longo demais. De imediato uma influência perturbadora percorreu-lhe o sistema, comovendo-o até as raízes. Não conseguia controlar o que começou a acontecer. Um brilho incandescente emanado de seus poderes saltou dele; a energia criativa precipitou-se-lhe do corpo e ardendo em chamas fluiu para a terra, ante os olhos da santa assembleia. Transformou-se numa retumbante nuvem negra carregada de chuva, como as nuvens do fim do mundo que se reunirão para o ciclone da destruição final, em pesada massa azul-negra, escura como o lótus a despejar chuva em torrentes. Trovejando, a nuvem ergueu-se, espalhando-se através dos céus até a borda do mundo.

Shiva, também repleto das emoções do Deus do Amor, olhou para Sati e lembrou-se das palavras de Vishnu. Ergueu repentinamente a lança, apontando-a para Brahma. Os Santos gritaram horrorizados e Daksha rapidamente colocou-se entre os dois. Shiva gritou furioso: "Faço minhas as palavras de Vishnu: 'A quem quer que permita a seu desejo repousar em Sati, eu ferirei de morte'. Foi este o meu voto, e eu o cumprirei. Por que Brahma permitiu-se olhar para Sati com o olhar do desejo? Vou matá-lo por isso".

Vishnu precipitou-se à frente, detendo-lhe o braço. "Não matareis o Criador do Mundo", afirmou. "Se hoje Sati é vossa, é porque ele a preparou para vós. Brahma existe para que o cosmos se desenvolva; se o matardes, não haverá mais ninguém capaz de fazer com que o lótus do Universo evolua a partir da semente. Criação, Conservação, Destruição – como poderão esses três elementos se perpetuar sem nós? Se um de nós três morrer, quem assumirá a parte que lhe cabe?"

Shiva, no entanto, insistiu em seu voto: "Posso criar criaturas também", bradou, "ou posso criar um outro criador, com meu calor incandescente, e ele fará eclodir o Universo – hei de ensinar-lhe como fazer. Nada mais me impedirá de cumprir o meu voto. Criarei vosso criador. Deixai-me ir! Soltai-me!".

"Ora, ora", acalmou-o Vishnu, "refleti um instante". Um sorriso astuto iluminou-lhe o rosto benigno. "Acaso pretendeis que vosso voto se volte contra vós?!"

"Como, sobre mim? Por acaso sou eu o criador? Vede! Ali está ele, diante dos olhos de todos e aqui estou eu, claramente distinto dele!"

Vishnu riu, zombando abertamente de Shiva diante de todos os Santos. "Brahma não é mais distinto de vós do que eu de vós ou dele. Vós e ele, ambos, sois parte de mim, que sou a prístina e suprema luz do Céu; eu, que aqui estou diante de vós, sou também parte dessa Sumidade. Somos três hipóstases da Única Cabeça Divina e atuamos de maneiras diferentes: criando, conservando e destruindo. Buscai essa Cabeça Divina em vossa própria divindade, depositando nela vossa fé e confiança. Assim como a cabeça e os membros são apenas um na vida de um corpo criado, assim também nós três somos um em mim, que sou a Existência Suprema, a Luz incriada e imaculada. Nesse único Ser Supremo nós três não somos distintos."

Shiva, é claro, tinha perfeito conhecimento do Supremo Ser Uno, isento de qualquer distinção, mas, iludido como estava pelas fascinações de Maya, perdera de vista o Real verdadeiro; outra coisa tinha se apossado de seus pensamentos. Essa foi a razão por que Vishnu obrigou-o a ver de novo tanto o Uno como o Múltiplo, o profundo segredo da Realidade na qual os três são idênticos, embora conservando suas funções diversas e mutuamente antagônicas: de Desenvolvimento, Sustentação e Terminação. "Imergi em vosso próprio interior", disse Vishnu, "e contemplai nele essa poderosa identidade, a Suprema Existência, pura e eterna Luz. Fostes separado dela pelos ardis de minha Maya, por seu encanto, que exibe e revela o mundo. Arrebatado pela beleza de uma mulher, esquecestes essa Luz celestial e fostes tomado pela ira. Já não lograis descobrir dentro de vosso próprio ser o Ser Universal".

O rosto de Shiva se fez radiante de alegria. Na presença de todos os Santos, absorto, mergulhou em sua visão interior. Deixou-se cair ao solo, pernas cruzadas, fechou os olhos; dentro de seu ser, mergulhou nas profundezas do Ser Supremo. Seu corpo principiou a brilhar, ofuscando os olhos de todos os Santos presentes. No momento em que, em sua imersão, atingiu a quietude, a Maya de Vishnu desprendeu-se dele, desvanecendo-se a seu redor; todo o seu corpo fulgurou com tamanho esplendor que mesmo seus próprios anfitriões não lhe suportaram a cintilação. Vishnu penetrou em seu interior, derramando-se nele como a pura Luz do Céu e revelou dentro do corpo de Shiva, aos olhos de sua contemplação interior, todo o espetáculo do lótus da criação e da procedência do mundo. Extático e sereno, transcendendo os sentidos e seus universos de distinções, solitário e puro, a tudo contemplando, o absorto experimentou dentro de seu próprio ser o Ser Supremo, aquele Substrato de todos os Desdobramentos. Entregue à contemplação, viu como a Substância Una se desfolha em todos os prazeres do mundo.

O primeiro que viu foi uma escuridão que, tudo abrangendo, era vazia de qualquer criatura; impenetrável, desprovida de nuanças, era como um sono sem sonhos, não havendo diferença entre dia e noite, nem entre firmamento e terra; não existia luz, água ou elementos. Apenas uma presença se movia, imaterial, imperceptível, delicada: a consciência pura, indiferenciada; e nada mais havia. Era exatamente como se as duas eternas primeiras presenças, a Matéria Original e o Homem Original, se fundissem num indissolúvel entrelaçamento, perfeitamente unificados. Ainda assim, ali estava o Tempo, causa formal de tudo quanto vive, substância primordial do Ser Supremo. As almas brotavam dele sem cessar, como centelhas a esvoaçar de um formidável incêndio. Na multiplicidade destas o Ser Supremo Se oferecia a Si Mesmo, a fim de sentir prazeres e dores. O Tempo desdobrava-se; diferençava-se; englobava Criação, Continuação e Consumação. O Tempo tomou a forma maiávica de todos os deuses; tornou-se Savitri, a energia ativa de Brahma, Lakshmi, a companheira de Vishnu, e também Sati. Sob a aparência da jovem Desejo, juntou-se ao Deus do Amor.

O Ovo Cósmico tomou forma e cresceu entre as águas do abismo, envolto em vento, chamas e espaço. Então Shiva contemplou o Criador em seu próprio interior, branco como um lótus branco, irradiando luz; e o Criador estava desenvolvendo o mundo. A forma do Criador, que era una, tornou-se triádica, mas ainda assim continuava una; a pessoa máxima, com quatro cabeças e braços, branca como a corola do lótus, era Brahma; ao meio, azul-escuro, com uma só cabeça e quatro braços, estava Vishnu; abaixo estava a pessoa dotada de cinco rostos colocados sobre um corpo cristalino de quatro braços: esta era Shiva. As três imagens brotavam uma da outra e, juntando-se, floresciam como uma única. Ao meio, Vishnu fundia-se ora com a que lhe estava acima, Brahma, ora com Shiva, que lhe estava abaixo; Brahma desapareceu dentro de Vishnu, enquanto Shiva fluía dentro deste; agora eram Brahma e Shiva a mesclar-se. Assim era a forma tomada pela atividade das figurações triádicas, várias em sua unidade, e que continuavam a ser tanto três quanto uma.

Embalado pelas águas, o Ovo Cósmico abriu-se. A Montanha do Mundo ergueu-se de dentro dele; à sua volta estendia-se a terra, a flutuar, cercada por sete mares; a casca transformou-se ela mesma, nas montanhas circundelimitadoras. Shiva distinguiu-se de Brahma e, ao lado dos dois, Vishnu pairava, acima do Pássaro do Sol Dourado. Shiva avistou o Deus do Amor e contemplou todas as deidades e Santos; viu o sol, a lua, as nuvens, tartarugas, peixes e monstros do mar; viu também pássaros e insetos, meteoros e homens.

Uma bela mulher, envolvida por inúmeros braços, fez-se visível a seu olhar interior. Shiva viu como as criaturas geravam, floresciam e desapareciam. Algumas riam em êxtases de amor, enquanto outras sofriam, e outras fugiam com precipitação. Muitas, magnificamente adornadas, belas, engrinaldadas, perfumadas com pastas de sândalo, entretinham-se, alegres, com inúmeras distrações. Outras várias elevavam preces a Brahma e Vishnu, ou curvavam-se em veneração a Shiva. Outras sentavam-se, absortas em ascética meditação, ao longo das margens dos rios ou em grutas consagradas. Shiva descortinou os sete mares, e os rios, lagos e montanhas. Descobriu como Maya, sob a aparência de Lakshmi, encantava Vishnu, até quando ele iludia a si mesmo com a deleitável forma de Sati. Shiva reconheceu a si próprio sozinho com Sati em um elevado cume de montanha. Enlaçavam-se num rapto de amor. Pungia a gruta divina o aroma do desejo de ambos.

Então o Grande Deus lançou seu olhar para o futuro. Viu como Sati despojava-se de seu corpo e desaparecia, renascendo outra vez, como a filha de Himalaia, o Rei-Montanha; Shiva a encontrava de novo, após uma longa separação. Matava o titã "O Cego", por desejá-la com luxúria; e o filho de ambos, o Deus da Guerra, vinha ao mundo para matar Taraka, o titã tirano. Tudo isso Shiva vislumbrou com minuciosos detalhes. Observou Vishnu, sob a forma de Homem-Leão, despedaçar o grande titã "Roupagem de Ouro", viu todas as brilhantes batalhas entre titãs e deuses; viu também como o romance do mundo, ao longo do curso desses conflitos intermináveis, alternava-se entre o entusiasmo da vitória divina e as terríveis impotências da derrota.

Uma e outra vez, outra mais, contemplou as criaturas do mundo; viu todas as formas fenomênicas desenvolvendo-se de acordo com suas diferentes qualidades intrínsecas, observando a si mesmo que vinha, no final, varrê-las a todas, absorvendo-as dentro de si para poderosamente aniquilá-las em seu próprio interior. Restaram apenas Brahma, Vishnu e Shiva – mais nada, nenhuma outra existência. O mundo estava novamente vazio. Brahma penetrou na forma de Vishnu e dissolveu-se. Shiva viu-se fluir para dentro de Vishnu e dissolver-se. Vishnu finalmente se desintegrou e foi incluído no interior do Divino Supremo, que é Luz perfeita e Consciência beatífica.

Dentro de seu próprio corpo Shiva vira a simultânea unidade e multiplicidade do Universo no Ser Supremo. Criação, Conservação, Destruição: as três tinham estado nele. Não eram nada mais, nada menos, que sua própria existência – que era una consigo mesma e plena de quietude. Quem é Brahma? E Vishnu? Quem é Shiva? – ponderou Shiva, sem encontrar o menor vislumbre de resposta. Ele próprio era o Ser Supremo – e isso era Tudo.

Tendo assim mostrado a unidade e a multiplicidade do Real, Vishnu retirou-se do corpo de Shiva, e o meditativo noivo emergiu de seu próprio transe. Maya imediatamente voltou a rodeá-lo; atingido por seus ardis, ele perdeu a compostura interior, e seus pensamentos voaram sem demora para Sati. Olhando-a como se emergisse das profundezas de um sonho, contemplou-lhe a florescente face de lótus. Maravilhados, seus olhos dirigiram-se a Daksha, depois voltaram-se para o séquito dos Santos, pousaram em Brahma, pousaram em Vishnu; seu olhar era de assombro.

Vishnu sorriu: "Vistes, então, a unidade na multiplicidade sobre a qual indagáveis. Também descobristes o Tempo e Maya em vosso corpo, e redescobristes o que são. Observastes o Ser Único na eterna quietude e o vistes florescer no multitudinário do mundo", disse ele.

"Realmente, eu vi", replicou Shiva. "Vi o Um em seu silêncio e infinitude, e que além dele não existe nada. O mundo que sustentais não é distinto dele. Esse Ser é a fonte de todas as criaturas e deuses. E nós, Pessoas de Deus, somos suas partes e formas triádicas, manifestadas para que haja Criação, Duração e Fim."

"Essa é a verdade", respondeu Vishnu. "Somos três, mas naquela substância somos um. Essa é a razão por que não matareis Brahma com vossa lança."

Assim se conta a história de como Shiva, reconhecendo a identidade-em-essência do separado-em-forma, afastou de Brahma o golpe aniquilador.

A peculiar e maravilhosa virtude dos deuses hindus é que fazem sem interrupção coisas impossíveis e são dominados por elas, o que, do ponto de vista do salão de visitas cristão, seria (e é) chocante ao extremo. Apesar de toda a sua dignidade sobrenatural, eles são ainda, por inteiro, Natureza – personificações dos princípios elementares do jogo cósmico – e não formulações urbanizadas, como os Olímpicos dos gregos. A verdade profunda e essencial da mitologia hindu advém do fato de que ela atua de modo exclusivo através de tais extremos espantosos, que, alternando-se, lhe enchem e esvaziam por completo os pulmões, o que nos força e possibilita a fazer o mesmo. Alcançando e visando sempre (não importa em que direção) ao ponto mais distante possível, está continuamente unindo os remotos extremos do símbolo – como neste relato das bodas de Shiva. Um enorme movimento pendular, que atinge as mais longínquas distâncias da realidade, oscila ao longo dessas aventuras extremadas, precipitando reações dos opostos provenientes dos polos do ser.

Além disso, todos os excessos dos Grandes Deuses retratam o poder avassalador da atuação de Maya. Enquanto o mundo prossegue seu caminho, as divindades que lhe realizam o Desenvolvimento, a Manutenção e a Conclusão são enredadas pela teia de seu próprio autoengano. Mesmo nela enredadas, tecem-na – este é o sublime paradoxo; vendo e conhecendo tudo, sabendo mais que os outros seres, ainda assim sofrem e agem porque a magia os enlaça. Esse é o grande consolo que o desenho mítico traz à mente, o grande modelo para a compreensão e a vivência da existência humana. Os Deuses Excelsos, sua relação com o encantamento de Maya, são exemplares, tanto para os sábios e iogues liberados como para os filhos do mundo, ainda aprisionados nas armadilhas da esperança e do medo.

III – A MORTE VOLUNTÁRIA

Em meio ao ressoar dos trovões das nuvens-tambores, Shiva despediu-se de Vishnu. Ergueu Sati, radiante de alegria, às costas de seu touro poderoso e, enquanto a coorte de deuses, demônios e seres criados elevava um imenso clamor de júbilo, o casal partiu em viagem. Brahma e seus dez filhos nascidos-da-mente, os Senhores das Criaturas, os deuses, os músicos celestes, as bailarinas, todos os acompanharam por um pequeno trecho do caminho. Despediram-se com um sonoro adeus, dispersando-se em direção às suas inumeráveis moradas. Toda a criação se rejubilava porque Shiva, finalmente, tomara uma esposa para si.

O casal chegou à ermida do deus, lá entre os inatingíveis píncaros do Himalaia, e ele ajudou a noiva a descer do dorso de Nandi, o touro. Despediu-o, então, e à ruidosa hoste de seus companheiros. "Deixai-nos sozinhos agora", pediu. "Mas, quando eu pensar em vós, ficai imediatamente à minha disposição." O deus e a deusa consumaram a festa na intimidade de sua solidão, demorando-se longamente em recíproco amor, noite e dia.

Shiva apanhava flores silvestres para Sati e engrinaldava-lhe com elas a cabeça; quando a deusa mirava-se no espelho, colocava-se atrás dela, e os dois rostos refletidos mesclavam-se em um. Ele soltava-lhe o cabelo negro como a noite, deixava-o dançar e ondear à vontade, tomando-o depois nas mãos, em alegre brincadeira. Recolhia-o em nó, desprendia-o, e enovelava a si mesmo em espiral, em incansável brinquedo. Para ter entre as mãos os belos pés da esposa, pintou-os com laca escarlate. Murmurou-lhe aos ouvidos palavras que poderia dizer em voz alta, apenas para ficar mais próximo de sua face. Se por um momento dela se afastava, era para voltar tão rápido quanto possível. Cada vez que Sati se dedicava a qualquer tarefa ele a seguia todo o tempo com os olhos. Com suas artes mágicas tornou-se invisível, assustando-a subitamente com um abraço, mantendo-a, pelo temor, aturdida e excitada. Colocou-lhe uma pincelada de almíscar sobre os seios de lótus, dando-lhe a forma de uma abelha em libação. Ergueu-lhe os colares e arranjou-os de outra maneira, somente para tocar sua maciez de lótus. Tirou-lhe os braceletes dos pulsos e braços, desfez-lhe os nós da roupa; atou-os de novo e recolocou as pulseiras. "Aqui está uma vespa", disse ele, "tão escura quanto tu mesma; por isto te persegue..." Quando ela voltou-se para vê-la, ele segurou-lhe e ergueu-lhe os seios. Nos jogos do amor empilhou sobre a esposa punhados de botões de lótus e flores silvestres, que colhera para deleitá-la. Por onde quer que andasse, parando ou repousando, não se sentia feliz nem um instante sem ela.

Nem bem o par de cônjuges chegara ao Himalaia quando surgiu o Deus do Amor, com ânimo festivo, acompanhado por Primavera e por Desejo. O majestoso deus Primavera fez sua magia: todas as árvores e vinhas brotaram, a superfície das águas cobriu-se de cálices de lótus rodeados de abelhas, ventos perfumados sopraram do Sul e aromas inebriantes se espalharam, transtornando os sentidos das mais sóbrias matronas e perturbando a beatitude dos santos. Em caramanchões ou às margens dos elevados e torrenciais rios das montanhas, Shiva e Sati provaram um ao outro; o desejo de Sati era tão poderoso que Shiva jamais deixou de sentir enorme prazer nela. Quando se entregou foi como se estivesse fundindo-se ao corpo do esposo, afogando-se em seu fogo. Adornou-a toda com colares de flores, olhando-a longamente; brincou, riu e conversou com ela; perdeu-se nela, como um iogue, em total concentração, submerge no Si-Mesmo, dissolvendo-se por completo. Shiva sorveu-lhe o néctar da boca e, como se bebesse o licor divino da imortalidade vertido do cálice da lua, seu corpo inundou-se de inesgotável desejo, nada sabendo da exaustão que os varões conhecem. O perfume de seu rosto de lótus, a graça e as nuanças de seu talhe encadearam-no como cordas poderosas atadas aos tornozelos de um elefante: não conseguia separar-se dela. Em tal gama de deleites, o casal divino passou dezenove anos celestes e cinco mais (nove mil, duzentos e quarenta anos humanos) entre caramanchões e cavernas, na remota solidão montanhosa do Himalaia, conhecendo apenas os êxtases do amor.

Certo dia, ao aproximar-se a estação seca, a deusa queixou-se: "Vai começar a fazer calor", disse ela, "e nós não temos uma casa para abrigar-nos". Shiva sorriu. "Eu não tenho lar", respondeu, "apenas vago pelos ermos, sem habitar nenhum lugar especial". Passaram juntos a estação, sob árvores copadas. Então foi-se aproximando o tempo das chuvas. "Olha" – disse Sati – "as nuvens estão se juntando; parecem um exército, a reunir-se numa multidão de cores, cobrindo a abóbada do céu. Os ventos começam a enfurecer-se, sua força apavora o coração. O reboar dos trovões dessas nuvens que em breve despejarão chuva em cataratas, fazendo flamejar os raios como flâmulas terríveis, obscurece minha alegria. O Deus-Sol não será visto, nem o Senhor da Noite; estarão ocultos de nossos olhos por essa densa aglomeração nebulosa. Dia e noite serão uma só coisa. Os céus atroam por todos os lados. Açoitado pela tempestade, o mundo todo parece estar quase a ruir sobre nossas cabeças, e árvores enormes, raízes arrancadas pelo vento, dançam pelos ares afora. Esta é uma áspera época do ano. Por favor, eu te suplico, constrói uma cabana para nós onde possamos encontrar um pouco de abrigo e repouso". Mas Shiva sorriu de novo. "Nada tenho de meu para construir um lar" – disse ele. "Uma pele de tigre cobre-me os quadris e, em vez de adornos, serpentes vivas enfeitam-me os braços, o pescoço e a cabeça." Sati suspirou. Desta vez envergonhou-se dele. Manteve os olhos fixos no chão e respondeu impaciente: "Tenho então que passar aqui toda a estação chuvosa, abrigando-me sob as raízes das árvores?". Shiva riu. "A estação das chuvas passará", disse ele, "e sentar-te-ás muito além dela, sem que nenhuma gota de chuva te toque". Ergueu-a bem alto, acomodou-a sobre a superfície de uma nuvem, alçou-se também e uniu-se a ela em amor; ali ficaram até virem os claros e brilhantes dias ensolarados de outono; voltaram então a viver entre as montanhas da Terra.

A CONQUISTA PSICOLÓGICA DO MAL

    Quando ameaçou a próxima estação chuvosa e Sati novamente lhe pediu que construísse uma casa, Shiva respondeu alegremente, o rosto luminoso com a luz da lua em seus cabelos: "No lugar onde vamos desfrutar nosso amor, minha adorada, não haverá a menor nuvem. Elas só alcançam o sopé das grandes montanhas; os topos são regiões de neves eternas, intocadas pelas chuvas da estação. Qual desses cumes escolhes? Queres o mais elevado do monte Himalaia, onde te espera Menaka, a Rainha-Consorte do Rei Montanha, que te receberá e cuidará como uma mãe? Ali os animais selvagens são amansados pela presença sagrada de todos os santos, sábios e eremitas em meditação. Encontrarás donzelas celestiais e as filhas do topo das montanhas, em cuja companhia te entreterás; conviverás com as santas esposas dos bem-aventurados, e com as princesas-serpentes. Mas também podemos ver se nos convém o Eixo do Mundo, o monte Meru; suas vertentes rebrilham de pedras preciosas, e em seu topo assentam-se os palácios do Rei dos Deuses e dos Guardiões do Mundo. Ali terias como amiga a esposa de Indra. Ou acaso preferes, quem sabe, o grande monte Kailasa? Lá está em seu trono o Deus da Riqueza, entre os gênios que guardam os tesouros das minas".

    Sati respondeu: "Prefiro o Monte Himalaia". Partiram diretamente para o topo, que nenhum pássaro alcança em seu voo, nem as nuvens atingem, e onde as esposas dos santos entretêm-se. Shiva e Sati viveram ali por três mil e seiscentos anos. Frequentemente visitavam o Kailasa; foram uma vez ao monte Meru, desfrutando um ao outro nos jardins do Rei dos Deuses, guardião do mundo. O coração de Shiva estava totalmente entregue a Sati, e ele não se cansava de oferecer-lhe amor. Não conhecia outra alegria, dia e noite; nada sabia agora da serena Essência do Ser, já não conduzia a consciência ao ardente e vívido ponto de imersão em si mesma. Pois o olhar de Sati permanecia fixado em seu rosto, e os olhos dele, por sua vez, jamais abandonavam a graça das feições da esposa. A fonte inesgotável da paixão de ambos irrigava com profusão as raízes da árvore do mútuo amor, árvore que crescia continuamente.

    Foi quando Daksha, pai de Sati, deu início aos preparativos de uma prodigiosa cerimônia sacrifical, que resultaria no bem-estar de todos os mundos e criaturas. Encarregou das oferendas oitenta e oito mil sacerdotes; a sessenta mil sábios e santos incumbiu de cantar encantamentos mágicos, e a outros sessenta mil sábios e santos de entoar, em suave e ininterrupto murmúrio, provérbios e estrofes de grande poder. O próprio Vishnu se encarregou da supervisão do evento, e Brahma instruía sobre os detalhes mais sutis da santa lei védica. Os Guardiões do Mundo, sentinelas dos Quatro Pontos Cardeais, em seu posto nas encostas da Montanha do Mundo, foram os Guardiões dos Portões à entrada do recinto consagrado. A Terra estendeu-se, para converter-se no altar das oferendas. O Deus do Fogo repartiu o próprio corpo em mil piras sacrificais. E "O Sacrifício", personagem sagrado, far-se-ia pessoalmente presente, oferecendo-se em imolação pela salvação do mundo.

    Foram convidados todos os seres vivos, dos mais distantes confins do espaço: deuses, profetas, homens, pássaros, árvores e plantas. Começaram a chegar os animais selvagens e domésticos, os habitantes das regiões superiores – santos e sábios – e todos os habitantes das profundezas, suntuosos demônios subterrâneos e magníficos reis e rainhas-serpentes. Foram convidados nuvens e montanhas, rios e oceanos; macacos e todos os seres viventes vieram participar da festa. Com pompa, chegaram os reis da Terra, acompanhados dos filhos e seguidos de conselheiros e tropas. Todas as existências de todas as regiões do Universo, dotadas de movimento ou imóveis, fizeram-se presentes. Foram convidadas as criaturas conscientes e as inconscientes. E Daksha pagou quanto devia em honorários aos sacerdotes. Em todas as extensões do mundo, vastas, longínquas, elevadas e abissais, houve apenas um ser que Daksha deixou de convidar: Shiva, seu genro – também pôs de lado Sati, a filha amada. Não foram convidados por terem sido julgados cerimonialmente impuros. "Ele, um asceta mendicante, não é digno de participar do sacrifício," – disse Daksha – "medita entre cadáveres e sua tigela de esmolas é um crânio. Tampouco Sati está qualificada; como sua esposa, essa ligação contaminou-a".

Vijaya, filha de uma irmã de Sati, chegou em visita ao retiro da montanha exatamente quando as criaturas de todos os mundos começavam a partir de seus rincões remotos para o recinto da celebração universal. Encontrou Sati sozinha; Shiva saíra, montado em seu touro Nandi, para as meditações vespertinas às margens do lago Manasa, no cume do monte Kailasa. "Vieste só?", perguntou Sati. "Onde estão tuas irmãs?"

Vijaya contou-lhe que todas as mulheres do universo estavam a caminho da grande festa oferecida por Daksha, seu avô. "Vim buscar-te", disse ela, "não ireis, tu e Shiva?".

Espanto e estupefação cobriram de gelo o olhar de Sati.

"Não fostes convidados?", exclamou Vijaya. "Mas como!, se todos os santos e videntes irão! A Lua e suas esposas, todos os seres de todos os mundos foram convidados, e vós, não?!"

Sati estacou, como que ferida por um raio. A ira começou a arder dentro dela, e seus olhos endureceram. Compreendera de pronto e sua fúria ultrapassou todos os limites. "Porque meu esposo carrega nas mãos um crânio como tigela de mendicante", disse ela, "não nos convidaram". Refletiu por um momento, decidindo se reduziria Daksha a cinzas com uma maldição, mas subitamente lembrou-se do que lhe dissera ao conceder-lhe a imensa graça de, assumindo a condição terrena, encarnar-se como sua filha: "Se apenas por um instante me faltares com o devido respeito, abandonarei meu corpo imediatamente, esteja ou não contente com ele". Nesse momento, sua própria forma eterna tornou-se visível a seu olho espiritual: completa e incomparavelmente terrível, era a forma da qual o universo é feito. Submergiu-se na contemplação desse seu caráter primário que é Maya, também conhecida por "O Sonho-Embriaguez Criadora-do-Mundo do Sustentador do Cosmos", e meditou: "É verdade que o período mundano da dissolução universal não chegou ainda; Shiva ainda não tem um filho. O grande desejo que agitou todos os deuses foi-lhes concedido: Shiva, aprisionado por meu encantamento, encontrou prazer em uma mulher. Mas de que isso lhes serviu? Não existe outra mulher em qualquer dos outros mundos que possa despertar e satisfazer a paixão de Shiva; ele jamais se casará com outra. Mas isso não me deterá. Deixarei este corpo, tal como disse que o faria. Algum dia, no futuro, poderei reaparecer para a redenção do mundo, aqui no Himalaia onde vivi tanto tempo feliz com Shiva. Conheci a querida Menaka, a pura e gentil esposa do rei Himalaia. Tem sido para mim tão boa e doce como uma mãe. Afeiçoei-me muito a ela. Será minha próxima mãe. Crescerei brincando com as filhas do topo da montanha, outra vez uma menininha, e serei a alegria de Menaka. Casar-me-ei outra vez com Shiva, viverei novamente com ele e hei de completar a obra que todas as divindades têm em mente".

    Assim meditou Sati. Então a cólera apossou-se dela. Com a ioga, cerrou os nove portais dos sentidos, interrompeu a respiração e reteve todas as faculdades sensoriais. O sopro de vida rasgou-lhe a sutura coronal do crânio, escapando-se pelo décimo portal (a chamada fissura de Brahma) e evolando-se acima de sua cabeça. O corpo tombou inanimado no chão.

    Quando os deuses avistaram lá do alto o sopro vital de Sati, elevaram um brado universal de dor. Vijaya atirou-se sobre a forma sem vida e lamentou-se agoniada: "Sati, Sati!", – chorou ela – "O que te aconteceu? Para onde foste? Ó, adorável irmã de minha mãe, abandonaste teu corpo somente porque algo que ouviste te feriu? Como poderei viver, depois que meus olhos presenciaram coisa tão terrível?". Acariciou as faces inertes, beijou a boca, molhou de lágrimas o peito e o rosto, correndo os dedos sobre o cabelo negro e liso, contemplando fixamente as feições agora inertes. Golpeou com as mãos o próprio peito e o crânio, gritando, voz quase afogada pelo pranto; a cabeça, lançava-a para trás em magoado e enlouquecido rasgo de dor, para depois bater com ela o chão. "A dor", chorava, "despedaçará tua pobre mãe, que morrerá de aflição. E teu cruel pai, como sobreviverá um minuto sequer, quando lhe contarem que morreste? Oh! que angústia, que remorso sentirá ao perceber quão impiedosamente te tratou! Tão conhecedor das regras sacrificais, alegremente às voltas com suas rotinas, como poderá manter na mente os detalhes de seu imenso sacrifício quando a fé em sua própria sabedoria tombar em ruínas? Ó, Mãe adorável, diz-me só mais uma palavra! Estou chorando como uma criança... Lembra-te daquela vez em que aborreci Shiva com minhas brincadeiras e tu te zangaste comigo? Ó Mãe, Mãe! Por que não me respondes? Aqui está teu rosto, aqui teus olhos, aqui tua boca: tê-los-á abandonado o movimento da vida? Como Shiva suportará ver teus olhos dançarinos mudos e rígidos, e tua face vazia de sorriso? Quem me receberá de novo, como tu, com palavras de carinho e conforto, doces como o orvalho da noite, como quando eu chegava à ermida? Onde mais haverá outra tão dedicada ao esposo, agraciada com o dom da alegria? Sem ti, Shiva será destroçado pela dor, devorado pelo pesar; perderá todo o poder de agir e toda a capacidade de sentir!".

    Vijaya, vociferante de dor, fixou os olhos no corpo inerte; levantou os braços com um grito e desfaleceu.

    Ilusão, encantamento, Maya por toda parte, tanto entre os deuses como no mundo dos seres criados – pois de outra forma não haveria um mundo que prosseguisse em movimento, nem criação contínua. O mesmo Daksha que fizera com que Sati viesse ao mundo e casara-a com Shiva, retira-a dele novamente e destrói a união que lhe custara tamanha e tão penosa concentração. Além disso, todos os outros deuses e criaturas que haviam participado, com o maior entusiasmo, da celebração daquela união universalmente desejada, de consumação feliz, embora árdua, juntam-se a Daksha na imensa cerimônia de sacrifício, sem indagar sequer onde estaria o Grande Deus – mal imaginando que sua ausência está por fazer com que a Deusa abandone a cena fenomenal, causando também a dissolução do matrimônio do qual depende toda a continuidade do mundo.

A sequência Criação Involuntária, Casamento Involuntário e Morte Voluntária parece sugerir que neste nosso grande teatro da Vida no Espaço e no Tempo, o único gesto proveniente de uma livre vontade e possível a qualquer ator – seja ele apenas um homem ou o mais excelso dos deuses – é o de abandonar o palco. De tempos em tempos alguns atores, individualmente, podem imaginar que estão exercendo seus poderes por sua livre vontade; mas eles próprios não determinaram que poderes deveriam ser esses, nem têm o menor indício de quais consequências advirão de suas ações. Além disso, as situações que induzem os atores a atuar irrompem sempre com tão grande força, vindas de lugar nenhum para o Aqui imediato, que atingem a mente com o impacto categórico de um golpe. As respostas logo se seguem, não como medidas escolhidas mas como reação espontânea. Apesar de poderem estender-se longos períodos de calma, entre as grandes crises criadoras do mundo, provocadas por um ato irrevogável e por decisões que abalam os limites, permitindo, por algum tempo, o ameno passatempo das relações humanas liberais e alimentando portanto a ilusão de certa liberdade, não obstante, quando o instante catastrófico finalmente amadurece e explode, homens, deuses e demônios são arrastados por um vento poderoso.

Até mesmo esse único recurso, a Morte Voluntária, é finalmente anulado. Sati, a deusa desdenhada e insultada, abandona a cena; porém seu desaparecimento não teve real consequência cósmica. Outra mulher – Parvati – nasceria para assumir o papel e seria, em essência, o mesmo que Sati, apenas diferindo no nome e na beleza. A situação, e também sua tarefa, reconstituir-se-iam, lenta e sinuosamente, através de uma irresistível progressão de eventos. Portanto, o ato voluntário pareceria, ao fim, não ter sido mais que uma momentânea, cega e impetuosa explosão que, como um curto-circuito nas correntes da vida, tivesse precipitado a toda a volta confusão, dificuldade e angústia, sem danificar nem solucionar nada. Quem morreu? Quem foi que abandonou a vida?

Suicídio e assassinato são os impulsos de uma Maya-Desvario, gestos de uma abjeta absorção no ego. Destruir o invólucro carnal, próprio ou de outrem, com a ilusão de que através dessa violência algo decisivo seja realizado, significa ser real e profundamente enganado pelo invólucro. Pois a concreta circunstância humana, não importando qual se acredite ser a explicação física, é, primordialmente, a projeção de uma constelação de complicações interiores, psicológicas – o mundo respondendo em significado à loucura de seus habitantes. O sofredor desesperado imagina poder eliminar os escuros labirintos das muralhas interiores do medo recorrendo à exterior e arbitrária cutilada da cólera. Mas melhor faria se se desligasse do seu ego turbulento e, atingindo uma perspectiva modificada, se libertasse daquilo que o prende mediante a simples compreensão de que é irreal.

O ressentimento e a morte de Sati são os sinais de que a deusa estava enleada na rede de sua própria ilusão; além disso o paradoxo é o fio de que é tecida a sua rede. Ela sabe que terá que retornar. Renascerá como Parvati, filha do Rei-Montanha, e através de longas e difíceis austeridades conquistará novamente seu amado Shiva. Dessa vez, quando o Deus do Amor lhe enviar suas setas ao coração, o grande deus da ioga abrirá, para fitar o arqueiro, seu olho médio, essa órbita denominada "O Lótus do Comando", e a divindade do arco florido, vivaz, encantadora e deleitada consigo mesma, arderá, como se atingida por um raio, reduzindo-se a cinzas. Assim se cumprirá a primeira profecia de Brahma; em outras palavras, descobrir-se-á que a calamidade e tudo o que a originou haviam sido predestinados desde o princípio. E então terá que ser ponderada mentalmente a questão de ter sido a Morte Voluntária, *voluntária* de fato. Qual é o começo ou o fim do ludismo do jogo de Maya?

IV – A LOUCURA DE SHIVA

Sati morrera; Vijaya desfalecera de pesar. A antiga história segue narrando como Shiva, completando as meditações vespertinas com um banho nas cintilantes águas do belo lago Manasa, montou novamente Nandi, seu esplêndido touro branco e, trotando devagar pelos caminhos celestes, rumou de volta a casa. Estava ainda a alguma distância, quando ouviu um grito que o gelou até a medula dos ossos. Vijaya recobrara os sentidos, e suas lamentações lançavam-se como sinais do alto dos picos do Himalaia, através da quietude do ar do entardecer.

Rápido como o pensamento, Nandi acelerou o passo e levou Shiva à ermida com a velocidade do vento. Lá, o deus encontrou Sati, sua bem-amada, morta. Pelo poder do amor, ele foi incapaz, a princípio, de acreditar no que seus olhos viam. Inclinando-se, acariciou delicadamente as faces inertes. "Estás dormindo?", indagou ele. "O que foi que te provocou sono?"

Vijaya contou-lhe o que sucedera, começando por informá-lo sobre o sacrifício de Daksha, para o qual haviam sido convidados todos os deuses e seres criados de todos os mundos. "Não há um só ser vivente", repetiu ela, "que não tenha sido convidado". E alquebrou-se, chorando copiosamente. Entre soluços, descreveu a Shiva como viera visitá-lo e a Sati, e como esta recebera as notícias do sacrifício. Explicou que Sati compreendera imediatamente por que seu pai deixara de convidá-los. "O rosto de Sati endureceu", contou Vijaya. "Nunca imaginei que ela pudesse tomar aspecto tão aterrador. Uma cor espantosa cobriu-lhe as feições e estava tão irada que não conseguia falar. O cenho contraiu-se, o rosto enrijeceu-se e escureceu como um céu coberto de pesada fumaça. Então, depois de permanecer sentada algum tempo, de repente seu corpo explodiu; era como se Sati se houvesse evolado pelo alto da cabeça; ao tombar no chão, já era cadáver."

Shiva ergueu-se enfurecido. Enquanto escutava a jovem falar, sua cólera ia se tornando prodigiosa. Converteu-se em uma arrasadora conflagração interior: chamas principiaram a sair-lhe da boca, orelhas, nariz e olhos; meteoros partiam dele, saltando como foguetes, assobiando e fumegando morte como os sete sóis do fim do mundo. Num instante, transportou-se ao local das oferendas de Daksha. Detendo-se bem próximo, examinou com olhos terríveis a densa aglomeração. Tomou-o uma ira sem limites ao ver ali reunida toda a criação – lá estavam os convidados de todos os quadrantes dos mundos, de cada região dos céus. Viam-se deuses, plantas, animais, santos, todas as espécies imagináveis de existência, elevadas ou humildes; sob sua forma física, peixes, vermes, as estações e eras do mundo. Viam-se homens e plantas, cada qual na posição que lhes coubera, nos vários papéis a eles atribuídos na constituição do mundo. Shiva, vendo-os reunidos tão solenes, acompanhando o desenrolar da cerimônia e cumprindo reverentemente suas funções no evento, deixou escapar de si um monstro horrível, nascido da explosão de sua cólera: o apavorante ser tinha cabeça de leão; era o "Senhor das Hostes", de nome Virabhadra, e logo perturbaria o decoroso desenrolar do ritual.

Um feixe de setas em uma das mãos, um pesado arco na outra, uma clava na terceira e uma lança na quarta mão, Virabhadra facilmente empurrou um dos Guardiões dos Portões e irrompeu, com um urro e o furioso tremular da juba leonina, no centro do recinto sagrado. Os deuses e todos os reis da Terra levantaram-se, de armas lampejantes; porém o monstro os fez retroceder e, apavorando-os com a velocidade da cerrada saraivada de suas flechas, lançou-se sobre o altar onde sacerdotes e sábios estavam prestes a efetuar os sacrifícios. Abandonando precipitadamente os vasos sacrificais, os celebrantes refugiaram-se em Vishnu, que, de pé ao centro, supervisionava o rito. Vishnu adiantou-se e teve início uma batalha da mais espantosa magnitude entre o Deus Universal e Virabhadra. Investindo um contra o outro com armas mágicas, contínua e mutuamente superavam-se em invenções miraculosas, estratagemas e golpes. Finalmente Vishnu agarrou o servo guerreiro com as mãos nuas, girou-o no ar, atirou-o ao chão, e pisoteou-o com os pés descalços até que o sangue lhe jorrou da cabeça. Sangrando, Virabhadra procurou recompor-se e, agoniado, retornou para junto do amo.

Shiva entrou pessoalmente na arena, encolerizado, com os olhos injetados, e todos os santos ficaram hirtos de terror. Vishnu desvaneceu-se, tornando-se invisível. Shiva, alcançando quanto pôde com sua fúria, emborcou os vasos sagrados, destroçou a pontapés o altar e espalhou destroços por todos os lados. A assembleia cósmica afastou-se apavorada; muitos fugiram rapidamente, a clamar por suas vidas. Indignado, um deus ousou enfrentar o Destruidor com um olhar raivoso; Shiva despedaçou-lhe os dois olhos com as costas da mão. O Deus Sol, os enormes braços estendidos, tentou deter a selvagem divindade, sorrindo-lhe amistosamente com os dentes brilhantes. Um soco veloz do punho de Shiva empurrou-lhe os dentes resplandescentes garganta adentro. Shiva segurou-o, sacudiu-o tão facilmente quanto um leão a uma jovem gazela, girando-o sobre a cabeça até o sangue jorrar-lhe das pontas dos dedos e seus tendões se partirem.

Quando Shiva deixou cair o Deus Sol, todo quebrado e coberto de sangue, as divindades e criaturas do Universo puseram-se em fuga. Corriam gritando, em tumulto, dispersando-se em todas as direções, escondendo-se em qualquer esconderijo que encontrassem. A muitos o deus matou com o fulgor do olhar. Seus olhos calcinaram todo o solo do recinto dos sacrifícios, reduzindo-o a cinzas e ruínas, e explodiram todos os fogos. A "Oferenda", quase morta de pavor, transformou-se em uma gazela e disparou desesperada, perdendo-se nos céus, perseguida pelo arco e flechas de Shiva. A gazela tentou ocultar-se no reino de Brahma, mas também lá Shiva perseguiu-a. O amedrontado animal fugiu de volta à Terra, buscando refúgio; Shiva obstinou-se na perseguição implacável. O esconderijo que o animal finalmente encontrou foi o cadáver de Sati; desapareceu dentro dele. O que o deus viu foi que a gazela desaparecera repentinamente e que ele, Shiva, estava diante do corpo sem vida de Sati, seu amor. Ao vê-lo esqueceu-se da gazela. Ficou absolutamente imóvel. Então um enorme grito de dor lhe explodiu da garganta. A beleza e a bondade dela lhe rugiam na mente enquanto olhava o lótus miraculoso de seu rosto, a linha das sobrancelhas perfeitas, os lábios. Acossado pela dor da perda, explodiu, como qualquer mortal comum, em uma convulsão de dor.

O Deus do Amor ouviu os soluços desesperados e angustiados e aproximou-se, acompanhado de Desejo e do deus Primavera. Junto de Shiva que, destroçado pela emoção, chorava como se seus sentidos se desintegrassem, ele sorriu, ajustou uma flecha na corda do arco, estirou-o e atirou cinco perturbadores projéteis no coração do deus. Uma ardente infusão exasperou Shiva. Abalado pela dor, descobriu-se, ainda assim, insidiosamente excitado, e a loucura cresceu nele até que seu juízo transtornou-se e ele transbordou numa terrível paixão de perda e de desejo. Atirou-se ao solo. Levantou-se e correu. Voltou e abaixou-se, com o olhar fixo, ao lado do cadáver. Sorriu docemente e estendeu os braços para o corpo, abraçando-o, chamando-o, para que o clamor lhe atingisse o interior e despertasse o vazio. "Sati, Sati, Sati, Sati! Volta desse lugar onde ocultas teu mau humor, Sati, Sati!" O corpo estava rígido, hirto. Ele acariciou a fronte e as faces. Começou a brincar com os muitos enfeites, removendo-os, um por um, e recolocando-os de maneira diferente. Levantou-a, abraçou-a com força, deixou cair o corpo, tombou de costas e chorou.

Brahma e os mundos das divindades estavam bastante ansiosos e amedrontados com a torrente que brotava dos olhos de Shiva. "Se essas lágrimas chegarem à Terra", diziam, "ela queimará. Que podemos fazer?". Convocaram apressadamente o Vagaroso Errante dos céus, o planeta Saturno, filho do Deus Sol, cujo pavilhão ostenta um Abutre como brasão. Certa vez esse poder já livrara a Terra de um dilúvio, sorvendo a chuva e engolindo-a enquanto ela caía, durante um período de cem anos celestes.

"Ninguém, além de ti, pode deter essas lágrimas antes que toquem o solo", disseram-lhe os deuses. "Se a Terra se incendiar, os céus também se queimarão e depois todos os deuses." Porém o Vagaroso Errante relutava. "Se Shiva perceber o que vou fazer", protestou ele, "ressecará meu corpo até que se torne uma crosta". Os deuses discutiram o assunto. Prometeram com seus estratagemas distrair Shiva, o enlouquecido pela dor, para que não se apercebesse do Vagaroso Errante quando este se aproximasse e se pusesse a recolher, no côncavo das mãos, as lágrimas escaldantes.

Shiva permanecia imóvel, deitado de costas. O Vagaroso Errante viu que as lágrimas eram tão quentes que não era capaz de apará-las. Começavam a jorrar em abundância. Então, recolhendo o jorro nas mãos à medida que caía, atirava-o às mais remotas montanhas do Universo, muito, muito longe, do outro lado do mundo, onde o Vácuo boceja e onde aquilo-que-é se encontra com aquilo-que-não-é. Era uma montanha de imponência igual à do monte Meru, a montanha dos deuses, que fica no centro do mundo; no entanto, não pôde suportar o calor das lágrimas de Shiva. Cindindo-se, partiu-se ao meio, fazendo com que a torrente escaldante desaguasse no Oceano Cósmico que sustenta e rodeia o mundo. Mescladas às águas do oceano, as lágrimas ferventes de Shiva perderam um pouco de seu fogo; assim, o Universo não se incendiou. Mas não se misturaram completamente às águas; giraram em direção ao Oriente, numa corrente fumegante que flui até hoje: é a corrente denominada Vaitarani, aquela que "Não Deve Ser Cruzada", e confina com o reino do Senhor da Morte.[10] Ao atravessar os altos portais do castelo do Rei da Morte, tem duas milhas de largura, e é muito profunda, agitada por fortes ondas. Não há barco nem balsa que lhe possam cruzar o fluxo escaldante. Os deuses não ousam atravessá-la em suas carruagens, nem mesmo a grande altitude, pois a terrível turbulência atira as lágrimas às mais distantes alturas do céu. Shiva ergueu-se do solo; estava cego de agonia. Curvou-se, ergueu o cadáver sobre os ombros e, enlouquecido, caminhou, vagando sem rumo em direção ao Oriente, murmurando, em incoerente solilóquio. Os deuses observavam-no e novamente se preocuparam. Consultavam-se um ao outro, alternadamente. "O cadáver de Sati jamais se decomporá", clamavam, "enquanto estiver em contato com o corpo de Shiva". Começaram a segui-lo. Brahma, Vishnu e o Vagaroso Errante, invisíveis com as artes de Maya, introduziram-se no corpo de Sati. Enquanto Shiva cambaleava a esmo, em cega confusão, desmembraram o corpo, deitando os pedaços ao solo, um a um.

Ambos os pés caíram sobre a "Montanha da Deusa", os tornozelos um pouco adiante; mais para Leste, na terra chamada Kamarupa – "A Forma do Amor" –, seu útero caiu sobre a "Montanha do Deus do Amor" e, perto dele, a delicada taça do umbigo. Os seios tombaram enfeitados com um colar de ouro, logo depois os ombros, depois o pescoço. Todo o percurso de Shiva foi pontilhado pelos despojos do corpo abençoado; essa estrada de sua tristeza é considerada como solo sagrado pelos povos dessas terras orientais. Em cada lugar onde tombou um pedaço do corpo ergueu-se um santuário, a reverenciar Sati sob algum de seus muitos nomes. Ela é invocada para exercer, pela felicidade da raça humana, algum de seus poderes miraculosos. Assim, o terrível desmembramento redundou em benefício dos filhos do mundo.[11] Brahma,

Vishnu e o Vagaroso Errante cortaram determinadas partes do cadáver em minúsculos pedaços, que foram levados pelos ventos através do espaço e transportados para os campos onde o Ganges Celeste corre entre as estrelas. Caíram dentro do rio sagrado. Quando a cabeça tombou sobre a Terra, Shiva interrompeu sua caminhada insensata. Detendo-se, olhou-a, ajoelhou-se e prorrompeu em gemidos de dor.

    Os deuses rodearam-no. Queriam consolá-lo, mas ainda se sentiam temerosos. Permaneceram a certa distância, mas Shiva logo os viu. No momento em que isso aconteceu sentiu-se tão envergonhado que se transformou, ante os olhos de todos, em um *lingam*[12] de pedra, solidificado, rígido e prodigioso, na tortura de seu amor. Os deuses curvaram-se em reverência. Renderam graças, em uníssono, ao Eterno. Esperavam que com suas preces Shiva recobrasse a razão. Desejavam renovar nele a compreensão da natureza de seu Ser Verdadeiro, para que novamente pudesse conhecer a luz de sua eterna consciência. "Sois abundante no néctar da Iluminação", oravam. "Sois o Ser Excelso em vossa forma de *lingam*. Vós, que sois a Sabedoria, compreendeis a impermanência das coisas do Tempo. Ó vós, ponto central do mar da aniquilação, causa primeira de continuidade e declínio, luz das luzes, a resplandecer na radiação de vossa existência, sois o Ser Excelso, em vossa forma de *lingam*. Todos os deuses se inclinam quando, na fúria de vosso pesar, assim vos manifestais diante deles. Portanto, tende deles mais misericórdia, deixai que passe este vosso momento de angústia."

    Durante as orações, o deus, ainda vacilante de dor, retomara, perante eles, sua forma habitual. Brahma falou gentilmente, para auxiliá-lo a recuperar o ser:

"Ó Deus, aqueles que desejam libertar-se das penas do mundo voltam-se para vós em devoção e são libertados. Também aqueles muitos sábios – que, isentos de luxúria, malícia e qualquer paixão, desviaram seus rostos dos campos de sofrimento e repousam beatificamente em quietude – meditam em vós. Contemplam continuamente, com sua visão interior, o terceiro olho que ao meio de vossa testa é exaltado acima dos cinco elementos e, semelhante ao sol e à lua, ilumina a passagem para o esclarecimento. Vosso olho é a realidade suprema e imaculada, botão incorrupto que coroa a magnitude da árvore ramada de vossa existência; nutre-se do licor da contemplação imperturbada, selada com a fulguração do fervor ascético. Ele confere-vos vosso poder, para sempre.

"Ó Deus! Contemplai a flama da luz imaculada no lótus de vosso coração; serena, está distante da confusão das paixões que agora, como uma nuvem de poeira diante do sol, a envolvem e obscurecem. Invisivelmente visível ao iogue capaz de apreendê-lo, esse supremo, indestrutível e único Eterno, é, foi e sempre será vosso Ser. Ainda que impalpavelmente delicado, permeia o cosmos. É grávido de poder, e os sábios lhe vão à procura. É ao mesmo tempo o caminho e o fim do caminho. Ninguém o guarda, ninguém o rouba. É vosso tesouro, desprovido de forma tangível.

"Ó Deus! Desconcertado pelas plausibilidades de Maya, não vedes o que agora vos habita a alcova do coração. Compreendei, apenas, o caráter evidente do ubíquo fascínio; estilhaçai-o, dissolvei-o. Recolhei-vos; uni-vos ao vosso ser quintessencial; juntai-vos ao Supremo e lá permanecei, firmemente, na identidade de Vós Próprio. Deixai que se vá toda essa dor. Ela não atinge o cerne de vosso ser."

Shiva escutava em silêncio. Recordava a Suprema Identidade que sempre fora tema e objeto de sua meditação; mas sentia-se agora incapaz de recolher-se e concentrar seus poderes, tão desnorteante era sua dor pela perda de Sati. Cabeça inclinada, permaneceu algum tempo sem dizer palavra alguma. Então, olhou para Brahma. "Que devo fazer?"

Brahma respondeu: "Deus Todo-poderoso, livrai vossa mente dos vagalhões da dor, e volvei todo o vosso pensamento ao Ser Supremo. O centro de vossa existência situa-se muito além deste mar de tormentos. Porque a agonia do tempo vos inunda agora a consciência, os deuses estão perplexos e perdidos. Vossa paixão pulveriza o Universo; o fogo de vossa cólera incinera todas as vidas; vossas lágrimas teriam fendido a Terra, mas sorveu-as o Vagaroso Errante, que por isso tingiu-se de negro. A magnífica montanha onde vivem os deuses e os santos e onde as nuvens do ar mergulham para beber foi cindida por elas. Mataram os peixes do mar universal e sua torrente escaldante trata com violência o corpo do mundo. As tórridas rajadas de vossos soluços já desenraizaram montanhas e ressecaram florestas: os tigres, desalojados, e os elefantes, desabrigados e transtornados, em desamparo percorrem a terra, procurando novo pouso. Todas as criaturas viventes tornaram-se nômades por terdes abandonado vosso próprio centro. Por onde caminhastes com o cadáver de Sati aos ombros, a terra, que se quebrou sob vossos pés, ainda treme. Em todos os céus e infernos não existe criatura que não tenha sido lacerada pelos dentes de vosso desespero. Encerrai, portanto, este tempo de dor e desesperança; permiti à vossa cólera que siga seu caminho e concedei-nos a vossa paz! Vós conheceis – em verdade, o sois em vosso próprio ser – ao Ser Supremo, Consciência e Bem-Aventurança; retende, na profunda serenidade, esse Ser e Consciência, essa Bem-Aventurança. Três mil e seiscentos anos se passarão (cem anos celestes) e na roda do tempo, de tão longo girar, a deusa será novamente vossa esposa; enquanto isso...".

Shiva, a cabeça baixa, permanecia em silêncio, mergulhado em seu interior, totalmente abstraído. Logo se fez ouvir o som de sua voz. "Enquanto a dor não me deixar, enquanto eu não ultrapassar o oceano da perda de Sati, ó Brahma", disse o deus, "deveis permanecer a meu lado e consolar-me. Onde quer que eu vá, deveis permanecer junto a mim e confortar-me".

"Assim seja", respondeu Brahma.

Quando se preparavam para partir, as hostes de Shiva reuniram-se à volta dele; chegou seu magnífico touro Nandi, que esperou que o deus o montasse. Reis-serpentes se aproximaram, enroscando-se, à guisa de ornamento, no corpo de Shiva, à volta de seu pescoço e membros. Assistido e acompanhado por todas as figuras divinas do universo ele partiu de regresso ao Himalaia, seu lar de outrora. Lá o Rei-Montanha recebeu-o nos portões do palácio da montanha e deu-lhe as boas-vindas.

A jovem Vijaya lá estava. Curvou-se diante do deus que retornava, desatando, ao vê-lo, num pranto desesperado: "Onde, ó Grande Deus," – clamou – "está vossa bem amada Sati? Sem ela careceis de brilho. Grande Deus, se porventura não voltardes a pensar nela, em minha mente ela viverá para sempre; jamais deixará meu coração. Desde o instante em que, ante meus olhos, abandonou seu corpo, nenhuma outra imagem teve lugar em meu espírito; a flecha da dor me trespassou, e jamais haverei de conhecer de novo as alegrias da alegria".

Cobriu a face com uma ponta do véu e, soluçando, caiu ao chão sem sentidos. Quando Shiva a viu tombar, suas próprias lembranças o assaltaram e a ele, hirto, imobilizaram as raízes da dor. Lágrimas lhe assomaram aos olhos. Novamente os deuses se inquietaram. Brahma inclinou-se para confortar a sofredora Vijaya, e dirigiu-se bondosamente ao deus:

"Ó vós, iogue, que o sois antes do princípio dos Tempos, a dor não vos convém. O objeto apropriado à vossa visão interior é a Luz Divina, Majestade Não Mitigada. Por que esse olhar descansa agora em uma mulher? Vosso ser é a serenidade suprema, força indestrutível não maculada pela mudança, para além da percepção dos sentidos. Como, portanto, está sendo tocado pela dor? A mais elevada paz, a impregnar o mundo todo, é a vossa realidade; abrangei-a com a sabedoria de vossa alma. Os iogues vos conhecem como o Preservador do Mundo, sob a forma de Vishnu. A mesma Sati que vos seduziu é Maya, a sedutora do mundo. Ela retira da criança não nascida, a crescer no ventre da mãe, toda a lembrança de seu estado anterior; foi assim também que vos iludiu, e por isso estais destroçado pela dor. Milhares de vezes, anteriormente, Sati fez com que perdêsseis o senso, e a cada era separastes-vos dela, precisamente como agora. Mas, tal como Sati sempre retornou para vós, assim também havereis de conhecê-la de novo como a conhecestes, e voltareis a apegar-vos a ela. Juntai vossas lembranças, contemplai as milhares de Satis, vede como vos foram arrebatadas pela morte e como fostes privado delas milhares de vezes; olhai como renasceram, e como sereis de novo comovido, vós, tão dificilmente acessível até mesmo às meditações dos deuses. Contemplai em vossa visão interior como Sati voltará a ser desposada por vós".

Cego por seu sofrimento, Shiva aceitou a mão que Brahma lhe oferecia e ambos deixaram a cidade do Rei-Montanha. Partiram para o Ocidente e desapareceram na solidão das colinas.[13]

NOTAS

1. Bastante curioso, é o fato de que, apesar de o texto em sânscrito do *Kalika Purana* ter sido publicado em 1892, em edição da Shrivenkateshvaram Press (Gangavishnu Khemaraja), Bombaim, a partir de manuscritos antigos, não conseguiu atrair a atenção dos especialistas ocidentais. As páginas seguintes apresentam aquela que é, aparentemente, sua primeira tradução publicada numa língua europeia. (Os manuscritos da tradução do Dr. Zimmer estão em alemão. J. C.)

2. Brahmaloka; cf. nota nº 15, p. 133.

3. [Kama, Deus do Amor, é chamado "o primeiro nascido" das sementes da mente, *Rigveda* 10.129.4. A.K.C.]

4. *La Traviata*, I, 5.

5. Aparentemente o Criador Brahma não conhece a profundidade de seu próprio ser. Tampouco tem ele a ingênua autossegurança do Criador do Mundo do Velho Testamento, que separa, na mais nítida ordem, a luz das trevas, a terra seca das águas, e a seguir faz aparecer, na devida progressão, a vegetação e os animais: em primeiro lugar os peixes e pássaros, depois os hipopótamos, girafas e outros quadrúpedes, e, finalmente, em gloriosa coroação, o homem em seu Jardim. No sétimo dia Jeová chama: *Plaudite amici, comoedia finita est* ("Aplaudi, amigos, terminou a comédia"), e se recosta, bastante satisfeito com sua obra, apenas para descobrir, logo em seguida, que *incipit tragoedia* ("começa a tragédia"), tudo anda mal. O solitário Adão se aborrece no Paraíso: Eva logo se aborrece com Adão no Jardim; apenas a Serpente traz um certo convívio estimulante. Quanto, exatamente, disso, estava planejado? Há duas árvores – e, naturalmente, é da árvore má que o casal apanha o fruto. As coisas vão de mal a pior, o próprio Deus destrói Seu Paraíso, e Sua ira não tem limites; o que amaina é apenas uma remota e escatológica promessa – argênteo revestimento da nuvem terrível. Então Ele se retrai, ressentido, apenas para surgir outra vez diante de Sua criação em tempestades de fúria ainda maiores, a cada vez que ela comete alguma outra falta, em sua inerente imperfeição. Realmente, é um mito grotesco e arcaico! Embora repleto de interesse humano, quase nada concorda com coisa alguma, nem tampouco dele algo se segue. Essas discrepâncias custaram, no fim, o respeito de um número considerável – que cada vez se multiplica mais – de pessoas alheias à Igreja. No mito hindu, as coisas são diferentes, muito mais consistentes.

6. A ioga de Brahma é a forma espiritual clarificada do mesmo desejo que, nas esferas mais densas e grosseiras do mundo da natureza, flui e se expressa pelos anseios geradores dos animais e das plantas. O poder da vida que move todas as coisas é apenas um: seja aqui, no êxtase dos amantes transportados pelo desejo, ou lá, na visão cristalina do santo e do sábio.

7. É este o exército com o qual o Deus do Amor e da Morte (Kama-Mara) avançou contra o Buda (cf. p. 57). Este tentador e sua rainha-esposa correspondem ao Senhor e à Senhora que puseram à prova sir Gawain. Segundo diz Brahma, os Mais Altos Deuses da Criação (Brahma, Vishnu e Shiva) – incluindo, desde já, todos os seres criados do mundo – estão indefesos perante este desejo, mestre da criação contínua. Buda (o supremo iniciado), ao lhe resistir, sobrepujou não apenas a criação como também os Mais Altos Deuses da Criação, conquistando a redenção que o libertou da roda eterna de nascimento e morte. É possível que o evento da "Tentação de Buda" tenha sido influenciado por este mito quase esquecido. O grande arquétipo védico é o conflito entre o deus Indra e o titã Vritra.

8. [Compare-se "Aquele que É" como o nome mais apropriado de Deus; *Katha Upanishad*, Damasceno, etc. A.K.C.]

9. Através desta declaração de princípios feita por Brahma e Shiva, o elemento destrutivo é reconhecido como indispensável ao labor da criação e da conservação. A morte perene, portanto, é tida como condição prévia do nascimento e do ser permanentes. Sintetizando numa só expressão: "Nós três, Nascimento, Vida e Morte somos uma única coisa: membros e gestos do Uno".

10. Comparar com o rio atravessado por Lancelote na "ponte-espada".

11. Esta lenda, bem conhecida pela sabedoria popular da Índia, explica a ampla dispersão dos chamados "Cinquenta e Dois Lugares Sagrados" – santuários de peregrinação erigidos a Sati, modelo supremo da tradicional feminilidade hindu.

12. Símbolo fálico que representa a Shiva. (N.T.)

13. "A Criação Involuntária", *Kalika Purana* 1:15:10; "O Casamento Involuntário", ib. 5:11-13:53; "A Morte Voluntária", ib. 14:1-16:70; "A Loucura de Shiva", ib. 17:1-19:13. A descrição que consta do próximo capítulo, "Às Margens do Sipra", é extraída do *Kalika Purana* 19:13-33.
Trazendo Shiva ao lago Sipra, a narrativa do *Purana* volta-se para outros temas, principalmente para a encarnação de Vishnu como javali, retomando também a história de Shiva com Parvati no começo de *Adhyaya* 42. A calcinação do Deus do Amor, reduzido a cinzas, está descrita em 44:125.

ÀS MARGENS DO SIPRA

A vida é demasiado terrível, em suas inevitáveis, imerecidas e injustificadas possibilidades de sofrimento, para que possa ser qualificada de "trágica". A visão "trágica" refere-se, por assim dizer, a um primeiro plano, apenas, sendo própria de pessoas que ainda se assombram, por incapacidade de conceberem a vida tal como é. A própria tragédia grega, que deu nome a esta visão, está, paradoxalmente acima da crítica, pois se deleita com o monstruoso. O deleite da Tragédia Ática consiste em voltar a espada contra o próprio peito, em meio a um tumulto de piedade e terror, enquanto, exultante, desafia a monstruosidade, mesmo quando a extremidade incandescente da lâmina, sibilando, lhe penetra o coração, incendiando-o até reduzi-lo a cinzas – o que é ainda uma atitude bastante espetacular. A única atitude adequada é a da solene dança cerimonial da loucura de Shiva, com seu equilibrado bater de asas ruflado pelos braços e mãos balançantes e o inexorável percutir dos pés nus, ao ritmo do tilintar das argolas dos tornozelos, enquanto se mantém o sorriso de máscara.

A palavra *mythos* é grega e, apesar de todos os vestígios mitológicos célticos e germânicos que chegaram até nós, sempre que a palavra é mencionada pensamos primeiramente nos mitos da Grécia, tais como foram preservados e transmitidos por Homero, Hesíodo e pelos poetas trágicos. Mas essas produções supremas da imaginação criadora foram recolhidas do fluxo comum da sabedoria tradicional do povo e dos sacerdotes, e transformadas em expressão dos problemas pessoais e da história contemporânea, peculiares aos mundos jônico, beócio e ático. Não transmitem a qualidade de suas fontes arcaicas, localizadas nas ancestrais e para sempre perdidas épocas órficas, quando os materiais, ainda obscuramente fundidos, entrelaçados, de significados ocultos em sua grandiosidade, eram veiculados pelo grande fluxo geral da tradição folclórica.

Nessa forma arcaica e primitiva, o mito sobrevive até hoje nas grandes tradições populares mitológicas da Índia. O que explica porque, ao mimado leitor ocidental moderno, com sua boa formação clássica e desejoso, como observa o platônico Schiller, de chegar à "terra do conhecimento apenas através da porta auroral da beleza", a viagem à Índia é às vezes um tanto difícil de ser saboreada. Apesar de a tradição sacerdotal bramânica jamais haver desprezado, em qualquer período de seu desenvolvimento, as técnicas da altamente sofisticada arte poética secular daqueles tempos, ainda assim os estilistas sacerdotais estavam muito longe de ser poetas. Seus mitos permanecem de hábito num nível popular relativamente não elaborado, não se transmutando em imagens poéticas através do poder vivificante de uma nova economia, estrutura e consistência, em benefício de uma concepção renovada e original, como ocorre com os mitos da Ilíada ou com as tragédias de Sófocles. O "poético" é empregado, na verdade, como ornamento, em passagens retóricas bombásticas, geralmente sem êxito ou beleza, sem gosto nem medida, como sempre acontece quando quem não é de fato poeta tenta alçar voo. O resultado é o conteúdo mítico com frequência assemelhar-se a uma envelhecida beldade, pesadamente adornada e pintada. Sob todo o artifício não há nada do revitalizado frescor de uma figura juvenil de feições radiosas: apenas uma velhice enrugada, amarfanhada, de face refeita. Contudo, são justamente essas velhas beldades, que há tanto ultrapassaram a maturidade, as mais cativantes narradoras das ancestrais histórias da vida; quase sempre são muito melhores nisso que as jovens atraentes e sedutoras. O único problema é que enquanto as ouvimos sua visão não nos faz estremecer.

 De qualquer modo, a forma tradicional sob a qual os mitos da Índia foram transmitidos possui a grande vantagem do anonimato. Não há nenhum indivíduo particular falando, mas todo um povo – talvez na linguagem de alguma seita, com preconceitos particulares a favor dessa ou daquela divindade, e com o colorido de determinado século ou da paisagem local; mas é sempre de um povo, uma generalidade extensivamente válida e reconhecida, isenta de qualquer pretensão a um gênio ou sensibilidade especiais. Ouvindo essas histórias, o que escutamos não é a voz de uma personalidade, mas o consenso dos brâmanes ensinando em inumeráveis templos e santuários de peregrinação, santos e sábios em suas grutas de eremitas, e instrutores espirituais de vilas e lares. Um grande grupo, no papel de classe docente, fala através dessas lendas a outro grande grupo, o dos piedosos, ambos mutuamente dependentes e controlando um ao outro. Aquilo que o ouvinte nativo é e sente, embora ainda não saiba, lhe é contado. É-lhe dada a posse largamente generosa das profundezas e alturas comuns da vida e da cultura universal – espiritual e religiosa – através das imagens, dos personagens celebrados e dos eventos do *mythos*.

 Em parte alguma, a não ser aqui, é possível estar-se quase a beber da própria fonte da cultura, sorvendo a essência original da seiva da vida. É como se perfurássemos o tronco da árvore, bem onde a seiva se eleva para formar galhos e copa – ou melhor, como se extraíssemos de uma palmeira a seiva embriagante, pois a embriaguez é um dos principais efeitos do *mythos*. Culturas que não mais o conhecem são prosaicas e ressequidas. A fome pelo mito é a ânsia pela bebida embriagadora que estimula e vivifica, como a força inebriante do soma sacramental estimula o deus hindu da guerra e do trovão, que o sorve três vezes ao dia nas oferendas dos brâmanes, fortificando-se para os feitos do governo cósmico e para o trabalho de abrir caminho, com os raios celestes, à marcha vitoriosa de seu povo eleito, os arianos védicos.

O mito é, entre os alimentos espirituais, aquilo que é a bebida dos deuses (soma, ambrosia) nos próprios mitos; através dele pode-se comungar com os seres e poderes sobre-humanos. O mito desconsidera – nem sequer conhece – o indivíduo. Quando todos os membros da comunidade participam igualmente, dando, recebendo, alimentando-se dele, é então que liga o homem ao ser do super-homem.[1] Explica-se por que os velhos mitos de povos remotos e desconhecidos tornaram-se tão fascinantes para nós em tempos recentes. Com a aurora do pensamento crítico ocidental, o elo que nos ligava aos poderes divinos, anteriormente forjado para nós com nossos próprios sacramentos e dogmas, perdeu a força; hoje, porém, um nível mais primitivo do mito, abundante em verdade atemporal e por quase dois milênios encoberto e desfigurado pelos dogmas e sacramentos da religião da revelação posterior, parece ter algo muito profundo para dizer-nos.[2] Esse retorno de algo, há muito perdido à compreensão e interesse contemporâneos, constitui uma compensação necessária, em escala mundial, ao seu declínio simultâneo na Índia e em outras terras de cultura ancestral, sob o impacto da moderna era tecnológica. Para estarmos à altura desse novo desenvolvimento, mesmo em nossa esfera limitada, devemos tentar mergulhar nos conteúdos míticos de todas as tradições ancestrais cujo acesso nos seja possível; a mudança é tão abrangente que nenhum dos elementos de curto fôlego, entre os surgidos em épocas mais recentes, é capaz de dar-nos a força suficiente e necessária para suportarmos a pressão de nosso século aterrador e de seus fogos de transmutação.

A Deusa Universal, a Mãe do Mundo, está entre as mais antigas e "de maior alento" das grandes divindades de sustentação conhecidas pelos mitos do mundo. É representada em toda a parte, em santuários dedicados a deusas-mães locais; inúmeras imagens do período neolítico foram encontradas – algumas mesmo do paleolítico; era conhecida nas culturas do Mediterrâneo sob diversos nomes: Cibele, Ísis, Ishtar, Astarté, Diana; era a *Magna Mater*. Se tentarmos identificar suas origens, veremos que os mais antigos fragmentos de textos e imagens podem conduzir-nos apenas até onde é possível afirmar: "Representavam-na assim em tempos arcaicos; talvez a chamassem dessa ou daquela maneira; cultuavam-na possivelmente de tal ou qual forma". É esse o limite do que podemos afirmar; atingimos aqui o problema primordial de compreendê-la e a seu ser. Pois exatamente por ser a Grande Mãe, ela ali estava, antes de qualquer outra coisa. Ela é *o primum mobile*, o primeiro princípio, a matriz material da qual tudo nasceu. Questionar, indo mais além, sobre seus antecedentes e origem, é não compreendê-la e, na verdade, interpretá-la equivocadamente e subestimá-la; é, de fato, insultá-la. Tombando, talvez, sobre quem o tentar, a calamidade que atingiu o pretensioso jovem adepto que decidiu descobrir a imagem velada da Deusa no antigo templo egípcio de Sais, cuja língua foi paralisada para sempre pelo assombro do que viu. De acordo com a tradição grega, a Deusa dissera de si mesma: "Ninguém ergueu-me o véu". Não é bem de véu que se trata, mas da vestimenta que cobre a nudez feminina – o véu é uma equivocada reinterpretação posterior, ligada à decência. O significado é: "Eu sou a Mãe sem consorte, a Mãe original; todos são meus filhos, por isso ninguém jamais ousou aproximar-se de mim". O imprudente que o ousasse desonraria a Mãe – é essa a razão da maldição.

Aqui está, portanto, a Deusa nascida da autocontemplação, geradora e criadora-do-mundo, do Brahma Criador. Não se trata propriamente da criação da deusa; é apenas a história de como se deu sua manifestação. Sua criação não pode ser descrita ou discutida, pois foi por ela que tudo veio à existência, tudo também permanece dominado por seu encantamento e para ela tudo há de retornar.

O âmago do mito do Romance da Deusa parece ser que a ninguém é permitido permanecer sendo o que é. Esta é a circunstância através da qual o mundo se desenvolve como criação contínua. Nenhum dos Seres Celestiais pode continuar sendo o que era inicialmente, o que ele próprio pensava ser ou o que, sem modificar-se, gostaria de continuar sendo.[3] Brahma se colocou em ridículo. Brahma e Vishnu se convertem em suplicantes. O Deus do Amor se descobre comandando um exército de Ódio. E Shiva, o remoto e desapegado asceta, mal declarara que jamais renunciaria à contemplação do Ser Supremo quando sucumbiu ao encanto de Sati, tendo seus poderes, excelsamente concentrados, arrastados pela luxúria e pelo furor – furor no momento da indiscrição de Brahma, e pelo selvagem desespero após a morte de Sati. O mais livre e independente dos deuses, transformado em genro desprezado e insultado, envolve-se emocionalmente a ponto de ter sua mente transtornada! Esta é uma condescendência do princípio divino mais elevado, comparável à de São Paulo em sua Epístola aos Filipenses, ao reconhecer que Jesus Cristo, "existindo em forma de Deus, não entendeu reter para si o ser igual a Deus como algo a que se apegar ciosamente, mas despojou-se a si mesmo e assumiu a condição de servo, feito semelhante aos homens. E, estando sob figura humana, humilhou-se e foi obediente até a morte, e morte na cruz" (*Filipenses*, 2:6-8). A todo-compreensiva Mãe do Mundo, em um gesto similar de suprema humilhação, não considera ofensivo ser trazida à esfera fenomenal como filha de um poder demiúrgico de segunda ordem, ou exercitar prolongadas práticas a fim de conquistar a mão de Shiva, que na realidade lhe pertencia por toda a eternidade, como seu consorte imortal e que, além disso, representa apenas um poder básico, um aspecto fundamental de seu próprio ser.

A simultaneidade do baile de máscaras épico do mundo e da distante fusão de todos os personagens que tomam forma em cena, lado a lado e em mútua oposição, é o mais importante nesse mito cuja força e figura central é a grande Maya, a autoilusão que tudo mascara e em tudo se desenvolve. Que tudo o que acontece não necessitaria realmente ter acontecido, ou de fato não acontece, ocorrendo, não obstante, com fatal seriedade dentro do plano de Maya, exatamente para criá-la continuamente e fazê-la prosseguir – esse é o sentido, o ponto crucial. O humor do mito está na maneira como todos os personagens são igualmente apanhados pelas artimanhas do teatro mundano. Apenas começa a história, cada um deles cai numa cilada, cada qual à sua própria maneira – sempre, porém, igualmente paradoxal.

O hino de Brahma à deusa (a *shakti* ou "poder" dele próprio e do panteão inteiro) aceita a vida como um *todo*, tal como é, em total submissão a todos os opostos perturbadores da paz. "Vós sois um e outro." Sempre se diz "e", o que significa: "Sois o todo em sua integridade; realmente, não há nada a ser feito". O que equivale a uma aceitação colossal, permitindo-se à vida um quase incrível *laissez-faire*. Brahma foi igualmente maravilhoso quando Kama apareceu pela primeira vez diante dele. O princípio criador admite que todos tenham seus direitos e pretensões, reconhecendo no todo da criação a soma incalculável dos multifários poderes que, necessária e continuamente, atuam em oposição mútua. Surpresa, perplexidade e catástrofe são as categorias de todo o acontecimento significativo. A Criação Involuntária, processo e geração da vida, é em si mesma involuntária e acidental. Triunfa sempre, repetidamente, sobre o planejado. O planejamento, na realidade, serve apenas para fortalecer-lhe os efeitos esmagadores.

O Mito da Deusa mostra, em gestos magníficos, como ajustar a própria identidade a essa circunstância universal – tranquilamente, sem medo, aceitando-a e colocando-se essencialmente de acordo com ela. Por isso é que essa história da criação nada sabe do tema da Queda do homem que se opõe à vontade de Deus; nada sabe, com efeito, da ira de Deus. O indivíduo – o próprio Deus – tem que cooperar, em improvisações continuamente renovadas, e assim progride a precária evolução do Universo. A criação se faz possível através da submissão dos atores divinos e humanos a papéis que lhes são estranhos, porém impostos por situações sempre novas e surpreendentes. Todos são eventualmente forçados a compreender que "aquele outro", que à primeira vista parece estar perturbando com assiduidade o curso normal dos acontecimentos, é na verdade um instrumento indispensável à evolução do mundo. O que a princípio parece perturbador e terrível revela-se, com o tempo, um fator benéfico e necessário. O principal é que o processo da criação contínua não se imobilize em nenhuma postura momentânea. Está sempre a ponto de estagnar-se; o esperado acontecimento seguinte é sempre o sinistro, o surpreendente, o difícil de ser suportado – como as transformações e percepções de alguém que envelhece. Porém essa progressão revela a totalidade da forma sublime do estado do Imperecível, que transcende, sobrevive e além disso manifesta-se perenemente nos ganhos e perdas de nossa existência fenomenal. Do reconhecimento dessa una e única consciência vivente nasce a bem-aventurança, a sabedoria da infindável crucificação.

Shiva, desolado, ensandecido, foi gentilmente levado por seu guru Brahma para além dos portões da cidade onde sofrerá a grande perda de sua vida, e conduzido para os nevados picos do Himalaia. Lá, caminhando juntos, ambos chegaram a um pequeno lago solitário, claro e aprazível à mente, Brahma foi o primeiro a vê-lo.

Sentados aqui e ali, nas margens tranquilas, viam-se santos e sábios, em absoluta meditação; dois ou três banhavam-se nas frias águas cristalinas, desenhando ondulações que cruzavam o espelho do azul e imóvel alto céu de montanha. Aves migratórias, com gritos agudos, vinham de todas as direções, adejando nas águas cercadas de lótus: pares de esplêndidos gansos rosados que, exultantes, estendiam lindamente as grandes asas, pelicanos de bicos em gancho, gansos de asas acinzentadas e garças siberianas, que se pavoneavam às margens do lago ou flutuavam na superfície, perscrutando as águas, que os refletia em beleza. De quando em quando, num súbito e ensurdecedor ruflar de centenas de asas, todos se elevavam para o céu, voando em círculos, em bandos; logo pousavam novamente, adejando, alisando as penas com o bico. Abaixo, nas profundezas cristalinas, nadavam peixes de inúmeros e brilhantes matizes, visíveis à medida que passavam, rápidos como dardos, por entre os talos de lótus. Eram multidões de brotos de lótus, cálices de lótus, lótus azuis e brancos; nas margens, a vegetação luxuriante espalhava sombra fresca.

Quando os olhos de Shiva contemplaram o lago, o deus comoveu-se; contemplou o rio Sipra que dele fluía, como o Ganges flui do disco da lua. Esse lago jamais se resseca com o calor do verão. Aqueles que se banham em suas águas e delas bebem recebem, pelos estatutos dos deuses, a bênção da imortalidade; permanecendo jovens para sempre, atravessam os anos com as faculdades intactas. Os que se banham durante a noite de lua cheia de outubro-novembro são levados, numa resplandescente e fulgurante carruagem, ao lar celestial de Vishnu. Aqueles que se banham durante todo esse período vão à morada de Brahma, sendo totalmente liberados dos mundos da forma.

Foi ao lado das águas desse lago de paz que Shiva reencontrou repouso e majestade, na contemplação dessa fonte-e-final do ser que, suprema, imutável, tudo impregna, como substrato, vida e consciência de todas as formas da existência. Lá se libertou da desvairada fixação que ameaçava desequilibrar o processo do mundo. Centrou-se na meditação adamantina. Assim permaneceu até que a Deusa, tomando forma novamente como a donzela Parvati, filha de Himalaia, o Rei-Montanha, e de sua esposa Menaka, retirou-o outra vez de sua elevada solidão, com o poder de suas prolongadas austeridades físicas e espirituais. E reiniciaram a vida em comum.

NOTAS

1. "Não é verdade", diz Nietzsche, "que exista algum pensamento ou ideia ocultos no fundo do mito, como disseram alguns num período em que a civilização se tornou artificial; mas o próprio mito, em si mesmo, é uma espécie ou estilo de pensamento. Ele transmite uma ideia de universo, mas o faz na sequência dos acontecimentos, ações e sofrimentos". Esta é a razão por que podemos olhá-lo como a um espelho ou uma fonte, plenos de sugestões e profecias, que nos dizem o que somos e como devemos nos comportar em meio às desnorteantes sequências de surpreendentes eventos e ocorrências que constituem nosso destino comum. Ao menos, foi assim que os hindus sempre encararam as façanhas e sofrimentos dos deuses e heróis de seus mitos e lendas.

O mito é a imagem única e espantosa da vida em si mesma, em sua harmonia fluente e oposições mutuamente hostis, em toda a polifonia e harmonia de suas contradições. É nisso que reside seu poder inesgotável.

2. As idades e atitudes do homem, há muito desaparecidas, subsistem ainda nas mais profundas camadas inconscientes de nossa alma. A herança espiritual do homem arcaico (o ritual e a mitologia que outrora lhe guiaram visivelmente a vida consciente) desvaneceu-se numa grande parte da superfície do reino tangível e consciente, mas ainda sobrevive e permanece sempre presente nos níveis subterrâneos do inconsciente. É a parte de nosso ser que nos liga a uma remota ancestralidade e constitui um parentesco involuntário com o homem arcaico e com antigas civilizações e tradições.

Ao tratar com símbolos e mitos de tempos remotos, estamos de algum modo, na verdade, falando com nós mesmos – com um aspecto nosso que, no entanto, nos é tão estranho ao ser consciente quanto o interior da terra aos estudantes de geologia. É por isso que a tradição mitológica nos proporciona uma espécie de mapa para exploração e avaliação dos conteúdos de nosso próprio ser interior, com o qual, conscientemente, nos relacionamos de modo muito ligeiro.

3. Esse significado, quase nunca suficientemente esclarecido mas desenvolvido e reiterado na sequência dos acontecimentos, guarda certa semelhança com o principal objetivo da psicologia analítica, ou seja, à custa de dolorosas, surpreendentes ou até humilhantes experiências, coloca em contato as forças e esferas de nosso ser interior que tendiam a permanecer mutuamente isoladas e, por isso, mutiladas e frustradas, mantendo, por meio dessas crises, o fluxo criador das energias da psique.

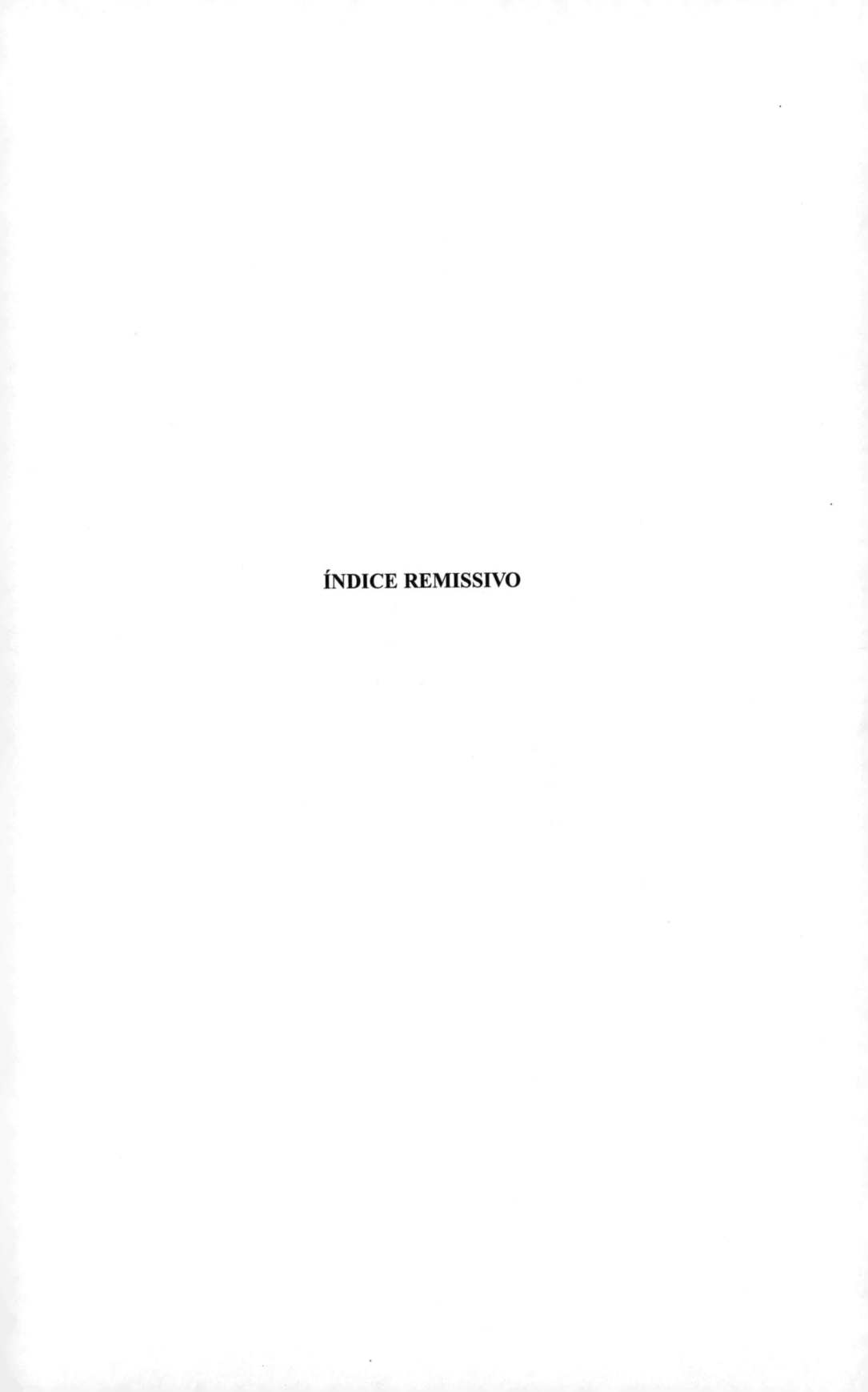

ÍNDICE REMISSIVO

ÍNDICE REMISSIVO

A

Abraão, 40.
Abu Kasem, 15-25, 96, 150, 163; ver também apego; destino; magia; renascimento; símbolos; inconsciente.
acaso, 17-24, 170-171, 208-209; ver também destino; livre-arbítrio.
aceitação, em Romance/Mito da Deusa, 209.
acha de batalha, do Cavaleiro Verde, 51, 57, 61.
Adão, 114, 136n53, 203n5; antigo, 20, 32.
Adônis, ver Tamuz.
afastamento, 20, 129-131; ver também eremita; estágios da vida.
Afrodite, 37-175.
água: como poder infra-humano na história de Conn-eda, 27-28; 31-32; 35, 37, 38; como símbolo da vida, 87; ver também Fonte da Vida; Dama da Fonte; lago, milagroso; vida; símbolos.
Aitareya Aranyaka, ver *Brahmanas*.
Alexandre, 88.
alma-arquétipo, ver arquétipos.
alter ego: cavalo peludo, como... de Conn-eda, 27-30, 33-40, 47, 82, 154.Balan, como... de Balin, 90-91, 96-98; Galahad como... de Lancelote, 119-120; leão como... de Owain, 80-81; Meleagant, como... de Bademagu, 115-116.
ambivalência, ver opostos, coexistência dos.
ambrosia, 207; ver também elixir.
Amor, ver desejo; Kama; Montanha do Deus do Amor.
Amrita, ver elixir.
Andrômeda, 22, 121.
anel: de Lancelote, 90; de Polícrates, 18; de Siegfried, 78; na história de Owain, 71, 78; significado de... na história de Gawain, 53-54; ver também invisibilidade; símbolos s.v. anel.

animal, representando o instinto: e Cristianismo, 85-86; na história de Conn-eda, 33-40; Merlin e, 120, 137; na história de Lancelote, 99, 115; na lenda de Buda, 57; S. João Crisóstomo como, 43-44; 47-48; 79; na história de Conn-eda, 33-40; na história de Gawain, 87; na história do rei e do cadáver, 139, 149; na história de Owain, 69, 70-71, 79, 80-85; na mitologia, 85-87; Nabucodonosor como, 50n13, 79; no Romance/Mito da Deusa, 179-180, 183-185, 188, 190-191, 192, 197, 201, 204n13, 209-210; Orfeu e, 135n34;ver também cão; cavalo; dragão; homem primitivo; javali; leão; macaco; mito; Nandi; natureza; opostos, coexistência dos; pássaros; serpente.
Ano Novo, renascimento de, 60.
apego: de Abu Kasem, 18-24; renascimento através da libertação do, 19-21, 32-57; ver também ascetismo; cativeiro; Shiva.
Apocalipse, 122.
apoteose, e Conn-eda, 38-39; na história do rei e do cadáver, 158-159; ver também transfiguração.
Apuleius, ver *Asno de Ouro, O*.
Aquiles, 78.
arco e flechas de Kama, ver desejo; Kama.
Argonautas, 126.
Ariadne, 153.
arianos, védicos, 207.
arquétipos: alma, 134-135n34, 104 (Guinevère); *animus* 89, 104, 119 (Lancelote); casamento do Céu e da Terra, 26; Jeová, 40; mulheres, reino das, 60; Salvador, 117-118 (Jesus Cristo, Lancelote); tentação, no conflito de Indra com Vritra, 203n7; Velho Sábio, 33-34; mulheres, reino das, 60; ver também feminino, o; masculino.
arrependimento, de S. João Crisóstomo, 43-44, 46-47, 48.

215

arte budista, 56.
Ártemis, 38.
Artur, rei, 51, 58, 60, 61, 63-67, 69, 73, 75-78, 88, 90-93, 98, 103, 105-106, 107, 114, 121-130, 133n19; ver também destino; iniciação/integração; morte; provações.
árvore: da vida eterna, 37, 203n5; do conhecimento do bem e do mal, 203n5; na história do rei e do cadáver, 140-144, 151-156.
árvore-Bo, Buda sob, 57.
ascetismo, 188; como gerador de energia, 173; e S. João Cristóstomo, 41; ver também mendicante, asceta; Shiva.
Asno de Ouro, O (Apuleius): metamorfose, 50n13, mistérios de Ísis e Osíris, 49n3.
Assunção, ver transfiguração.
Astarté, 207.
Astianax (Francillon), 134n30.
Astolat, ver Elaine de Astolat.
Atalanta, 37-38.
ático: tragédia, mundo, ver sob tragédia grega e mitologia, respectivamente.
Atouts, no baralho do Tarot, ver Tarot.
Aurora (Desejo, Maya), primeira mulher no mito hindu da criação, 164-169, 173-174, 182-183, 191, 198; ver também desejo; feminino, o; Kali; Kama; Maya.
Avalon, Artur em, 123; ver também Ilhas Bem-Aventuradas; iniciação/integração; Mães, as; morte.
avareza, de Abu Kasem, 15 a 25.
avatar (encarnação): ver apoteose, transfiguração.

B

Babilônia, contos da, 87, 136n53.
Babuchas de Abu-Kasem, As, 15-24.
Bademagu, rei (Morte), 115-116; Merlin como, 121; ver também Meleagant; morte.
Balan, 90, 96, 97; ver também alter ego; Balin; feminino, o.
Balin (O Cavaleiro das Duas Espadas), 90-98, 135n38, 136n52; como masculinidade ideal, 97; e cavalaria, 98; e feminino, o, 96-97; e inconsciente, 95-98; e morte, 95; e possessão demoníaca, 90; e vida, 97; ego de, 96-98; Golpe Doloroso de, 90, 93-95, 98; ver também destino; iniciação/integração; opostos, coexistência dos.
bálsamo: na história de Owain, 79-80; ver também elixir.
Ban, rei, 90.

barqueiro do barco para o mundo ínfero, e Gawain, 59, 60, 61-62.
Barrabás, 118.
batismo, na história de S. João Crisóstomo, 42-48.
Benz, Richard, 49n12.
beócio, mundo, ver mitologia grega.
bezerro de ouro, 86.
Bíblia, 86; ver também Apocalipse; Daniel; Gênesis; Nicodemo, o Evangelho de; Novo Testamento; Paulo, S. (Epístola aos Filipenses); Velho Testamento.
Boca de Ouro, João, ver Crisóstomo, S. João.
bola, mágica de Conn-eda, 27-28, 33-34, 47.
Blake, William, 150.
Brahma, 163-189, 196, 198-202, 208-210; ver também feminino, o; verdade.
Brahma, fissura de, 194.
Brahmaloka, 113n15, 203n2; ver também morte.
Brahmanas: Aitareya Aranyaka, 49n11; *Jaiminiya Upanishad*, 133n15; *Satapatha*, 49n4.
brâmanes: ancestrais de, 164-180; tradição sacerdotal de, 206.
Bricrend, Fled, 132n2.
Brisen, dama, e Lancelote, 99-102.
Britânicas, Ilhas, cultura primitiva, 59, 120-121; invasões das, 120, população primitiva, 120, 123.
Broceliande, 127, 129; ver também floresta.
Brown, A.C.L., 132n2.
Brun Sem Piedade, defensor da Fonte da Vida, 137n58.
Brunhilde: autossacrifício de, 40; o sono encantado de, 78.
Bruno, Giordano: *Delia Causa Principio e Uno*, 34.
Brut Tysilio, 187.
Buda, Gautama, 57-58, 136n47, 203n7.
Budismo: Mahayana, como religião universal, 41; no Tibete, 121.
Burton, Richard F., 25n1.
Bryan, W. F., 133n20.

C

Cabeças: primazia da, 144; sacrifício de, 155; trocadas, 144; ver também decapitação; *Cabeças Trocadas*.
Cabeças Trocadas, 160n2.
Caerleon-Sobre-o-Usk, 67, 75, 77.
Cagliostro, 128.
Calipso, 130.
Calogrenant, 137n58.

cama maravilhosa; Gawain e, 61-62, 108; Lancelote e, 108.
Camelot, 100, 105, 116, 124, 127.
cão, de poderes sobrenaturais, na história de Conn-eda, 27, 30, 36-38; ver também animal.
Capela Verde, 51-52, 55, 58.
Carlos Magno, 88, 123.
Carlos VII, rei da França, 134n31.
Caronte, 60; ver também barqueiro do barco para o mundo ínfero.
carreta, na história de Lancelote e Gawain, 105-108, 116-117, 119; ver também símbolos.
casamento: de Artur, 125-126; de Gawain com Dona Ragnell, 64-67; do Céu e da Terra, 26; de Shiva, 177-189; ver também símbolos, s.v. casamento de Artur (obtenção da perfeição).
Castelo: da Abundância, Owain e, 70, 75, 82, 87, 121, 136n52; da Morte, Lancelote e, 115-116, 118; de Bliant, Lancelote e, 103; de Case, Lancelote e, 99; de Merlin, 121; do Rei do Graal, 94-95, 135n38, 102; Fonte da Vida, 71-77, 83, 97, 135; ver também *Château Merveil*.
cativeiro: de dona Ragnell, 64-67; de Helena de Troia, 59; de mulheres, no romance arturiano, 59-60; do príncipe feérico na história de Conn-eda, 29; ver também apego.
Catolicismo Romano, 45-48.
cavalaria, 68, 86-87, 105, 126; Baline, 98; Lancelote e, 88-89, 105, 106-108; na história de Gawain, 51-54, 58-59, 61, 106-108, 115-116, 125-126; Owain e, 74-77, 78-79-80, 81-85; Parsifal, 132n9, 134n25; ver também Távola Redonda.
cavaleiro, como deus solar, 61; ver também cavalaria; Távola Redonda.
Cavaleiro do Leão, ver Owain.
Cavaleiro Negro, senhor da Dama da Fonte; e Kynon, 70; na história de Owain, 71-78, 97.
Cavaleiro Verde (Morte), 51-59, 60-61, 115, 136n52, 203n7, ver também morte; vida.
cavalo, do rei das fadas, 27, 30, 37-38; na história de Conn-eda, o... hirsuto de Conn-eda, 27-29, 33-39, 47, 82, 154; ver também alter ego; animal.
Cego, O, titã morto por Shiva, 188.
celta, imaginação: 85-87, 130-131; e profetas, 122; e romance arturiano, 70-99, 135n38, 120, 126; ver também Merlin; mito.
celta, permanência, 130.
centauro, símbolo do caráter do homem, na história de Conn-eda, 33, 36-38; ver também símbolos.
César, 88.
cesta mágica de Conn-eda, 28.
céu, ver renascimento, transfiguração.
charisma, 45.
Château Merveil, Le (O Castelo Maravilhoso): Gawain no, 59-60, 61-62, 123; ver também morte; iniciação/integração; Mães, as.
Chaucer, 133n20.
Chevalier au Lion, Le, ver Owain.
Chipre, 37.
Chrétien de Troyes, 70, 83-85, 105, 107, 113, 114, 116, 117, 132n9, 133ns11,15,21.
Cibele, 207.
cidade das fadas: como reino de Deus (vida eterna), 33-35, 37-40; visita de Conn-eda à, 28-30.
cinto verde, na história de Gawain, 54-56, 58, 60.
Circe, 130.
civilização matriarcal, 59-60.
cobra, ver dragão; Hidra; serpente.
Comfort, W. Wistar, 134n27, 136n44.
compaixão, 40-41; na história de Conn-eda, 36; na história de S. João Crisóstomo, 41-42, 43-46.
Concílio de Trento, e Merlin, 122.
Condessa da Fonte, ver Dama da Fonte.
Conhecedor, ver iniciação/integração.
Conn, rei, 26, 30; ver também masculino; ideal.
Connacht, reino de Conn-eda, 30.
Conn-eda, 26-41, 46-47, 82, 86, 154, 159; apoteose de, 38, 39; e compaixão, 36; e inconsciente, 33-40; e mal, 30-33, 35, 38-39; e morte, 36-40; ego de, 32, 35-40; humildade de, 32; iniciação/integração de, 32-33, 35-40; provações de, 31, 33-37; renascimento de, 32- 33, 35-40; sacrifício de, 32, 35-40; transfiguração de, 36-37; ver também opostos, coexistência dos.
contos antigos e medievais: 86-87, 104-106, 120.
contos de fadas, ver mitos.
contos medievais, ver contos antigos e medievais.
Coomaraswamy, Ananda K., 49ns8, 132n1, 133n20, 134n22; 136n50; notas por, 49ns4, 5,11, 132ns3,4, 133n15, 136n47, 203n8.
Coomaraswamy, D. L., 136n50.
cordão, brâmane, 184.
Cordeiro, O, 40, 46; ver também Jesus Cristo.
Cornualha, 87.
Cósmico: Hermafrodita, Oceano, Ovo, ver sob os respectivos nomes.
Crespúsculo dos Deuses (Wagner), 77-78.

criação, mito da: no *Kalika Purana*, 163-176; no Velho Testamento, 203n5; ver também Brahma.
Crisóstomo, São João (João Boca de Ouro), 41-48, 79; ascetismo de, 41; como animal, 43-44, 47-48, 79; como ermitão, 42-44, 48; e compaixão, 41-42, 43-45, 46; e forças instintivas, 47-48; humildade de, 45-48; iniciação/integração de, 41, 46-48; e intuição de, 42, 46-48; pobreza de, 42; provações, 42-48; redenção, 41, 45, 48, 50n12; renascimento de, 42-65; sacrifício, 41-48; ver também opostos, coexistência dos.
Cristianismo: e animais, 85-86; e busca do Graal, 89, 135; e crença no Salvador, 40-41; e Merlin, 121; e sabedoria arcaica, 88, 120, 126-127; em *Golden Legend*, 49-50.
Cristo, ver Jesus Cristo.
crucificação: de Jesus Cristo, 135n38, 118; eterna, 209.
Cuchullin, 49n6, 132n5.
culpa: de Guinevère, 102, 104; e iniciação, 151; de Kama – Deus do Amor; 169; na história do rei e do cadáver, 141, 152-155; de Lancelote, 88-89, 91, 104-105; de Owain, 77-78; de Parsifal, 134n25; de Siegfried, 77-78; de Tristão, 89; ver também mal.
curiosidade, papel da, 149.
Curoi MacDaire, 132n2.
Curtin, Jeremiah, 49ns1,10.

D

Daksha, 168, 169, 172, 173, 177, 179, 180-181, 183-185, 186, 189, 192-195; ver também sacrifício.
Dama da Fonte, na história de Owain, 69, 71, 72-74, 76-77, 79, 80, 82-85, 97; ver também Cavaleiro Negro; Fonte da Vida; vida; água.
Dama do Lago (Nimue), 90, 92-93, 119, 135.
Dânae, 121.
Daniel, Livro de, 50, 79.
Dante, 89, 98, 133, 153.
Davi, 90.
decapitação: em Gawain e o Cavaleiro Verde, 51, 55-56, 132n2; na história do rei e do cadáver, 144, 146, 155; da Dama do Lago, 92; no mito, 56; significado de, 132, 155; ver também *Cabeças Trocadas*.
demônio: na floresta, 120; na história do rei e do cadáver, 140, 147, 151-159; Merlin como filho de, 121, 122; deus pagão como, 121; no Romance/Mito da Deusa, 179-180, 190, 192; como tentador, 57 (história de Buda); 181-182 (história de Shiva); ver também possessão demoníaca.
Dempster, Germaine, 133n20.
desafiante, ver morte.
desejo: na lenda de Buda, 57; Francesca da Rimini e, 89; na história de Gawain, 52-56, 57-60; S. João Crisóstomo, 130; Lancelote e, 88-90, 118-120; na história de Owain, 70; Páris e, 89; no Romance/Mito da Deusa, 163-210; Tristão e, 89; ver também culpa; KaMa; Mara; Shiva.
Desejo, ver Rati.
destino: Abu Kasem e, 17-24; na história de Artur, 123-126; na história de Balin, 90-98; Gawain e, 52; na história do rei e do cadáver, 150-158; na história de Lancelote, 90; de Lancelote e Tristão, 89; Merlin e, 98, 121-123, 128-131; no Romance/Mito da Deusa, 170-171, 194-196; na história da Távola Redonda, 124-127, 131; ver também acaso; livre-arbítrio; karma.
destrutividade, ver mal; culpa; Shiva.
Deus da Guerra, filho de Shiva e Sati, 188.
Deus-Sol, ver também hinduísmo; cavaleiro; símbolos, s.v. carruagem.
Deusa Universal, ver Mãe, Grande.
Diabo, ver demônio; possessão demoníaca; Satã.
Diana: 127, 207; como mãe de Niniane, 127.
diletante, atitude de... diante de símbolos, 9-12, 70.
dívida, ver karma.
Divina Comédia, ver Dante.
Dom Quixote, 127.
dragão: Lancelote e, 90, 98; Merlin e, 122; na história de Owain, 71, 81; Perseu e, 22, 118, 78, 121; Siegfried e, 78; significado de, 32, 78, 135n34, 121; Tristão e, 81; ver também animal; Hidra; mito; serpente.
druidas: e Conn-eda, 27-28, 29, 33; e Merlin, 122, 125, 127, 134; e Ilhas Britânicas pré-cristãs, 121, 122; ver também Velho Sábio.
Dyonas: 127

E

Eda, rainha, como mulher ideal, 26, 30.
Éden, Jardim do, 37, 39, 203n5.
Egito, contos do, 87.
Egmont, 22.

ego: de Abu Kasem, 15-24; de Balin, 96-98; de Buda, 57; de Conn-eda, 32, 35-40; de Gawain, 58, 117-118; na história do rei e do cadáver, 145-146, 148-159; de Lancelote, 117-119; multiplicidade de egos, 219-220; de Owain, 87-88; suicídio como absorção no, 195-196; ver também alter ego; mendicante, asceta; renascimento; espada.
Eixo, do Mundo (monte Meru), 192, 199.
Elaine de Astolat, 103-104.
Elaine, filha do rei Pelles, 99-103.
Eleonora de Aquitânia, 133n21.
elixir (cura-tudo, ambrosia, Amrita): de Conn-eda, 28-29, 32-33, 36; ver também bálsamo.
emoções, nascimento de, no mito hindu da criação, 166, 167, 175-176.
encantamento amoroso, 130; de Lancelote e Guinevère, 88-90, 98-120; de Merlin e Niniane, 127-131; de Paolo e Francesca, 89, 98; de Tristão e Isolda, 89, 99, 128, 130; ver também Kama; magia.
encarnação, ver apoteose, transfiguração.
encontros, ver provações.
Eneias, 60, 134n30.
"Enforcado, O" (*Le Pendu*), no baralho do Tarot, 118-119.
enigmas, na história do rei e do cadáver, 141-159.
épica, poesia, 132n2, 158; ver também Homero.
Epifania, 51.
eremita: S. João Crisóstomo como, 42-44, 48; como estágio de vida, 20.
Ereshkigal, 136n53.
Erne, Loch, 27.
Eschenbach, Wolfram von, 132n9, 68.
escudo: como símbolo do ego, 96; na história de Balin, 96-98; ver também símbolos.
escuridão, ver opostos, coexistência dos.
esfoladura: do cavalo de Conn-eda, 28-29, 35; do leão da Nemeia, 85.
espada: as três... de Artur, 123-124; como símbolo do ego e do poder, 90, 96; de Balin e Lancelote, 90-98; de Shiva, 158; de Siegfried, 78; na história do rei e do cadáver, 140-144, 147, 157, 159; ver também Excalibur; símbolos.
espectros, ver espíritos.
Espírito Santo, 40-41, 46.
espíritos, 51; na história do rei e do cadáver, 140-147, 150-158; ver também Cavaleiro Verde.
esquecimento: de Owain, 75-77; de Siegfried, 78.

estágios da vida, na Índia, 20-21; ver também eremita; afastamento.
Eucaristia, 46.
Eva, 114, 136n53, 203n5.
Excalibur, 61, 135n34, 90, 92, 124, 157; ver também espada.

F

fadas, ver possessão demoníaca; magia.
Fausto, 82, 60.
fé, de Conn-eda, 33, 34-40.
feácios, ilha dos, 59.
feitiçaria, ver magia.
feiticeiro, Merlin, como, 120.
feminino, o, 144; *anima*, arquétipo, 134-135n34; 104; Balin-Balan e, 96-98; Brahma e, 170-171; criação do, no Romance/Mito da Deusa, 164-170; Eda, como ideal do, 26, 30; Gawain e, 58-67; Guinevère, como o princípio feminino da doação da vida, 114; Merlin e, 127-131; Owaine, 69, 70; Rati, como primeira esposa, 169-170; Sati, como o ideal hindu, 204n11; ver também arquétipos; Aurora; desejo; intuição; Shiva.
fenícios, viagens para o Ocidente, 87.
fertilidade, ver vida.
Filipenses, ver Paulo, S.
final feliz, nos contos de fadas e mitos, 21.
fissura de Brahma, 194.
Flauta Mágica, A (Mozart), iniciação em, 49n3; 157.
floresta, como lugar de iniciação, Merlin e, 120-121, 137n58, 126-131.
Foerster, Wendelin, 134n27; 136ns44,46.
fogo, como fonte de vida e de poder: na história de Conn-eda, 28, 31-32, 35, 37; na história do rei e do cadáver, 158, 159.
folclore, ver épica, poesia; mito.
Fonte da Vida, na história de Owain, 69-78, 80, 84-87, 97; e Calogrenant, 137n58; ver também Dama da Fonte; vida; água.
forças instintivas do homem: na história de S. João Crisóstomo, 47-48; na história de Conn-eda, 30-31, 33-40; na história de Gawain, 52-58; na história de Owain, 79-83; ver também intuição; natureza; opostos, coexistência dos; inconsciente.
Francillon, ver Astyanax.
Frazer, sir James George: *O Ramo de Ouro*, 72.
Freya, 37, 175.

Fritzlar, Hermann de, 49n2.
fruto: proibido, 39, 203n5; como presentes na história do rei e do cadáver, 139-140, 148-150, 152-153, 158-159; ver também presentes; símbolos.
Furterer, Ulrich, 133-134n21.

G

Galahad, 89, 90, 98, 100, 103; e o Santo Graal, 95, 99, 119; ver também alter ego; renascimento, redenção; símbolos.
Gales, País de, 122-123.
Gália, Artur na, 123.
Ganges, 142, 167; celestial, 200, 210.
Garlon, e Balin, 93-95, 136n52.
Garuda (Pássaro do Sol), 185, 188.
Gautama, ver Buda, Gautama.
Gawain, 51-67, 78, 82, 87, 90, 96, 98, 106-108, 113, 116, 123, 125, 126, 129, 130, 133n21, 203n7; cavalaria na história de, 51, 55, 58, 59, 61, 106-108, 115-116, 125-126; combate com Owain, 75-76; e morte, 51-59, 61, 87, 106-108, 113, 114, 116-118; desejo, na história de, 52-58, 60-62, 87; ego de, 58, 117; e destino, 52; e feminino, o, 51-67; como o ideal masculino, 59-62, 89; iniciação/integração de, 52-62; forças instintivas na história de, 52-58; intuição de, 52; Vida, como noiva da Morte na história de, 52-57, 203n7; renascimento de, 57-62; transfiguração de, 62; provações de, 52-67, 133n20, 106-108, 116, 203n7; e inconsciente, 95; e ponte de água, 107-108, 116; ver também carreta; geis; opostos, coexistência dos; anel.
Gawain e o Cavaleiro Verde, 132nsl,2, 58-59, 105, 115.
geis (condição): no jogo de xadrez de Conn-eda com a rainha, 27; da escravidão do príncipe feérico, 29; na história de Gawain, 63, 64-67.
Gênesis, 37.
gigantes, ver Roupagem de Ouro; Cavaleiro Verde; Rei da Floresta.
Gilgamesh, 58, 60.
Glewlwyd Gavaelvawr, 69.
gnosticismo, 118.
Goethe, 22, 59.
Golden Bough, The, ver Frazer, sir James George.
Golden Legend (Jacobus de Voragine), 49-50n12.
Golpe Doloroso, de Balin, 90, 93, 94, 98.

Gower, John, 133n20.
Graal, ver Santo Graal.
Graal, rei, ver Pellam, rei.
graça, na história de S. João Crisóstomo, 43-46, 47-48.
Grande Mãe, ver Mãe, Grande.
gravidade, lei da, Conn-eda e, 34.
Grimm, contos de, 45.
Gringalet, 61.
Gromer Somer Joure, 63-67.
Guardião da Floresta, ver Rei da Floresta.
Guardião do Bosque, ver Rei da Floresta.
Guénon, René, 49n4.
Guest, Lady Charlotte, *The Mabinogion*, 134.
Guinevère, 58, 69, 89-90, 98-107, 114-119, 123-125, 130; como arquétipo (*anima*) 103-105; na morte do reino, 107-119; como princípio feminino doador da vida, 114; culpa de, 102-105; como deusa da vida, 107, 114; 117-119; encantamento amoroso de, 88-90, 98-119; redenção de... por Lancelote, 114-118; transfiguração de, 103-105; e inconsciente, 104; ver também Lancelote.
guru: Brahma como, 209; de Conn-eda, 34; no hinduísmo, 135n34; Merlin como, 120-121, 123-127.

H

Hamlet, 60.
Hartmann von Aue, 133n21.
Heinrich von dem Turlin, 133.
Heitor, 88.
Helena de Troia, 59.
Hércules, 58, 85, 126.
Hermafrodita: Cósmico/Dançante, como símbolo bissexual de transcendência, 118; no baralho do Tarot, 118; ver também Shiva.
herói, o, ver provações.
Hesíodo, 205.
Hespérides, 37.
Hidra, a morte da, 85; ver também dragão; serpente.
Himalaia: monte, 190-192, 194, 209, 296, 201; Rei-Montanha, 188, 192, 194, 196, 201, 202, 210.
Himalaias, 181, 184.
hinduísmo: guru no, 135n34; como religião nacional, 41; Deus-Sol no, 133n19, 191, 198, ver também *Brahmanas*, Índia, karma, Maya; mito, s.v. qualidade arcaica do; *Puranas*; Romance/Mito da Deusa; símbolos,

ÍNDICE REMISSIVO

s.v. carruagem; cordão; brâmane; *Upanishads*; Vedas.
Hipomenes, 37-38.
Hoffmann, E.T.A., 123.
homem primitivo, e o animal, 85-87; ver também animal; mito.
Homero, 11, 166, 205.
hospitalidade, na história de Conn-eda, 38.
Hull, Eleanor, 40n6.
humildade: de S. João Crisóstomo, 45, 47-48; de Conn-eda, 38; na história do rei e do cadáver, 155.

I

Ibn Hijjat al-Hamawi: *Thamarat ul-Awrak*, 25n1.
Idade de Ouro, 26.
Idade Média, e animais, 86; ver também animal; celta; imaginação; mito.
identificação, ver iniciação/integração; renascimento.
Igerne/Igraine, 122.
Ilha Feliz, Lancelote e, 103.
Ilhas Bem-Aventuradas, Artur em, 123; ver também Avalon; morte; iniciação/integração; Mães, as.
Ilíada, 206; ver também épica, poesia; mitologia grega; Homero.
imagens, ver símbolos.
imolação, ver redenção; sacrifício.
imortalidade, ver vida; renascimento; transfiguração.
Inanna, ver Ishtar.
inconsciente, 9-12, 68-69, 86-87, 126; na história de Abu Kasem, 18-24; arcaico, 207; Balin e, 95-98; na história de Conn-eda, 33-40; Gawain e, 95; na história do rei e do cadáver, 152-159; na história de Lancelote e Guinevère, 104-105; Merlin e, 127, 131, 135n34; na história de Owain, 78-82, 85, 86; símbolos do, 132n6; ver também iniciação/ integração; forças instintivas do homem; intuição.
Index, e Merlin, 122.
Índia: simbolismo da carruagem na, 136n47; civilização da, 20-21; religião da, 18, 23, 41, 85; ver também hinduísmo; estágios da vida.
individual, desconsiderado pelo mito, 207.
Indra, 81, 121, 124, 192, 203n7; ver também arquétipos, s.v. tentação.
infância, como estado de conhecimento original, 87-88, 122, 123, 125, 135n34.

Inferno, ver Dante.
Inglewood, 64.
iniciação/integração, 20-21, 126-127; na psicologia analítica, 211n3; em Artur, 122-127; em Balin, 90-98; em Buda, 57; em S. João Crisóstomo, 41, 46-48; em Conn-eda, 32, 33, 35-40; em Gawain, 52-63; do rei, na história do rei e do cadáver; 139-159; em Lancelote, 88-91, 98-120; Merlin e, 122-127; nos mistérios de Ísis e Osiris, 32; em Nabucodonosor, 50n13; em Owain, 70-88; na Távola Redonda, 124-126; e baralho do Tarot, 118-119; ver também floresta; culpa; *A Flauta Mágica*; metamorfose; renascimento; transfiguração.
inocência, transcendida pela experiência: Conn-eda, 31-40; ver também culpa; iniciação/integração.
integração, ver iniciação/integração.
interpretação helenística do amor, 105.
intuição: de S. João Crisóstomo, 42, 46-48; de Conn-eda, 33-40; criativa, 9-12, 61, 68-69; de Gawain, 52; na história do rei e do cadáver; 148, 228-229; e feminilidade maternal, 59; em Merlin, 134-135n34; em Owain, 69, 78-79, 81, 82, 85-87; ver também forças instintivas do homem; inconsciente.
invasão, anglo-saxônica da Grã-Bretanha, 123.
invasão, escocesa da Grã-Bretanha, 123; ver também Británicas, Ilhas.
invasão, irlandesa da Grã-Bretanha, 123; ver também Británicas, Ilhas.
invisibilidade, de Owain, 71-72.
invulnerabilidade, de Aquiles, 78; de Siegfried, 78.
ioga: de Brahma, 203n6, 176-177; e Maya, 173; de Shiva, 171-172, 182, 196.
Ishtar/Inanna, 60, 136n53, 207.
Ísis, 32, 157, 207.
Islam, 127.
Isolda, 89, 99; ver também encantamento amoroso; Tristão.

J

Jaiminiya Upanishad Brahmana, ver *Brahmanas*.
Jalal-ud-din Rumi: *Mathnawi*, 132n4.
Jambhaladatta, 160n3.
Javali, Vishnu como, 204n13.
Jeová, 40, 203n5; ver também arquétipos; religião judaica.

221

Jesus Cristo, 40-41, 46, 47, 52, 88, 93, 135n38, 118, 121, 208; descida ao inferno, 114.
Joana d'Arc, 134n31.
João Crisóstomo, S., ver Crisóstomo.
joias, na história do rei e do cadáver, 139, 148-149, 152, 158, 159; ver também presentes; anel.
Jones, Owen, 138n62.
José de Arimateia, 99, 135n38.
Judith, 88.
Jung, Carl Gustav, 160n2.

K

Kai/Kay, 66, 69-70, 75-76, 106.
Kailasa, monte, 192, 193.
Kali, 144, 164, 178; ver também Maya.
Kalika Purana, ver *Puranas*.
Kama (Deus do Amor); (Kama-Mara) e Buda, 57, 203n7; no mito hindu, 165-180, 183-186, 187-188, 191, 196, 198-199, 204n13, 208, 209; ver também morte, s.v. implícita na vida; desejo; culpa; Mara.
Kamarupa, 199.
karma, 18-19, 23-24; ver também destino; livre-arbítrio.
Katibah, H. I.: *Other Arabian Nights*, 25n1.
Kay, ver Kai.
Kirtlan, E. J. B., 132n1.
Kittredge, George Lyman, 132ns1,2.
Krishna, 78.
Kshemendra: *Brikatkathamanjari*, 160n3.
Kynon, 69-70, 75, 137n58.

L

La Hire (Etienne de Vignolles), 88.
lago, milagroso: mergulho de Conn-eda no, 28, 31-32, 38.
Lakshmi, 170, 178, 181, 182, 185, 187, 188.
Lancelote, 82, 88-91, 95, 98-120, 204n10; como arquétipo do *animus*, 89, 104-105, 119; e cavalaria, 88-89, 105, 106-108; e morte, 107-119; e possessão demoníaca, 90, 104, 119; e desejo, 88-90, 108-120; culpa de, 88-90, 103-105, ego de, 117-119; e destino, 90; Galahad como alter ego de, 119-120; encantamento amoroso de, 89-120; loucura de, 101-102; renascimento de, 104-105, 118, 119, 120; redenção de Guinevère por, 114-118; e sacrifício, 117; como Salvador, 117-118; e ponte-espada, 107-108,
114-115; e o baralho do Tarot, 118-119; transfiguração de, 104-105, 117-120; e inconsciente, 104-105; ver também carreta; Guinevère; iniciação/integração.
Lao-Tsé, 135n34.
leão: Gawain e, 62; Hércules e... da Neméia, 85; Lancelote e, 115; Owain e, 69, 80-86; ver também alter ego; animal; natureza.
lei, védica, 192.
lendas, ver contos antigos e medievais; épica, poesia; mito.
Leodogran, rei, e Artur, 124.
libertação, ver apego; ego; iniciação/integração; renascimento; transfiguração.
Lile de Avelion, 91.
lingam, Shiva como, 200.
livre-arbítrio: como ilusão, 195-196; ver também acaso; destino.
Livre d'Artus, 137n58.
Logres, reino de: Lancelote e, 103.
Loomis, Roger S., 132n2, 133n20, 135n38, 137n58.
Louco, O, no Tarot, 118.
loucura: de Lancelote, 101-102; de Owain, 79-80; de Shiva, 196-202, 205, 210, 313, 210.
lugar perigoso, da Távola Redonda, 191.
Lugares Sagrados, cinquenta e dois, 204n11.
Luís VII, rei da França, 133n21.
Luned (Lunete), na história de Owain, 73-74, 78, 81-85.
Lutero, Martinho, 45-46.
luxúria, ver desejo.

M

Mabinogion, ver Guest, lady Charlotte.
macaco, rei e, na história do rei e do cadáver, 139, 149; ver também animal; natureza.
maçãs de ouro, a busca de... por Conn-eda, 27, 30, 37-38.
MacCool, Finn, 49n10.
Macleod, Fiona, ver Sharp, William.
Madden, sir Frederic, 132n1.
madrasta, malvada de Conn-eda, 26-27, 29-31, 38.
Mãe, Grande, 207-209, ver também Diana; Ishtar; Ísis; Maya; Romance/Mito da Deusa.
Mãe do Mundo, ver Mãe, Grande.
Mães, as: Balin-Balan e, 96-98; Gawain e, 5962, 108; e mitologia celta, 130-131; ver também morte; feminino, o.
magia: na história de Artur, 123-127; no ro-

ÍNDICE REMISSIVO

mance arturiano, 134-135n34; na história de Balin, 90-98; bola de Conn-eda, 27-28, 33-34, 47; bálsamo de Owain, 79-80; cesta de Conn-eda, 28; cama, 61-62, 108 (Gawain), 108 (Lancelote); cinto de Cuchullin, 132n5; dama Brisen e, 99-101, 102-103; jogo de xadrez da madrasta de Conn-eda, 27; na história de Conn-eda, 26-40, 159; cinto, na história de Gawain, 54-56, 58, 60; como guia da alma, 21; chave de Fausto, 59; na história do rei e do cadáver, 139-159; no conto de Kynon, 69-70; na história de Lancelote, 89-91, 95, 98-120 *passim*; Merlin e, 135n34, 120-131; no mito, 105; na história de Owain, 70-88 *passim*; em poderes sacerdotais, 45-48; anel de Owain, 71; no Romance/Mito da Deusa, 163-210, *passim*; na história de Siegfried, 77-78; o sono de Brunhilde, 78; babuchas de Abu Kasem, 9-24, 96; pedra de Conn-eda, 27; transformação de dona Ragnell, 66-67; ver também possessão demoníaca; elixir; Fonte da Vida; encantamento amoroso.

Magna Mater, ver Mãe, Grande.

mal: na história de S. João Crisóstomo, 41, 43-45, 48; na história de Conn-eda, 30-33, 35, 38-39; e Távola Redonda, 95; ver também culpa.

Malory: *Morte d'Arthur*, 68, 91, 133n14, 134ns32,34, 135ns37,39,40,41, 136n42, 138ns60,63,64,66,67.

Manasa, lago, 193, 196.

Mandara, monte, 177.

Mann, Thomas, 160n2.

Mara: (Kama-Mara) e, Buda, 57, 203n7; ver também desejo; Kama.

Maria, Virgem, 42, 46, 52.

Marie de Champagne, 133n21, 105.

masculino, ideal: Balin, 97; Conn, 26, 30; Gawain, 59-63, 89; Owain, 89; Távola Redonda, cavaleiros da, 89; ver também arquétipos, *animus*.

Maya, 18, 157-158, 163-164, 169-170, 177-178, 180-181, 186-187, 189, 194-196, 199-200, 208; como Aurora, Í73-174; como Kali, 178-179; como Parvati, 195-196, 210; como Sati, 181, 188-189, 193-194, 202, 208; ver também Aurora; Kali; Sati.

Maynadier, G. H., 133n20.

Mc Coy, Abraham, 49n1.

mediação, 41.

medo: libertação do, 57 (Buda); 175 (Brahma); na história de Gawain, 54-57, 62, 87; na história de Owain, 70-71, 87-88; na história de Siegfried, 77-78.

Medusa, 21, 121.

Meleagant, príncipe, alter ego da Morte, 115-116; Merlin como, 121; ver também Bademagu, rei; morte.

Menaka, 192, 194, 210.

mendicante, asceta, e o rei, na história do rei e do cadáver, 139, 145-156; como amigo do príncipe na história do rei e do cadáver, 141-142.

Merlin, 58-59, 120-131, 135n34; na história de Balin, 91, 93-96, 98; como Bernlak de Hautdesert, 121; e Cristianismo, 121; e Concílio de Trento, 122; e destino, 91, 121-131; e feminino, o, 127-131; e iniciação/integração, 122-127; como Meleagant, 121; e profecia, 135n34, 91, 95, 121-129, 130-131; e inconsciente, 135n34, 131; como Velho Sábio, 93, 95, 135n34; ver também Niniane; opostos, coexistência dos.

Meru, monte, ver Eixo do Mundo.

Mesopotâmia, simbolismo da, 86-87.

Messias, ver Jesus Cristo; Salvador.

metamorfose: de S. João Crisóstomo, 43-44, 47, 48, 79; em *O Asno de Ouro*, 50n13; de Merlin, 121, 137n58; de Nabucodonosor, 50n13, de Owain, 79; de dona Ragnell, 66-67; provação como meio de, 127, 156-157; ver também iniciação/integração; renascimento; transfiguração.

milagre: S. João Crisóstomo e, 42-48; herói e, 121-122; cura de Lancelote por, 102.

mistérios, ver iniciação/integração; Ísis; Osíris.

mito: adaptação à época, 57-58, 62, 115, 120, 205-206; animais no, 33, 34, 85-87; qualidade arcaica do, 126-127; 130-131 (celta); 189, 205-207, (hindu); nascimento no, 78, 121-122; infância no, 122, 135n34; morte e vida no, 56-62, 123; no Oriente, 115; finais dos, 21-22; indivíduo no, 207; interpretação do, 9-12, 68; como embriaguez, 206-207; moral do, 37; pagão, 47 (história de Conn-e-da); e o sobre-humano, 207; atemporalidade do, 123; ver também animal; celta; imaginação; cristianismo; mito da criação; decapitação; mitologia grega; inconsciente s.v. arcaico.

Mito da Deusa, ver Romance/Mito da Deusa.

mitologia grega, 189; adaptação à época, 205-206; fontes arcaicas no período órfico, 205; Hércules como Homem-Leão na, 85; na *Ilíada*, 206; profecias de videntes na, 122;

223

em Sófocles, 206; Deus-Sol na, 133n19.
Mitos e Símbolos na Arte e Civilização da Índia, (Zimmer), 136ns55,56.
Modred, 123.
Moisés, e adoração a animais, 86.
Monmouth, Geoffrey of, 123, 137n57, 59.
montanha da Deusa, 199.
montanha do Deus do Amor, 199.
montanha, flamejante, na história de Conn-eda, 28, 32, 35, 37; ver também fogo.
montanha, do Mundo, 188.
Montanha, Rei –, ver Himalaia.
monte Meru, ver Eixo do Mundo.
Morgan le Fay (Fada Morgana), 58, 135n34; ver também Niniane.
Morris, Richard, 132n1.
morte; e veneração aos ancestrais, 168; de Artur, 123; Balin e, 94-95; na história de Conn-eda, 36-40; fascinação da, 130-131; Gawain e, 51-59, 60-61, 87, 106-108, 113-118; como nome de Deus, 132n3; o verde associado à, 56-57; implícita na vida, 126, 171, (Kama)203n9; na história do rei e do cadáver, 140-159; reino da, 107-119 (Guinevère), 199 (mito hindu); no conto de Kynon, 69-70; Lancelote e, 106-119; no mito e na épica, poesia, 57-62; na história de Owain, 71-74, 87; como punição por fracasso, 78; de Sati, 190-196; significação da... de Sati, 195-196; no baralho do Tarot, 118119; ver também Bademagu; Castelo; *Château Merveil*; Cavaleiro Verde; vida; Meleagant; Mães, as; Shiva; suicídio.
Morte d'Arthur, ver Malory.
mortos, reino dos, ver Avalon; Ilhas Bem-Aventuradas; morte.
Motor Imóvel, 34; Deusa Mãe como, 207.
Mozart (*A Flauta Mágica*), 49n3.
mulher, ver arquétipos; feminino; Mães, as.
mundo jônico, ver mitologia grega.

N

Nabucodonosor, 50n13, 79.
Nandi, touro de Shiva, 184, 190, 193, 196, 201.
Narciso, 163.
Nascido, Duas Vezes, o, ver renascimento.
nascimento, ver vida s.v. morte implícita no; mito s.v. nascimento no; nascimento virginal.
nascimento virginal: de Indra, 121; de Merlin, 121; como motivo mitológico, 121.
Natal, 51-52
natureza: Conn-eda e, 31-36; floresta e, 120-121; deuses gregos e hindus como personificação da, 189; Merlin e poder da, 130-131; Owain e, 74-75, 85-87; Siegfried e, 77-78; ver também animal; floresta; iniciação/integração; forças instintivas do homem.
necromancia, ver magia.
Nemeia, leão da, 85; ver também Hércules; leão.
Nemi: lago, gruta sagrada de, 72, 74.
Nicodemus, The Gospel of, 136ns48,49.
Nietzsche, 60, 211n1.
Nimue, ver Dama do Lago.
Niniane, e Merlin, 132, 135n34, 127-131; ver também Diana.
Nirvana, 57.
nó górdio, 22.
noiva, feia, 133n20; de Gawain, 64-67.
Novalis, 156.
Novo Testamento, 40.

O

Oceano, Cósmico, 199.
Oceano, Lácteo, 173, 177.
ocupação, romana das Ilhas Britânicas, 123.
Olimpo, 166.
opostos, coexistência dos: citações: na história de Conn-eda, 30-32, 35-40; em hindu, mito, 211ns1,2, 208-209; *Citações* Criação, Preservação, Destruição (Brahma, Vishnu, Shiva), 178, 181-182, 186-189; demoníaco/humano, 90-98 (Balin/Balan); humano/instintivo (consciente/inconsciente), 43-44, 47-48, 79 (S. João Crisóstomo); 90-98, 104 (Lancelote); 50n13, 79 (Nabucodonosor); 78-79, 80-83, 85 (Owain); humano/sobre-humano: 121-122 (herói, Merlin); 158-159 (história do rei e do cadáver); 89-90, 95 (Lancelote); 71-75, 82-83, 85 (Owain); vida/morte: 57 (tentação de Buda); 57-62 (Gawain); 171 (Kama); 105-119 (Lancelote); feminino, o, 69; masculino/feminino, 118-119 (Lancelote/Guinevère); 154-158 (história do rei e do cadáver); um/vários, 188-189; oposição/identidade, 178 (Maya); sabedoria/desejo, 171 (Brahma); sabedoria/ignorância, 178 (Maya).
Orfeu, 58, 135n34.
Oriente, atitude em relação à vida, 86-87, 115.
Oriente Próximo, simbolismo do, 87.
Osíris, 32, 61, 157.
Ovídio, 105.
Ovo Cósmico, 187-188.
Owain (*Le Chevalier au Lion*; O Cavaleiro do

ÍNDICE REMISSIVO

Leão; Yvain), 69-88, 97, 113, 136n52, 137n58; e cavalaria, 75-78, 80-85; morte na história de, 71-75, 87; e desejo, 70, 87; ego de, 87-88; medo na história de, 70.-71, 87; e feminino, 69, 70; culpa de, 78; iniciação/integração de, 70-88; forças instintivas na história de, 79, 83, 85-88; intuição de, 69, 67, 81-82, 85, 86-88; e vida, 71-75, 84-88, 97; leão como alter ego de, 80-81; loucura de, 78-79; renascimento de, 74-75, 77, 81, 85-88; transfiguração de, 74-75, 77-79, 87-88; inconsciente na história de, 78-80, 85-88; ver também opostos, coexistência dos, provações.

P

Paolo, 98, ver também Francesca da Rimini.
Paraíso, ver Éden, Jardim do.
paralelismo, de histórias tradicionais, 1, 68.
Páris, 89.
Paris, Gaston, 138n68.
Parry, John Jay, 137n57.
Parsifal, 40, 87, 134n25.
Parvati, 195, 204n13, 210; ver também Maya.
Pássaro, de Cabeça Humana, visita de Conn-eda ao, 27, 34, 40.
Pássaro, do Sol, ver Garuda.
pássaros, linguagem dos: como comunicação angélica, 49; no conto de Kinon, 99; na história de Owain, 71, 75, 84; Siegfried e, 78; ver também animal.
Paulo, São (Epístola aos Filipenses), 208.
pecado, ver mal; culpa.
pedra, mágica de Conn-eda, 27.
pedras, ver joias.
Pellam (Pelles), rei (rei Graal): e Golpe Doloroso, 94-95, 135n38, 136n52; e Lancelote, 99-100, 102-103.
Pelles, ver Pellam.
Pellinor, rei, e Artur, 124, 125.
pena, ver arrependimento.
Pendragon, Uther, rei, 122-124.
Percy, Bispo, 133n20.
perigos, ver provações.
Perin de Mountbeliard, morto por Garlon, 93.
período neolítico, imagens da Grande Mãe (Deusa-Mãe) em, 207.
período órfico, ver mitologia grega.
período paleolítico, imagens da Grande Mãe (Deusa-Mãe) no, 207.
Perséfone, 107.
Perseu: nascimento, 121; matador do Dragão, 21-22, 78, 81, 121; matador da Medusa, 21, 121.
personalidade, ver ego.
Píramo, 105.
Platão, (A *República*), 133n15.
Platonismo, simbolismo da carruagem em, 136n47.
pobreza, de S. João Crisóstomo, 42-43.
poço, ver Fonte da Vida; água.
Polícrates, anel de, 18.
ponte de água, Gawain e, 107, 116.
ponte-espada, Lancelote e, 108, 114-115.
possessão demoníaca: de Abu Kasem, 19-24; Balin, 90, 92-98; desejo de morrer, como, 130; Lancelote (e Guinevère), 89, 104-105, 119; Owain, 86; Tristão, 89; ver também demônio; encantamento amoroso; magia.
possessões, mundanas: babuchas de Abu Kasem, 15-25; S. João Crisóstomo e, 42-43.
predestinação, ver destino.
presentes, na história do rei e do cadáver 139, 148-150, 152-153, 157-159; ver também símbolos.
Primavera, em Romance/Mito da Deusa, 172, 180, 183, 191, 198.
primum mobile, ver Motor Imóvel.
profecia: na história de Lancelote e de Galahad, 98-100; Merlin e, 91, 95, 122-131, 135n34; tradição de, 122.
profetas, 122; e adoração de animais, 85-86.
provações, símbolos do processo de iniciação/integração, 126-127; de Abu Kasem, 15-24; de Artur, 122-127; de Balin, 90-98; de Buda, 57, 203n7; de S. João Crisóstomo, 42-48; de Conn-eda, 31, 33-37; de Gawain, 51-67, 106, 108, 116, 133n20, 203n7; dos deuses hindus, 171-202; do rei, na história do rei e do cadáver, 139-159; de Lancelote, 88-91, 98-120; Merlin e, 120-131; de Owain, 69-88; da Távola Redonda, 125127; de Siegfried, 78; ver também ponte-espada; ponte de água.
psicologia, atitude de... em relação aos símbolos, 9-12; ver também psicologia analítica; símbolos.
psicologia analítica, 89, 211n3.
psique, ver inconsciente.
Puranas, 164; *Kalika*, 164-202.

Q

Queda do Homem, 209.
Quixote, Dom, ver Dom Quixote.

R

Rabelais, 127; 138n61.
Radin, Paul: *The Road of Life and Death*, 49n8.
Ragnell, dona, 64-67.
rainhas, três, 59, 62.
Rank, Otto, 49n2.
Raquel, 88.
Rati (Desejo), esposa de Kama, 169-170, 172, 187; ver também feminino, o.
rebanho, do Sol, 133.
Red Book of Hergest, (O Livro Vermelho de Hergest), 83; 134ns21,29; 137n58.
redenção, 163; na história de S. João Crisóstomo, 41, 45, 48, 50n12; por meio de Galahad, 95, 119; de Guinevère, por Lancelote, 114-118; na história do rei e do cadáver, 147-148, 154, 156; pelo sacrifício, 40-41; ver também Buda; Jesus Cristo; salvação do mundo; Salvador.
Redentor, ver Brunhilde; Jesus Cristo; redenção; sacrifícios; Salvador.
rei, e o cadáver, história do, 10, 139-160; apoteose na, 158-159; morte na, 140-159; ego na, 146, 148-159; destino na, 148-159; culpa na, 141, 152-155; humildade na, 155; renascimento na, 147-159; redenção na, 147-148, 154, 156; enigmas na, 140-159; sacrifício na, 146-147, 150-151, 155-156; transfiguração na, 147-148, 150-159; inconsciente na, 152-159; ver também iniciação/integração; opostos, coexistência dos; símbolos; cadáver; espectro.
Rei da Floresta (Guardião da Floresta/Guardião do Bosque): Merlin como, 121, 137n58; no Nemi, 72, 74; no conto de Owain, 70, 75, 82, 87, 136n52.
reintegração, ver iniciação/integração.
religião, hebraica, ver religião judaica.
religião, judaica, 40-41, 86, 122.
Renascença, e romance arturiano, 87, 127.
renascimento: de Abu Kasem, 22-24; de Buda, 57; de S. João Crisóstomo, 42-48; de Conn-eda, 32, 33, 35-40; Galahad e, 95; de Gawain, 58-62; por meio de iniciação, 120-121; na história do rei e do cadáver, 147-159; de Lancelote, 103-105, 117-120; como libertação de apego, 20-21, 32, 58; de Nabudoconosor, 50n13; de Owain, 74-75, 77, 81, 85-88; Shiva e, 200; do mundo, 118-119, 121-122; ver também ego, iniciação/integração; metamorfose; redenção; transfiguração.
resignação, ver aceitação.
ressurreição, ver renascimento.
Revelação, ver Apocalipse.

Rimini, Francesca da, 89, 98.
Rion, rei, e Artur, 124.
Ripperberger, Helmut, 50n12.
ritual: na história de Conn-eda, 32-34, 38; e Fonte da Vida, 69-71, 75, 84; função do, 21; e iniciação, 120-121; ver também sacrifício, de Daksha.
Roger, o dinamarquês, 88.
Roma: o rei Artur e, 123; fundação de, 134n30.
Roman de Merlin, 133n19, 137n58, 138ns60, 64,65,67,69,70.
Romance arturiano, 51-131, 157.
Romance/Mito da Deusa (Maya), do *Kalika Purana*, 163-210; ver também Maya.
romances, medievais, ver contos antigos e medievais; romance arturiano.
Roupagem de Ouro e Vishnu, 85, 188.
Rumi, ver Jalai-ud-din Rumi.
Ryan, Granger, 50n12.

S

sacerdócio, no Catolicismo Romano, 45-48; ver também tradição sacerdotal.
sacramentos, 20-21; na história de S. João Crisóstomo, 42-48; na história de Conn-eda, 35, 38.
sacrifício: de Brunhilde, 40-41; na história de S. João Crisóstomo, 47-48; na história de Conn-eda, 32, 35-40; de Daksha, 192, 195-198; de Jesus Cristo, 40-41; na história do rei e do cadáver; 146-147, 150-152, 155-156; Lancelote e, 117; ver também redenção; salvação do mundo; Salvador.
saga, ver épica, poesia; mito, heróis das ... do Oriente, 78.
Sais, templo egípcio, 207.
salvação do mundo: no Romance/Mito da Deusa, 192-195; como missão da Távola Redonda, 95, 131; ver também apoteose; iniciação/integração; renascimento; redenção; sacrifício; Salvador.
Salvador: crença judaica no, 40-41; na história do rei e do cadáver, 155-157; Lancelote como, 114-119; ver também Buda; Jesus Cristo; redenção; sacrifício; Vishnu.
Sangreal, ver Santo Graal.
sangue: de Jesus Cristo, 40, 46; do cavalo peludo de Conn-eda, 36.
Santíssima Trindade, união mística com, 118.
Santo Graal: 40, 88-89, 94-95, 119, 134n25, 135n38; e a cura de Lancelote, 102-103; na história medieval, 120, 135n38.
Sara, 40.

Sarastro, 128, 157.
Satã, 43.
Satapatha Brahmana, ver *Brahmanas*.
Sati, e Shiva, 104, 181, 186-190, 202, 208; ver também morte; feminino, o; casamento; Maya; suicídio.
Saturno (O Vagaroso Errante), 199-201.
Savitri, 178, 192, 183, 187.
Scathach, reino de, 49n6.
Schiller, 206.
sensualidade, ver desejo; Kama; encantamento amoroso.
serpente: na história de Conn-eda, 28, 32, 35, 37; no Jardim do Éden, 203n5; Hércules e, 85; na história de Owain, 71, 80-81, 86; Shiva e, 184, 191, 201; ver também animal; dragão; Hidra; mito.
Sharp, William (Fiona Macleod), 87.
Shiva, 158, 163-171, 178; como asceta, 147, 165, 167, 169, 172, 181-183, 193, 200; como símbolo bissexual, 118; Dançante, 118, 205; e desejo, 171-173, 176-177, 178-202, 208-210; como *lingam*, 200; ver também Hermafrodita, Cósmico/Dançante; loucura; casamento; renascimento; Sati.
Siegfried, 77-78, 81.
símbolos: no romance arturiano, 127-131; na história de Conn-eda, 26-40; na cultura oriental, 86-87; na mitologia hindu, 189; interpretação de, 9-12, 68-69, 105, 132n6; na história de Lancelote, 117-120; persistência de, 59; do inconsciente, 132n6. *Citações*: babuchas de Abu Kasem (apego), 18-24, 96, 150; Brunhilde (humanidade), 40; carruagem, 136n47; cadáver, na história do rei e do cadáver (parte esquecida do *self*), 151-159; presentes (essenciais e aparentemente sem valor), 148-150, 152-153, 158, 159; casamento de Artur (obtenção da perfeição), 126; novo nome de Owain (renascimento), 85; anel (personalidade), 53-54; filho (mais alta transformação da personalidade), 119-120; espectro, na história do rei e do cadáver (guia interior), 153-159; ver também animal; carreta; centauro; Fonte da Vida; Dama da Fonte; Mesopotâmia; anel; escudo; espada; provações; água.
Sipra, lago, 204n13, 209-210.
Síria, simbolismo da, 87.
Sísifo, 152.
Sivadasa, 160n3.
sobre-humano, mito e o, 207; ver também apoteose; transfiguração.

sobrenatural, ver magia.
Sófocles, 206.
soma, 206, 207.
Somadava: *Kathasaritsagara*, 160.
Sommer, H. O., 138ns59,60,64,65,67, 69,70.
sonho, ver mito; símbolos.
sono, encantado, ver Brunhilde.
Stonehenge, 135n34.
Strindberg, August, 25n3.
sucessão apostólica, 46, 47.
suicídio, de Sati, 194-196; ver também ego, suicídio.
Synge, John Millington, 87.
Swedenborg, Emanuel, 25n3.

T

talismã, ver magia.
Tamino, 157.
Tamuz/Adônis, 136n53.
Tao: em Conn e Eda, 26; em Conn-eda, 30-31, 35.
Taraka, 188.
Tarot, baralho, 118-119; Tarot de Marseilles, 118; ver também morte; "Louco, O"; "Enforcado, O" (*Le Pendu*); Hermafrodita, Cósmico/Dançante.
Távola Redonda, 51, 53-54, 56-58, 61, 68, 75, 77-78, 81-82, 85-86, 88-89, 91, 103-104, 106, 114, 133-134n21, 135n34; Merlin e, 121-128, 131; missão da, 95, 131; ver também mal; destino; iniciação/integração; masculino, ideal; provações.
Teh em Conn e Eda, 26.
tentação, ver provações.
tentador, ver Satã.
Tennyson, Alfred, 136n42.
Terra sem Retorno, ver morte; iniciação/integração; Mães, as.
Teseu, 58, 126.
Tibete, arte budista do, 56; sacerdotes budistas do, 121.
Tisbe, 105.
titãs, lutando contra os deuses hindus, 181-182, 188; ver também gigantes; Roupagem de Ouro.
totem animal, e floresta, 120-121; de Owain, 80-81.
touro, de Shiva, ver Nandi.
tradição sacerdotal, e Bramanismo, 206; e mitologia grega, 205; ver também sacerdócio.
tragédia grega, 205.

transcendência, ver iniciação/integração; opostos, coexistência dos; transfiguração.
transfiguração, 38, 40, 153; de Conn-eda, 36-37; de Gawain, 62; de Guinevère, 104-105; de herói, 121-123; na história do rei e do cadáver, 147-148, 150-159; de Lancelote, 104-105, 117-120; de Owain, 74-79, 87-88; de Siegfried, 77-78; e lago Sipra, 210; ver também apoteose; iniciação/integração; metamorfose; renascimento.
transformação, ver apoteose; metamorfose; renascimento; transfiguração.
Trindade Hindu, ver opostos, coexistência dos; s.v. Criação, Preservação, Destruição.
Tristão, 81, 87, 89, 93, 99, 128; ver também possessão demoníaca; desejo; destino; culpa; Isolda; encantamento amoroso.
Troia, 88.

U

Ulisses, 59, 124, 126, 130.
Ulrich, Jacob, 138n68.
Última Ceia, cálice da, 135n38; ver também Santo Graal.
último, julgamento, 115.
universalidade: do Espírito Santo, 40-41; do Mahayana, Budismo, 41.
Upanishads, 12, 133n15; *Katha*, 136n51; 203n8.

V

Vagaroso Errante, O, ver Saturno.
Vaitarani, 199.
Vale sem Retorno, ver morte; iniciação/integração; Mães, as.
Vedas, védicos, 164, 167, 203n7, 185, 192, Rig, 203n3.
Velho Sábio, como mestre arquetípico: Conn-eda e, 33-34; Merlin como, 135n34, 93, 95; ver também arquétipos; Merlin.
Velho Testamento, 86, 88, 122, 203n5.
verdade, essência de Brahma, 170, 175; ver também Brahma.
verde, significado da cor, 56-58.
vida: na história de Balin-Balan, 97; como noiva da Morte da história de Gawain, 52-57, 203n7; morte implícita na, 126, 171 (Kama), 203n9; desejo de, 168-169; como nome de Deus, 132n3; Guinevère, como deusa da, 107, 114, 117-119; na história do rei e do cadáver, 151-159; no conto de Kynon, 69-70; na história de Lancelote, 90, 114-119; no mito e na épica, 56-62; na história de Owain, 71-75, 84-85, 86-88; ver também fogo; Fonte da Vida; Dama da Fonte; água.
vida monástica, limitações da, 47-48.
Vijaya, 193-194, 196-197, 201-202.
vikings, Artur e, 123.
Vikramaditya ("Sol do Valor"), 160n3.
Virabhadra, 197.
Virana, 181.
Virani, 180.
Virgem, ver Maria.
Virgílio, 151.
Vishnu, 85, 163-166, 169-171, 173, 177-183, 185-190, 192, 197, 199-200, 202, 208, 210; encarnação como javali, 204n13.
Voragine, Jacobus de, *Golden Legend*, 49n12.
Vortigern, rei, 122, 123.
voz interior, ver iniciação/integração; forças instintivas do homem; intuição; inconsciente.
Vritra, 203n7.
Vyasa, 11.

X

xadrez: como conflito, 49n2; jogo de... de Conn-eda, 27.

W

Wagner, Richard, 40, 87, 130.
Webster, K.G.T., 132n1.
Weston, Jessie L., 132nsl,9, 133n20, 134n33.
Whiting, Bartlett J., 133n20.
Wotan, 40, 78, 175.
Wu Wei, 49n7.

Y

yang, 31.
Yeats, William Butler, 49n1, 87.
yin, 31.
Yvain, ver Owain.

Z

Zeus, 78, 121, 124, 175.
Zimmer, Heinrich: *Mitos e Símbolos na Arte e Civilização da Índia*, 136ns55,56.

Índice Remissivo por Arnold Canell.

OBRAS DA PALAS ATHENA EDITORA
COMPLEMENTARES À TEMÁTICA ABORDADA NESTE LIVRO

Filosofias da Índia
HEINRICH ZIMMER

Tornou-se obra de referência desde a primeira publicação e foi consagrada pelo detalhamento das diversas tradições do pensamento indiano, abrindo as trilhas para o entendimento da cultura asiática. É o mais completo e o mais inteligente tratado já escrito sobre esta rica e completa tradição filosófica, iniciando com um estudo do pensamento ocidental e oriental, e sua mútua aproximação.

Mitos e Símbolos na Arte e Civilização da Índia
HEINRICH ZIMMER

O legado deste magnífico intérprete da tradição oriental, editado e compilado por Joseph Campbell, é uma introdução ao pensamento simbólico e à interpretação das imagens da cultura hindu, suas lendas, mitos e folclore, colhidos diretamente do sânscrito e ilustrados por setenta imagens de sua arte, buscando que as intuições dos enigmas da vida e da morte sejam reconhecidas não apenas como temas orientais, mas universais.

O Poder do Mito
JOSEPH CAMPBELL

Uma brilhante combinação de sabedoria e humor, sobre a questão essencial: "Como o mito pode ser poderoso para uma pessoa nos dias de hoje?" Aqui, os personagens míticos atuam como arquétipos das possibilidades humanas, ajudando-nos a compreender o presente e a nós mesmos. Autoridade acadêmica mundial na área da mitologia, o autor dedicou-se a revelar histórias que sentia terem o poder de ultrapassar a alienação da sociedade tecnológica, tendo sido o grande catalisador da criação de *Star Wars*, segundo George Lucas.

As Máscaras de Deus – Mitologia Primitiva, Volume 1
JOSEPH CAMPBELL

Aproxima-nos de um mundo e de uma experiência de vida que podem parecer distantes, mas que estão presentes em muitas das nossas crenças, medos e ansiedades. As mitologias dos povos surgem de uma perspectiva não apenas antropológica, mas também histórica e psicológica; recria-se a textura de um passado que continua pulsando no inesgotável mundo interior das culturas e dos indivíduos, portanto sempre atual.

As Máscaras de Deus – Mitologia Oriental, Volume 2
JOSEPH CAMPBELL

Inicia com uma reflexão sobre o diálogo mítico entre Oriente e Ocidente: a tradição contemplativa oriental e a contrapartida ocidental que revela a separação entre as esferas divina e humana. Aborda mitologias que se desenvolveram na Suméria, no Vale do Nilo, na Índia dravídica, védica e budista, na China taoísta e confuciana, na Coreia, no Tibete e no Japão.

As Máscaras de Deus – Mitologia Ocidental, Volume 3
JOSEPH CAMPBELL

As relações entre o Oriente e Ocidente – como as antigas cosmologias e mitologias foram transformadas e reinterpretadas nos mitos gregos e na Bíblia, bem como no Judaísmo, Cristianismo e Islamismo. Uma sistemática e fascinante comparação entre os temas que subjazem na arte, nos ritos e na literatura ocidental, trazendo questões tão atuais candentes, em ampla e inadiável reflexão.

As Máscaras de Deus – Mitologia Criativa, Volume 4
JOSEPH CAMPBELL

Aborda as funções vitais da mitologia na atualidade, dada pelos artistas, literatos e pensadores, os criadores e os visionários de antigas e sempre novas aventuras espirituais. Nossa sociedade ao mesmo tempo plural e individualista já não permite verdades universalmente aceitas, nem espaços cognitivos, artísticos ou religiosos que não dialoguem – tornando cada um de nós o centro criativo de autoridade e significado para sua própria vida.

Deusas – Os Mistérios do Divino Feminino
JOSEPH CAMPBELL

Nesta obra Joseph Campbell acompanha a evolução da Grande Deusa na civilização humana, manifestando as energias arquetípicas de transformação, iniciação e inspiração – que são as promessas de futuro. Como exímio tecelão, Campbell colheu os fios desse processo no solo sagrado de culturas de todos os tempos e quadrantes do mundo, que continuam a oferecer significados psicológicos e existenciais que orientam a compreensão do humano.

O Cálice e a Espada – Nosso Passado, Nosso Futuro
RIANE EISLER

Obra de referência mundial, da mesma autora de *O poder da parceria*, traz as evidências arqueológicas e históricas das sociedades pacíficas e igualitárias organizadas em torno da cooperação, e de suas chocantes transformações pelo poder da violência, advindas de tribos nômades de pastores que invadiram extensos territórios de nosso planeta durante milênios, promovendo o que veio a se estabelecer como uma cultura de "dominação, exploração e guerras". Expõe antes de tudo os paradigmas da realidade contemporânea, com seus obstáculos e esforços para recriar uma sociedade humana pautada pelos valores da parceria.

Yoga – Imortalidade e Liberdade
MIRCEA ELIADE

Fonte de referência para estudiosos – de rigor científico mas acessível – consagrada às origens, história, elementos teórico-práticos de uma disciplina vasta, abrangendo fisiologia, psicologia, metafísica e terapêutica. Este rastreamento permeia seus aspectos menos estudados: as ideias, simbolismo e os métodos expressos no tantrismo, na alquimia, no folclore e devoção aborígines, resgatando o seu lugar no conjunto da espiritualidade indiana.

Texto composto em Times New Roman.
Impresso em papel Offset 75gr na Gráfica Paym.